JN265542

希望の社会学

我々は何者か、我々はどこへ行くのか

山岸　健＋浜日出夫＋草柳千早　[共編]

大出春江＋岡原正幸＋櫻井龍彦＋澤井　敦＋
鈴木秀一＋鈴木智之＋田中大介＋
近森高明＋干川剛史＋渡辺秀樹　[著]

三和書籍

汝自身を知れ。
　　　　　　　　　　　　　　　　　　デルポイのアポロンの神殿の銘

学問の要は活用に在るのみ。(中略)
視察、推究、読書はもって智見を集め、談話はもって智見を交易し、著書演説はもって智見を散ずるの術なり。
　　　　　　　　　　　　　　　　　福澤諭吉　『学問のすゝめ』

私たちの人生は、事実だけではない、希望によっても支配されている。
　　　　　　　　　　　　　　　　　バートランド・ラッセル　『教育論』

希望の社会学　目次

プロローグ

社会学の成立と展開　　山岸　健
―― 1

第1章
人間と大地／風景、音風景と音楽　　山岸　健
――トポスとホドス、希望をめぐって

1．人間について／人生と日常生活―― 13
2．社会学の立場とアプローチ、方法―― 17
3．人間と希望／トポスとホドス―― 27
4．人間と大地、音、音風景と音楽―― 35
5．社会学を学ぶ―― 43

第2章
身体・社会・太陽　　草柳　千早

1．我々はどこから来たのか―― 47
2．社会と身体―― 50
3．感覚と相互作用―― 52
4．攪乱する身体―― 55
5．知識と身体―― 57
6．身体と自然―― 59
7．生の豊かさと身体―― 61

第3章
感情に触れる　　岡原　正幸
――現代社会と感情

はじめに〜どこへ行くのだろうか。―― 65
1．感情の時代―― 68

2．感情の社会学——— 69
3．感情資本と社会的不平等——— 73
4．感情管理力の格差——— 75
5．感情資本家と感情労働者——— 76
おわりに〜映像社会学の試みから身体へ——— 78

第4章
だてマスク・自己・社会　　櫻井　龍彦
——相互行為論の視点から

はじめに——— 83
1．ある学生の体験談から——— 84
2．「表現—対—行為のディレンマ」が意味するもの——— 87
3．演技としての相互行為——— 88
4．演技・役割と自己——— 90
5．自己はどこにあるのか？
　　——相互行為から離脱すれば「本当の私」に出会える？——— 92
6．役割距離と自己——— 93
最後に——— 96

第5章
戦後家族の希望と、そのゆくえ　　渡辺　秀樹

はじめに ——— 99
1．戦後家族の芽生え；1950年代後半から60年代へ——— 100
2．〈プロフェッショナル・ハウスワイフ〉；日本型専業主婦——— 102
3．1959年の「日本の希望」——— 104
4．1959年にはじまった〈もうひとつの希望〉——— 106
5．戦後家族のゆくえ；希望の帰結——— 108

第6章
無印化する都市空間　　近森　高明

1．無印化する都市空間——— 115

2．コンビニをめぐる習慣性と安心感——— 118
  3．ネットワークと工学的調整——— 122
  4．課金型環境としての無印都市——— 125

第7章
仕事と企業組織の変貌　　鈴木　秀一

はじめに——— 131
  1．「われわれ」はどこにいるか——— 132
  2．「われわれ」はどこへ行くか——— 136

第8章
メディアとモビリティ　　田中　大介
——移動社会としての現代

  1．メディアとモビリティ——— 145
  2．メディアとしての場所
      ——チュリンガとソングライン——— 149
  3．場所としてのメディア—ネットワークとケータイ——— 154
  4．移動的な社会とはなにか——— 159

第9章
災害　　千川　剛史
——東日本大震災の復興に向けて

はじめに——— 163
  1．阪神・淡路大震災から東日本大震災へ——— 164
  2．「ぼうさい朝市ネットワーク」から南三陸町支援へ——— 169
  3．「南三陸町福興市」の展開——— 173
  4．「灰干しがつなぐ被災地復興ネットワーク」——— 176

第10章
病いの語りと医療のまなざし　鈴木　智之
――「病む」という経験の社会学のために

はじめに――― 181
1. 「病い」の社会的構成――― 184
2. 体験としての病い――― 186
3. 「病い（illness）」と「疾患（disease）」――― 188
4. 病む人の言葉――― 191
終わりに――病いの経験を聞くということ――― 193

第11章
生きられた老いの経験と語り　大出　春江

はじめに――― 197
1. 老いと成熟――― 198
2. 老いと近代化
　――近世における「楽隠居」を通して考える――― 199
3. 現代社会における老い――― 203
4. 生きられた老いの経験と語り
　――日本とアメリカの比較から――― 207
5. 老いを語ることと聴く力――― 214

第12章
死の社会的変容　澤井　敦
――伝統・管理・自己決定を越えて

1. 「千の風」になる意味――― 217
2. 伝統的な死のかたち――― 218
3. 近代的な死のかたち――― 221
4. 後期近代の死のかたち――― 226
5. 自己決定と伝統の狭間で――― 230

第13章
クロックタイムの成立と変容　　浜　日出夫

1．遅刻——— 233
2．不定時法——— 235
3．クロックタイム——— 236
4．グローバル化——— 239
5．瞬間的時間——— 240
6．止まった時計
　　———積み重なる時間——— 242
7．希望の灯り——— 244

エピローグ

ゴーギャン：
我々は何者か／人間と世界　　山岸　健

1．我々は何者か／自然と文明——— 247
2．絵画作品／旅びと、ゴーギャンの方法と画風——— 255
3．未開と文明、文化／歴史の舞台と光景——— 260

あとがき——— 269
執筆者略歴——— 270

プロローグ

社会学の成立と展開

山岸　健

　社会学の創始者、命名者、オーギュスト・コントのつぎのような言葉がある。

　　予見するために見る。

　コント、その人の姿と彼が目ざした方向、彼が歩んだ道が凝縮されているような言葉だ。コントのこの言葉とともに社会学の扉と出発点、その視点とアプローチ、社会学と呼ばれる道、いわば方法が浮かび上がってくる。
　見ることは〈まなざし〉そのもの、人間の行為である。日常生活のさまざまな舞台と場面で〈まなざし〉の方向性や行為の方向や対象が注目される。さまざまな道があるが、道とは方向や方向性そのものであり、また道は人間の行動や行為そのものだ。部屋の窓から眺める道がある。鉄道の旅において車窓に浮かぶ道、空の旅で体験される道、いつも歩いている道、初めて訪れた異国の都市のさまざまな道、街路、路地……なんとさまざまな道があることだろう。山道がある。峠道は特別な道

だ。海辺の道があり、さまざまな散歩道がある。公園の道がある。大聖堂や教会において体験される道がある。

一冊の書物、こうした作品を独特の道と呼ぶこともできる。本や書物の特定のページをトポス（ギリシア語τόπος）と呼ぶことがある。その場所、その箇所、それがトポスだ。

ここに一冊の書物がある。そのタイトルは、『実証哲学講義』（全6巻）、その第4巻、著者はオーギュスト・コント、フランス語の表題はつぎのとおりだ。

COURS DE PHILOSOPHIE POSITIVE, PAR M.AUGUSTE COMTE, ……TOME QUATRIÈME, CONTENANT LA PARTIE DOGMATIQUE DE LA PHILOSOPHIE SOCIALE――PARIS, BACHELIER, IMPRIMEUR – LIBRAIRE ／ POUR LES SCIENCES, QUAI DES AUGUSTINS, NO 55. ／ 1839

一部省略されているが、原書の姿がイメージされるだろう。『実証哲学講義』（全6巻）の各巻の刊行年はつぎのとおりである。――第1巻、1830年／第2巻、1835年／第3巻、1838年／第4巻、1839年／第5巻、1841年／第6巻、1842年。

この第1巻には『実証哲学講義』の全体構成を示す見取図がおさめられている。初めに数学、つぎに無機的な科学の領域、天文学、物理学、化学、そして有機的な科学の領域、生物学、社会物理学 *PHYSIQUE SOCIALE* ――このように数学からスタートして第6番目に社会物理学が姿を現している。自然科学の諸領域がつぎつぎに目に触れるが、こうした諸科学の立場と方法、アプローチが社会物理学の立場と方法、方向となる。観察、厳密性、法則性の解明、理論と論理性、合理性などによって科学が方向づけられるのである。――「予見するために見る」。――コントは知識の

進歩の三段階の法則を明記している。神学的段階、形而上学的段階、実証的段階——こうした三段階において実証的段階への方向性が確認される。社会物理学は、あくまでも実証哲学、実証科学として位置づけられたのである。

1822年、コントのエセー「社会再組織のための科学的作業案」が発表されたが、コントは三段階の法則を1822年の哲学的大法則と称している。

コント『実証哲学講義』第4巻
撮影場所：東京都港区三田、慶應義塾大学・三田キャンパス、福沢諭吉邸の跡地（福沢記念園／福沢公園）
慶應義塾図書館、所蔵

このエセーは、社会学の母胎、青写真と呼ぶことができる作品であり、社会物理学という名称が用いられている。

社会学の成立と展開においては産業革命、アメリカ革命、フランス革命、こうした三つの革命に注目しなければならない。レイモン・アロンは、産業とデモクラシーに注目している。ギンスバークは、社会学の起源をなすものとして政治哲学、歴史哲学、進化に関する生物学的諸理論、社会的政治的改革のための諸運動を指摘している。

『実証哲学講義』の第4巻においてコントは特にモンテスキューとコンドルセの業績に注目しながら考察を展開しているが、コントはこの第4巻の252ページにおいて〈社会学〉la sociologieという新名称を用いている。注記されている文章があるが、その注記においてコントはそれまで用いられてきた社会物理学physique socialeにあたる新名称として〈社会学〉la sociologieという表現を用いることを明記している。〈社会学〉という名称の誕生の場面だ。この『実証哲学講義』第4巻の252ページは、社会学にとっても、科学史においても歴史的で記念碑的なトポスだ。

この第4巻においては静態的な社会学la sociologie statiqueという言葉が、さらに社会動学la dynamique socialeという表現が見られる。
　オーギュスト・コント（Isidore Auguste Marie François Xavier Comte）は、1798年、南フランスのモンペリエに生まれて、1857年、パリで世を去っている。コントは、社会学において社会静学と社会動学の二部門を設定している。社会の秩序と社会の進歩にかかわる二部門だ。
　秩序は進歩の条件であり、進歩は秩序の目的であって、秩序ある進歩が目標となっている方法、アプローチ、それがコントがめざした社会学である。フランス革命後のフランス社会の混乱状態を体験したコントは、社会の秩序の回復、社会の再組織をめざして新しい科学、社会学（社会物理学）を提唱して、社会学の全体像とその方法、展開方向について心をくだいたのである。
　コントは人類と家族に特に注目しながら社会の諸様相について科学的な考察を試みたのである。18世紀はコントにとって社会学の発想と構築において意義深い土壌、大地だった。モンテスキューとコンドルセにコントのまなざしが注がれている。三段階の法則を提唱したコントは、ルソーの思想と方法を形而上学的段階に踏み留まっている立場として位置づけているが、啓蒙の世紀、哲学の世紀、百科全書の世紀と呼ばれる18世紀の思想動向やさまざまな立場、哲学、思想は、社会学の成立と展開においておおいに注目に値する。
　ジャン＝ジャック・ルソーの思想と方法、彼の立場、視点、問題意識などは、まちがいなくモンテスキューの仕事と方法とともに社会学の前史の焦点となっている。社会において人間を、人間において社会を、というルソーのアプローチには社会学の原風景が浮かび上がっている。自然状態と社会状態について考察したルソーは、ホッブスがいう自然状態は本当の自然状態ではなく、社会状態だ、といってホッブスを批判している。社会学においてはホッブス問題と呼ばれる社会秩序の問題がある。

ルソーとともに社会契約の思想が姿を見せるが、一般意志などについて述べたルソーは、友情をあらゆる契約のなかで最も神聖な契約としてとらえている。
　緑の発見者、ルソーは、人間と社会や社会契約、教育など多方面にわたってその考察と思想を展開しているが、感性の人、ルソーの大地と風景へのアプローチ、音楽へのアプローチにも注目したい。「結んで開いて」という歌は、ルソーの作品、作曲、である。
　デュルケム―社会的諸事実をものとして見る――その立場と方法を明確に示した彼は、モンテスキューとルソーを社会学の先駆者として位置づけているが、社会学の成立と展開においては古代ギリシアのプラトンやアリストテレス、ルネサンス時代のマキャヴェリ、時代がくだって、モンテーニュやデカルト、パスカル、また、ホッブス、18世紀のイタリアの歴史家、ヴィーコ、そして18世紀のモンテスキューとルソー、さらに18世紀のスコットランドの三人の道徳哲学者たち、ヒューム、スミス、ファーガソンの業績に注目しなければならない。また、分業論のマンデヴィル（『蜂の寓話』）の姿がある。古代ギリシアからの流れだが、分業論は、社会学と呼ばれる大地の注目に値する流れのひとつだ。
　社会の秩序と進歩、コントの要点だが、草創期の社会学においては、社会の秩序、構造、社会の進歩、変動をめぐってさまざまなアプローチが見られたのである。
　草創期の社会学―コント、サン＝シモン、トクヴィル、また、ミル、スペンサー、さらにマルクスなどが社会学の大地と舞台に姿を現す。絵画史においては、1844年に制作されたイギリスの画家、ターナーの「雨・蒸気・速力」が、時代の姿をみごとに表現した作品として注目される。1830年代なかばを過ぎて技師として草創期のイギリスの鉄道に職を得たハーバート・スペンサー（Herbert Spencer, 1820-1903）はやがて、ジャーナリストとして活動し、それから文筆家、思想家、哲学者、

社会学者として活動する。

　スペンサーの著作の一点『社会学の研究』THE STUDY OF SOCIOLOGY ──この書物にはつぎのようなトポスが見られるが、社会学のひとつの革新的な視点と方法が、こうした文章に凝縮されている（Spencer 1880: 63）。

　What is the relation in a society between structure and growth? Up to what point is structure necessary to growth? after what point does it retard growth? at what point does it arrest growth?

　社会を社会有機体としてイメージした社会進化論のスペンサーは、構造、機能、発達・発展という視点から社会について研究を展開する。生物の科学 the Science of Life と社会の科学　the Science of Society／Sociology という視点は、オーギュスト・コントにすでに見られたが、こうしたコントにスペンサーは注目しながら、諸事実を説明するコントの仕方は実際のところ哲学的だが、コントによってかたちづくられたステップの偉大さを見過ごしてはならない、という。

　スペンサーは、人間は生物学の最終的な問題であるとともに社会学の最初のファクターだという。人間は社会学の視点と方法となっている。

　スペンサーの『社会学の研究』を精読している人物がいる。ページ、ページに要点を書きこみながら福沢諭吉が、この書物を読了している。この書物は、福沢のトポス、定点、拠点となっている。

　社会学の命名者はオーギュスト・コントだが、社会学の創始者という場合にはサン＝シモン（Claude Henri de Rouvroy, comte de Saint-Simon, 1760-1825）とコントの両者に注目しなければならない。『産業者の教理問答』などを著したサン＝シモンのかたわらで彼をサポートしながら、仕事をしていた時期があるコント、サン＝シモンは、コントを

弟子と呼んでいる。サン゠シモンのつぎのような言葉がある（『サン゠シモン著作集　第1巻』1987: 87）。

　　17世紀はあらゆる分野に天才を生み出した——17世紀はニュートンを生んだ。18世紀には厳密科学が大進歩をとげた——迷信的な考えが粉砕された。19世紀には何が起るであろうか。社会組織の科学が実証科学になるであろう。その理論は、コンドルセによってなされた一般的考察に基礎をおくであろう。

　ここには実証科学 une science positive という言葉が見られるが、実証科学こそコントの立場と方法となっていた視点だ。コントはケプラーおよびガリレオ・ガリレイによる科学的衝撃、ベーコンおよびデカルトによる哲学的衝撃をふたつの偉大な知的衝撃と呼んでいる。こうした衝撃によって西ヨーロッパ全体にわたって全存在論的体制の崩壊が自然に始まり、記念すべき危機によってまったく新たな地平が展望されるようになったのである。

　マックス・ウェーバーの場合には西洋における科学の展開は、合理化という文脈で理解されているが、彼は古代ギリシアのソクラテスやプラトンに見られた概念の発見とルネサンスにおけるレオナルド・ダ・ヴィンチの合理的実験、ピアノの改良に取り組んだ音楽家たちの試み、またガリレオ・ガリレイやフランシス・ベーコンの業績に注目している。実験はガリレイの手を経て学問の領域に持ち込まれ、またベーコンの手によってその理論づけを得たのである。

　社会学の成立と展開についてベルグソンの見方がある（『ベルグソン講義録 Ⅲ』2000年: 124, 126）。

　　サン゠シモンは、社会や、社会を司る諸法則や、富の分配におい

て暴力的で不当なものを補正する技法についての研究を思い立った最初の人物だった。オーギュスト・コントはこれを彼から継承した。（中略）

　社会学は、A・コントの考えのなかでは、未来の学問であり、社会的物理学と呼ばれる学問だった。社会学は実証的哲学の目的であり、他の諸学は、社会学を目標とするような手段である。（中略）コントは、進化の観念の理論家たるコンドルセの影響を被った。社会学は歴史学と生物学にその支柱をもつのである。

　古代ギリシアの場面だが、ソクラテスからプラトンへ、このプラトンにおいて大きな転換が見られたというカッシーラーは、プラトンにはコントに先行する姿が見られるという。カッシーラーが見るところでは、デルポイの神殿の銘〈汝自身を知れ〉は、コントにおいては「歴史を見よ」という言葉になるのである。

　オーギュスト・コントの立場と思想に注目しながら共感していたアランは、生者にたいする死者の支配、死者にたいする崇拝によって人間社会の独自性を明らかにしたコントの思想を紹介している。動物にはモニュメントや道具が欠けており、動物の社会はない。家、神殿、墓、シャベル、車輪、鋸、弓、境界標、碑銘、書物、伝説、礼拝、像、これらのいずれもが生者にたいする死者の支配であり、これによってパスカルの有名言葉によれば、人類は不断に学ぶただ一つの存在のごときものとなるのである。動物には歴史的な集積や遺産は見られないのであり、さまざまな動物は徴を生みだすものである墓の前に立ちどまり、そこに石を一個つけ加えることを知らない。動物に欠けているのは、行動から身をひかせる尊敬、礼儀だ（『アラン著作集 4 人間論』1980年: 104, 106, 28 人間の実質としての先入見）。

　さらにコントとアランの場面だが、人間にだけ回想があり、夢想に

よって真と偽の入りまじった回想が組み立てられる。記憶は順応であり、人間はこれによって各状況に応ずる動作を学ぶ。回想はむしろ順応の拒否であり、人間を生者の地位に保とうとする意志であって、回想する人は、不死のものどもを作るのだ。動物や植物には順応が見られるが、記念やモニュメント、彫像は、一切、動物とは無縁なのだ（『アラン著作集 4 人間論』1980年：107-108, 29 記念）。

ジャン＝ポール・サルトルは、人間の社会が歴史的である理由は、人間の社会に過去があるからではなく、人間の社会が過去を記念碑として取り戻すからだという。

パリではセーヌ川の上流から下流に向かって右手をセーヌ右岸、左手をセーヌ川左岸と呼んでいる。セーヌ右岸にはモンテーニュ通り（モンテーニュ街）やルソー通りがある。またセーヌ左岸にはデカルト通りやコント通りがある。

パリの市街地のほぼ中心に姿を見せているセーヌ川のふたつの島、パリ発祥の地、シテ島、やや上流に隣接して位置しているサン＝ルイ島——このシテ島からサン＝ミッシェル橋を渡って左岸のサン＝ミッシェル通りを歩いていく。サン＝ジェルマン通りとの交差点を過ぎてまもなく左手

パリ：市街地眺望
ノートル＝ダム寺院の屋上からセーヌ川の下流方向とエッフェル塔方面を展望する。右手前はシテ島の一部、セーヌ川はシテ島の両サイドを流れて、シテ島の下流先端部分で、またひとつの流れとなる。エッフェル塔は、セーヌ川の左岸に姿を見せている。右手の遠方には、ラ・デファンスが見える。セーヌ川の上流方向に向かう遊覧船が航行している。パリの都市空間は、ラ・セーヌとエッフェル塔によって方向づけられている（意味づけられている）のである。
撮影：山岸　健

パリ、セーヌ左岸、ソルボンヌ広場：
オーギュスト・コント像

アランの言葉がある。──「コントは記念するということを教えるが、それは単純化し純粋化することである。私は読者がときどきコントの胸像のまわりを歩いてみることをすすめる。それは蔽いのない精神の市が立つソルボンヌの広場に、たいへんよい位置を占めている」。
『アラン著作集 6 イデー（哲学入門）』渡辺 秀訳、白水社、316頁、オーギュスト・コント。
撮影：山岸 健、1991年12月15日

方向にソルボンヌ広場が見える。この広場には高い台座のうえにオーギュスト・コントの胸像がその姿を現している。台座の両脇には複数の人物が飾られている。サン＝ミッシェル通りからこの広場に入っていくと広場の左手にこのオーギュスト・コントの記念像が位置している。アランは記念するという人間の営みを深く理解するためにこの記念像を体験することをすすめている。

　パリ、セーヌ左岸のサン＝ジェルマン＝デ＝プレ界隈、パリで一番古い教会、サン＝ジェルマン＝デ＝プレ教会がランドマークとなっているところだ。街角のカフェ、ドゥ＝マゴのカフェテラスからこの教会の正面入口が見える。この交差点の広場は、サルトル／ボーヴォワール広場と名づけられている。教会のすぐ近くの建物の上層階にサルトルが住んでおり、すぐ近くのドゥ＝マゴやカフェ、フロールにはサルトルやボーヴォワールを初めとして文化人や芸術家が集い、交流のサークルが生まれていたのである。

　ソルボンヌ広場を左手に見ながらサン＝ミッシェル通りを先へ進んでいくとリュクサンヴール公園だ。このパリを代表する公園のエッジ、縁と呼ぶことができるところにオーギュスト・コント通りが姿を見せている。

　印象派の画家によってパリもセーヌ川も発見されたのだが、光の都と呼ばれてきたパリ、プルーストが石の都と呼び、ベンヤミンが鏡の都

と称したパリは、モンテーニュやデカルト、ルソーやコントなど名だたる人物の名を冠した通りや街によってまことに深い歴史的な舞台であり、人物のパリでもあるといえるだろう。アルベール・カミュはパリを感性を磨くための舞台装置と呼んでいる。ヘミングウェイは、『移動祝祭日』のページ、ページにおいてパリにたいする深い思いとパリにおける感激の日々を表現している。ヘミングウェイにとってパリはヘミングウェイの輝きそのものであり、パリは至上のトポスτόπος場所、家、部屋、坐席、集落としての都市であるとともに唯一無二のホドスὁδός道、道程、旅、旅程、また方法、生き方だったのである。オーギュスト・コントはパリの特別な魅力と深い力を理解していた人物である。

人間と社会、文化と文明、時代と歴史、宇宙空間と大地、自然と風土、トポスとホドスが凝縮されたパリ、社会的世界であるパリ、風景、風光、音風景としてのパリ——こうしたパリのもっとも濃密で奥深いトポス、ホドスがあるとしたら、それはロダンが石の森と呼んだノートル゠ダム寺院とセーヌ川の右岸、左岸に点在している墓地（トポス）である。セーヌ右岸のペール・ラシェーズ墓地にはオーギュスト・コントの墓所やバルザックの墓所がある。

フランスの北西部の一地方、イル゠ド゠フランスÎle de France フランスの島、この島にはセーヌ川やパリが姿を見せている。陸つづきの島であり、フランスの歴史がその姿を留めている島だ。フランスの政治と行政の歴史においてこの地方がまるで島のような姿を現していた時代があった。フランスの島の、フランスの国土の光り輝く焦点、パリに姿を現した〈社会学〉は、大学のキャンパスやアカデミズムの舞台において誕生した科学ではない。パリの大地と市街地、人びとの人生と日常生活のなかに〈社会学〉が登場したのである。

【文献】
・『アラン著作集 4 人間論』原　亨吉訳,白水社, 1980
・『ベルグソン講義録 Ⅲ　近代哲学史講義　霊魂論講義』合田正久・江川隆男訳、法政大学出版局, 2000
・『サン＝シモン著作集　第1巻』森　博編訳,恒星社厚生閣, 1987
・Spencer, Herbert *The Study of Sociology*, Eighth Edition, C.Kegan Paul & Co., 1880

【ブックガイド】
① デュルケム,宮島　喬訳『社会学的方法の規準』岩波文庫, 1978
② ジンメル,清水幾太郎訳『社会学の根本問題—個人と社会—』岩波文庫, 1979
③ マックス・ヴェーバー,大塚久雄訳『プロテスタンティズムの倫理と資本主義の精神』岩波文庫, 1989
④ マックス・ヴェーバー,清水幾太郎訳『社会学の根本概念』岩波文庫, 1972
⑤ 柳沼重剛編『ギリシア・ローマ名言集』岩波文庫, 2003
⑥ 山岸　健・船津　衛編著『社会学史の展開』北樹出版, 1993
⑦ 山岸　健・山岸美穂『日常的世界の探究　風景／音風景／音楽／絵画／旅／人間／社会学』慶應義塾大学出版会, 1998
⑧ 山岸　健『日常生活と人間の風景　社会学の人間学的アプローチ』三和書籍, 2002
⑨ 山岸　健『レオナルド・ダ・ヴィンチへの誘い—美と美徳・感性・絵画科学・想像力—』三和書籍, 2007
⑩ 山岸　健・山岸美穂『日常生活と旅の社会学　人間と世界／大地と人生／意味と方向／風景と音風景／音と音楽／トポスと道』慶應義塾大学出版会, 2008

　　デュルケム、ジンメル、マックス・ウェーバーの著書・作品は、社会学の学習と研究において古典的な基本的文献である。
　　そのほかの著書・作品は、ヒューマニスティックなアプローチと方法においての文献であり、人間と社会、環境と世界、自然と文化、文明、人生と日常生活、風景と音風景などが浮かび上がってくる作品である。

第 1 章

人間と大地／風景、音風景と音楽
―― トポスとホドス、希望をめぐって

山岸　健

【キーワード】

人間、社会、大地、環境、トポス、ホドス、風景、音風景、音楽、希望、人生、日常生活

1．人間について／人生と日常生活

　太陽系の惑星、地球の片隅、ほとんど一点ということもできる日本列島、各地、各地方の自然と人びとの暮らし、日常生活、生き方、人生、文化、生活の歴史、人びとそれぞれの生活史から目を離すことはできない。

　社会学は人びとの日常生活、人生の日々、人生、人生行路、日常的世界、自然と大地と文化、人間のさまざまな試みと営みに向かう。日常生活と人生こそ〈人間〉へ、〈社会〉へと向かいつづける社会学の大地であり、本舞台なのだ。

　時代とともにローカル・カラーや地方、地方の生活と文化、人びとの

生き方の独自性や特徴が失われてきているように感じられるが、地方、地方の民家に見られる特徴があった。東北地方の遠野あたりでは、人びとの居住空間、さまざまな部屋や台所などと馬小屋とがＬ字型の建物、家屋として結ばれていた曲り家と呼ばれてきた民家の形式が見られたのである。柳田國男の『遠野物語』が名高い。曲り家に住んでいた人びとは、馬の動静や状態から目を離すことがなかった。

　庭園芸術の発生——柳田が取り組んだモチーフ、主題のひとつだが、家屋や家の立地については、山を背にするような土地が選ばれた地方があったのであり、家の近くを流れている水音、「いささ小川のせせらぎの音」（柳田）によって人びとにもたらされた安心感、安堵感があったのである。

　流れている水音、瀬音、森や森林、林のなかで体験される音、虫の音、鳥のさえずりや鳴き声、風鈴の音、さまざまな鐘の音、音色、生活のさまざまな音、静寂そのもの、騒音、楽音、音楽、一音、リズムの音……こうしたさまざまな音や音風景に耳を澄ますこと、傾聴すること、気をつけることは、日常生活の舞台と場面で人間にとって大切なことだ。

　ロラン・バルトには家庭交響曲という言葉がある。家の内外、家庭において人びとの耳に、身体、感覚に触れる多様な音と音体験にかかわる表現だ。音の環境を音風景、サウンドスケープと呼ぶ。

　感性を磨き、想像力を育むことは、人間形成と人間の生活と生存、人生と呼ばれる旅において、知性を磨くこととともに重要だ。さまざまな体験のなかで人間、一人、一人は、人びととのつながりにおいて、大地や宇宙空間や風景、音風景と結ばれながら、個性的で社会的な人間、この私自身、唯一の私となっていくのである。人間形成と人格形成、アイデンティティ（自己同一性・存在証明）の確立は、ひとつに結ばれた状態で持続的におこなわれるのである。

教育とは人間のなかに、さまざまな状態で潜在している、個人、個人のなかでうごめいているさまざまな力、能力、潜在力、可能性、チャンス、種子などを引き出し、取り出し、開花させることであり、入念な、やさしい、ダイナミックな社会化である。教育は人びとそれぞれの感性を培い、想像力を育み、知性と努力、理解力、判断力などに磨きをかけ、協調性や社会性を養い、人生行路と日常生活の舞台を明るく照らし出してくれる光や光明を人生の旅びとにもたらしてくれるひとつの方法＝道なのである。

　人間は希望を抱くことができる〈生〉の輝きだが、〈生〉の深い意味は〈死〉にあるのであり、初めから〈死〉が内在している〈生〉、〈生・死〉に注目しなければならない。

　人間は記憶や思い出、回想、希望においてまことに深い時間、時─空間、固有の世界だが、〈生〉において、〈生・死〉において、人間は驚くべきほどに深遠な時─空間、生存者なのである。

　時は過ぎていくが、過ぎていく時とともに生まれる意味がある。メルロ＝ポンティは、あるところで、時間を意味としてとらえているクローデルの見方とハイデッガーの見方、現存在（人間存在）の意味は時間性である、という言葉を紹介しているが、こうした場面にフランス語、サンス sens が姿を見せている。

　フランス語、サンス、言葉の意味、サンス、水の流れ、サンス、織り目、サンス、そして匂いという時のサンス── sens サンスという言葉には〈感覚・意味〉という意味群と〈方向〉という意味群があり、意味＝方向であって、意味づけることは方向づけることだ。

　ラ・セーヌ、セーヌ川とともに姿を現している光の都と呼ばれてきたパリ、セーヌ川の水面に矢印が入っているパリの市街地図がある。サンスの地図と呼ばれるパリの地図があるが、街路や道に矢印が入っており、

一方通行という印が見られる地図だ。矢印であるセーヌ川とロラン・バルトが大地から空に向かって架けられた橋と呼んだエッフェル塔（宇宙空間に向かっての鉄の矢印だ）によってパリの都市空間と風景、都市景観は、意味づけられている（方向づけられている）のである。

　方向と方向性——愛するとはたがいに見つめ合うことではなく、一緒に同じ方向を眺めることだ、というサン＝テグジュペリの言葉がある。時間についての彼の見方がある。ふつうにいわれているような時間は人間にはない、というサン＝テグジュペリ、大空を旅した人、操縦士としてのキャリアがありながらの作家、大空と大地の双方向にそのまなざしが注がれていた人物、サン＝テグジュペリは、広がっているのは歴史家の時間であり、加わる時間が生の時間である、という言葉を残している。つぎのような彼の言葉に注目したい。

　　un sens à la vie 人生に意味を

　戦争と平和という言葉が人びとの心を打つような時代に書かれた言葉だが、サン＝テグジュペリは、人生に意味を与えなければならない、といったのである。彼はその実践的な行動において、時間と空間を、大空と大地をまことに広く深く体験していた人だが、民衆の生活と大地に注がれた彼のやさしいまなざしが印象深い（『サン＝テグジュペリ著作集　6　人生に意味を』、1962年：扉うら）。

　概念——方向——風景——意味、こうした言葉が目に触れる場面だが、サン＝テグジュペリの文章がある。——科学における概念は方向であり、方向とは創造的な行為であり、方向によって風景が意味づけられる（方向は風景に意味を引き入れる）。方向を創造的行為と見るところが大空を旅した、操縦士、サン＝テグジュペリらしい。プラクシス（行為・実践）という言葉とポイエシス（制作・創造）という言葉は、時には微妙

な状態で結びついている。文章を書く、絵を描く、作曲する、演奏する、料理をつくる、陶芸に打ち込む、織物を織る――人びとはさまざまな試みと営みのなかで人生と呼ばれる織物を織りつづけているのである。

2．社会学の立場とアプローチ、方法

　日常生活と人生、人びとの人生行路、人生を旅する人びとの一日、一日こそ〈社会学〉の眼目であり、中心的な主題、〈大地〉なのである。

　太陽系の惑星、地球の陸地や島、海洋のことごとくが大地だが、陸地は中心的な大地だ。地球の大地は、人類や人間、動物、植物、鉱物、作物、建造物、人びとの力や手によってかたちづくられたもの、家屋や集落、道などの母胎であり、故郷、かけがえがない舞台だが、比喩的な意味で人間にとっての支えやよりどころ、定点、居場所、道、道しるべ、力と勇気と希望の源泉となっているものは、いずれも大地そのものなのである。

　支えやよりどころ、道しるべ、対象などによって、それらとともに人間は人間であり、大地や宇宙空間、環境と世界において、それらのいずれとも一体となって結ばれた状態で人間は、この私、私自身、個人であるとともに社会なのである。触れ合いとつながり、結びつき、相互性は、人と人、人間と人間とのあいだにおいて、人間とさまざまな対象や客体、道具、作品、物品、衣類、家具調度品、例えば鏡や椅子、部屋、庭などとのあいだにおいて見られるのである。環境や世界とのあいだにおいても、自然や風景、音風景、大地とのあいだにおいても、こうした触れ合い、つながり、相互性、結びつきや対応が体験されているのである。

　人間の手の先と手とのつながりにおいて姿を見せるのは、自分の手、他者の手、道具の手、指先、花や花束、土、陶土、紙、書物とそのページ、ページなどだ。書物の特定のページをトポス τόπος 場所、その地点

レオナルド・ダ・ヴィンチ「最後の晩餐」
出典:『西洋絵画の巨匠　8　レオナルド・ダ・ヴィンチ』池上英洋著、小学館、2007年

と呼ぶ。

　レオナルド・ダ・ヴィンチの名高い絵画、「モナ・リザ」、女性の肖像、顔面と表情の画面だが、背景には山岳風景や道や橋が描かれており、こうした描かれた風景、大地の眺めや様相、光景と人物やその服装へのアプローチにおいて絵画科学をめざして、遠近法を絵画の手綱と呼んだ、〈経験の弟子〉レオナルドの画風と方法、技法が明確に体験されるのである。
　絵画は不動の音なしの色彩的な光景、光と色と形、コンポジション、画面の肌、筆触、シュポール（壁や板、紙、カンヴァス）のドラマにすぎないわけではない。絵画と呼ばれる舞台、大地は、音や音風景、動き、人びとの姿と動きや活動などの大地なのだ。レオナルドの「最後の晩餐」は、登場人物、それぞれの向きと姿、まなざし、手の向きと状態、波打つばかりの動きとうねりが体験される画面であり、キリストの中心

性と各人物のつながりが注目される壁画だ。背景には窓が描かれており、外光と風景が姿を覗かせている。この名高い作品は、イタリアのミラノにあるサンタ＝マリア＝デレ＝グラツィエの食堂を飾っている絵画だ。1494年－98年頃の制作である。

　食事をともにするということは、食事をとりながら、たがいに触れ合い、交わり、結びつき、親交を深めるということだ。おのずから親密な人間関係が生まれ、信頼感がたかまる。相互の信頼関係がなかったら、一緒に食事の席に着くことはできない。食卓、食事、食事の席、信頼関係、安心感、親密な気持ちは、明らかにひとつに結ばれている。「最後の晩餐」の席と食卓には悲劇的な様相が漂い流れている。信頼関係がくずれることがある。

　個人を社会的な糸の結び目と呼び、社会的な生、生命体としての社会、生起するところの出来事としての社会へのアプローチを試みたジンメルは、食事の場所、トポス、食事の部屋や食堂にふさわしい絵画は、家庭画だ、という。17世紀のオランダの絵画に見られる家庭画がある。17世紀のオランダの絵画においては、レンブラントやフェルメール、デ・ホーホらの絵画とともに数々の風景画が姿を見せている。家族生活や家庭の情景、大地の風景、レンブラントの群像画、「夜景」、フェルメールの人物画、風俗画、室内画、レンブラントの数々の自画像などとともに絵画においての、画面に浮かんでいる〈社会学〉の原風景と主題、モチーフに注目したい。描かれた、表現の舞台に姿を現している〈社会学〉の光景、いわば虹となった、光彩となった〈社会学〉がある。人物、家族、群像、人と人とのつながりと触れ合い、結びつき、人と人との縁や絆、人間関係、さまざまな集い、集団、共同生活、社会生活、大地に根ざした日常生活、人生のさまざまな姿、室内、部屋、家具調度品、机や椅子、楽器、地図、手紙、道具、動物、植物、家庭、子ども、さまざまな世代の人びと、世代……いずれも〈社会学〉の主題であり、〈社

会学〉と呼ばれる場所や舞台、トポスで、〈社会学〉と呼ばれてきた道、ホドスにおいてこれまで注目されてきた、さまざまな視点や角度からの観察や考察、調査などが、試みられてきたテーマ、着眼点、問題点、分野なのである。

　フェルメールには手紙を読んでいる女性や手紙を書いている女性、鏡を見ている女性などが描かれた絵画がある。親子や家のなかが描かれた画面、デ・ホーホのまなざしだ。

　レンブラントの肖像画、自画像は、そのまま表現された〈生〉である。ジンメルは、レンブラントの人物画にいまのいままでの生と盛りあがった状態であふれるばかりに迫ってくる生を見ている。川の流れや海がイメージされる生だ。寄せては返す波とそのリズムは、生の律動なのだ。ジンメルにおいては、生は溢流、石や岩をかむようにして激しく渦巻きながら流れていく水流、それが溢流だ。いうまでもなく生成の哲学、ヘラクレイトスが姿を見せているが、生成と存在の緊張関係においてイメージされる生、それがジンメルにおいての生である。

　ジンメル——人びとは微細な糸を紡ぎ出しながら社会と呼ばれる織物を織りつづけているのである。心的相互作用の日常的な場面だ。ジンメルは社会において社会であるものに注目しながら社会学の方法、方法としての社会学の立場と視点、アプローチ、パースペクティヴ（遠近・眺望・視野）について心をくだいた人物だが、社交、社交的社会においてこそ〈社会〉がはっきりとクローズアップされてくる、という。生の哲

レンブラント（1606-1669）
「画架の前の自画像」
1660年、油彩、1.11×0.90m
パリ：ルーヴル美術館

学がジンメルの座標原点、立脚点、立場、いわばトポス、そして方法、ホドスとなっている。ジンメルの『社会学』の出版は1908年のことだ。

　ジンメルは、人間を限界なき限界的存在、越境者、客観的動物、探し求める者、慰めを求める者と呼んでいるが、こうした人間観、人間像の根底には、たえまなしの先への流れ、過去であるとともに未来、溢流として生をイメージしたジンメルの方法＝道がある。

　感覚の社会学や風景の哲学、ヴェネツィア、フィレンツェ、ローマを主題とした風景美学的なアプローチにジンメルの感性とまなざし、想像力が生き生きと見出される。ジンメルが見るところでは、異国で生活することは、生成と存在の喜びにみちた生き生きとした生の顕現そのものなのだ。存在と生成のみごとな結合、それが異国で生活するという生き方だ。存在は故郷に結晶しており、生成は旅や旅することに集約されるのである。

　日常生活と人生こそ社会学の中心的な領域、舞台、世界、大地である。人間の活動、行動、行為、人生の日々、人生の旅路における人びとのさまざまな営みと試みが、社会学の視野において、また〈社会学〉と呼ばれる道をたどるときにクローズアップされてくる。

　ここからそこへ、どこから、どこへ、特定の拠点、地点、常住の地、居場所（いずれもトポスτόποςだ）から目的地や特定の場所や地点に向かうこと、そして帰宅すること、身心を委ねることができる、安心の場所へもどることには、まことに深い意味がある。帰宅、常住の大地へ帰り着くということはすばらしいことだ。

　古代ギリシア、ホメロスの作品、叙事詩、『オデュッセイア』──オデュッセウスの故郷、イタケ島への帰還ほど広く知られた旅と家族と家庭の特別な物語はないだろう。数々の危険を体験しながら苦難の旅を終えて、長期にわたる不在ののちにようやくの思いでイタケ島に帰還し

たオデュッセウスは、家族や人びとの前で自分がまちがいなくオデュッセウス本人であることを証明しなければならない。こうした場面に平和の象徴であるオリーヴ、月桂樹、橄欖樹が姿を現す。

オデュッセウスは部屋を造る時、中庭に生えていたオリーヴをそのままそこに残しておいて、部屋が完成してその部屋にベッドを用意した時に、ベッドの支え柱としてそのオリーヴを用いたそのことを身近な人びとや家族に語ることによって身分と立場を証明することができたのである。家庭の平和、家族の幸福、帰還の喜びが、こうしたオリーヴに結晶している。

「キクラデス彫刻の頭部」
B.C. 2800-2300
アテネ国立博物館

アテネでのオリンピック大会のおりには、オリンピックの主会場の晴れの舞台にオリーヴが姿を見せていた。開会式のイベントの一場面だったが、古代ギリシアの名高いキクラデスの彫刻、顔面の作品が、地下からせり上がって地上、大地に姿を現した光景があった。オリーヴ、地中海やギリシアの象徴的な樹木とキクラデスの彫刻作品によってギリシアが演出されていたのである。

アテネといえば市街地のランドマーク（土地の目印）としてあまりにも名高いアクロポリス（小高い場所）とそこに建立されている建築史を飾っているパルテノン神殿だ。私たちは家族三人でギリシアを旅したが、このアクロポリスを何度も訪れて、古代ギリシアをしのび、現代のギリシア、ギリシアの自然、風景、景観、音風景、ギリシアの空と大地、人

びとの暮らし、アテネの市場、古代ギリシアのアゴラ（広場）や円形劇場などをギリシアの光と大気と風とともに体験したのである。

　アテネの外港、ピレウスから一日のコースでエーゲ海の島めぐりの船旅を体験したが、遺跡となった神殿が姿を見せている島があった。アクロポリスにはパルテノン神殿のほかにも古代の建造物があったが、いずれも遺跡である。社会を生命体、社会的な生として理解して、社会学の方法（方法＝道）と人びとの身辺、風景などに注目しながら社会において社会であるところの事象について考察したジンメルは、遺跡や廃墟を生が離れてしまった生の場所と呼んでいる。生の哲学がジンメルの立場、視点（トポス）、方法、道（ホドス）となっていたのである。アランはピラミッドにおいて死を、神殿において生や生命をイメージしている。

　人間は〈生〉そのもの、生命、生命体であり、人と人とのつながり、人間関係において人間だ。人間は大地と宇宙空間、環境と世界、人びとのなかで、道具や作品、さまざまな品々、形象とともに、形や色やコンポジション、音や匂い、香り、手ざわり、質感、感覚、感性、理性、知性とともに、それらのいずれにおいても人間である。

　古代ギリシア、ポリス（都市国家、生活共同体）が姿を見せる。人間をポリス的動物（ゾーオン・ポリーティコン）と呼んだアリストテレスは、共同の居住と生活、言語と言葉とともにある人間の生活に注目しながら、ただ集まって草を食べているだけの動物とは異なる人間の独自性について理解を示している。『政治学』のあるところでアリストテレスは、「部族もなく、法もなく、炉もなき者」というホメロスの言葉を紹介している。たった一人の状態での人間は、とうてい人間とはいえないような人間であり、そうでなければ人間をはるかに超越した神かと思われるような存在なのだ。

　ホメロスへのアプローチ——ゲーテの名高いイタリア旅行があるが、

イタリア、シチリア島、アグリジェント：神殿の谷の古代遺跡（後方にはアグリジェントの市街地が見える）
撮影：山岸　健

ヴェネツィア、ローマほかイタリア各地を旅して、ナポリから初めて船旅を体験してまるでクロード・ロランの絵画のような雰囲気と風景をシチリア島のパレルモ入港のおりに身をもって感じ取ったゲーテは、このシチリア島でホメロスについて深い思いを抱く。さっそくホメロスの『オデュッセイア』を求めてページを追う。古代の遺跡、いくつもの神殿が神殿の谷に姿を現しているアグリジェントの旅においてもゲーテの眼前にホメロスが浮かぶ。ゲーテは女王、シチリアという言葉を残しているが、このシチリア島は、ゲーテにとってはホメロスの注釈のような大地だったのである。

　マックス・ウェーバーの青年時代の手紙のなかには、ホメロスへの思いが記された手紙がある。人間の行為を描写するホメロスの筆致とホメロスの物語性の確かさと手ごたえにウェーバーは注目し、深い感銘をうけている。ホメロスの作品は、人間の行為についての報告ではない。物語られる行為の迫力にウェーバーが注目している。

　個人を意味がある行為の唯一の担い手として理解したマックス・ウェーバーには「初めに行為があった」（ゲーテ『ファウスト』）というゲーテの影が色濃く落ちているが、マックス・ウェーバーの行為についての関心と行為についての理解には古代ギリシアのホメロスの光が射しているということもできるだろう。

〈社会学〉は離島でもなければ孤島でもない。〈社会学〉はさまざまな領域や分野の科学、哲学、文学、歴史学、芸術の諸領域、精神科学、人間科学、社会科学などとさまざまな状態でつながり合っている。〈社会学〉と呼ばれる大地の広々とした姿と光景、さまざまな立場、地点、舞台、多様な道、そして、諸領域、諸分野とのつながりと結びつきに注目しなければならない。

〈社会学〉と呼ばれる花束は、さまざまな花の束である。人間と社会、人間の生活、人と人とのつながりと触れ合い、結びつき、社会的世界におけるさまざまな縁や絆、人間関係、集団、コミュニティ、地域社会などをめぐって多様な視点とアプローチ、問題設定、方法、理論、取り組み方、パラダイムなどが見られるが、社会学の多岐にわたって見られる立場や視点、方法に社会学のゆたかな方向性と可能性を見出すことができるだろう。

人間、人——人間、個人、個人が人生の旅びとだが、人と人とのつながりと人間関係や人間模様が、浮かび上がっている。〈社会学〉は、人間の観察、人びとの日常生活と人生、人間の営みと試みへのアプローチに徹しなければならない。

アクロポリス、パルテノン神殿の大地、高いところ、場所からかなたにエーゲ海が見えた。エーゲ海の方へ、という方向と方向性には深い意味がある。

アテネの郊外に向かうバスのターミナルから、私たちは路線バスに乗車して、途中、一度の休憩ののち、神託の大地、デルポイに向かった。乗りおりする人びとの姿が目に触れた。顔見知りの人びとなのだろう。会話が耳に触れた。デルポイの集落で下車、一停留所もどるような状態でデルポイの遺跡の大地に到着した。バスは平地から山地、山間部への道をたどったが、名高いデルポイの遺跡は、山地の傾斜地に姿を見せて

ギリシア、デルポイ：アポロンの神殿〈汝自身を知れ〉のトポス
撮影：山岸　健　1997年3月20日

いた。
　〈汝自身を知れ〉——あまりにも広く知られているこの言葉が銘文としてその柱に見られたといわれているアポロンの神殿は、数本の柱と基壇、神殿の基礎にあたるところだけが残っている遺跡だった。アポロンの神殿の遺跡の列柱を見上げていると白雲が青空を流れていった。岩山、岩壁、糸杉が見られる大地だった。傾斜地、地面には黄色い小さな花が咲き乱れていた。
　アポロンの神殿のすぐ近くには古代ギリシアの円形劇場があった。私たちはその舞台に立った。すり鉢形の観客席の深いところに舞台がある。

　古代ギリシアでは理論という言葉は、演劇の舞台という言葉と一体化するような言葉であり、理論家、テオーリアと呼ばれた人びとは、旅する人、見る人、記録したり、報告したりする人だった。神託の地に向かい、神のお告げを身をもって体験して自分のポリスに帰ってそのお告げを報告する人、ほかのポリスを訪れて、そこでの催し物や出来事、光景などを見聞して、まとめて、情報を持ち帰って自分のポリスで報告する人、こうした人びとが、テオーリア、理論家と呼ばれたのである。

3．人間と希望／トポスとホドス

　人生をどのようにしてより広くより深く生きるのか。日々の生活に巻きこまれながらどのような方法によってより人間的に生存することができるのか。日々の生活の現実は、厳しい。生きがいや楽しみをどこに見い出すのか。人生を生きるための力をどのようにして身につけるのか。どのようにして希望に満ちあふれた日々を築いていくのか。ローマ時代のことだが、希望という言葉が姿を見せている〈ことわざ〉がある。私が息をしている（spiro）あいだは、私は希望をいだく（spero）という言葉だ。スペーロー、スピーローという語呂合わせによって簡潔な表現が生まれている（『ギリシア・ローマ名言集』2003年：104）。

　　生きているかぎり私は希望をいだく。
　　spero dum spiro

　人生を生きる、旅するということは、希望を抱きつづけるということだ。ショーペンハウアーは人間を生への意志と呼んだが、〈生〉という言葉に人間のすべて、人生のすべてが凝縮されているといえるだろう。生きるということは、広く深く、意欲的に、情熱的に、活発に、心ゆたかに生きる、行動し、行為するということだ。
　人間とは光り輝く〈希望〉なのである。いまとここ、現時点、現在は、記憶と思い出、人びとそれぞれの生活史によって、希望とヴィジョン、願いと祈りによってかたちづくられているのであり、思い出や過去によって、希望や未来によって支えられているのである。
　いま、ここ、現在時、現況は、あくまでも現実的だが、一瞬の現在、瞬時が人間の生活と生存の舞台であるわけではない。いまとここにおいて人生の旅びとは、なかば過去とこれまでの日々を生きつづけており、

希望によって方向づけられながら、つねに未来をイメージしつづけているのである。どのようにして生存圏を広げていくのか、深めていくのかということは、人生の日々において誰にとっても大切なことであり、生存圏の拡大と深化は、人間の使命なのである。

　ノヴァーリスは、大地の陶冶を人間の使命として理解している。人生を生きるということは、さまざまな方法で自分自身に磨きをかけながら自己実現をめざして努力するということだ。充実した人生を築くことだ。

　サン＝テグジュペリは、広がっているのは歴史家の時間であり、加わる時間が生の時間だといったが、生の時間、加わる時間の充実、そうした充実のために日々、努力することが、人生の旅びとには求められているのである。

　人生の現場、それが日常生活だ。人生は日常生活にあり、日常生活こそ人生の本舞台なのである。光陰矢のごとし、時は過ぎゆく。──TEMPUS FUGIT

　ラテン語、テンプス tempus この言葉にはつぎのような意味がある（『古典ラテン語辞典』2005年：759）。①──時、時間、時刻、合間、暇／②──期間、季節、時期／③──時代、時勢、状況、環境／④──時機、好機、危機、苦境／⑤──拍子、韻律／⑥時制

　テンプス tempus というラテン語のさまざまな意味に注目すると人生の旅びとの思いと関心は、おそらくさまざまな方向に広がっていくだろう。時と時間の様相には驚くべきほどの広がりと深まりが見られるのである。

　ロラン・バルトは、写真は思い出ではないという。かつて、それは、そこにあった、これが写真なのだ。過去完了、完了した過去という時制がある。

　自分自身をどのようにして過去とこの現在につなぎとめておくのか。生き生きとした過去をどのような仕方で体験するのか。ジョン・ラスキ

ンは、建築や建造物を記憶のよりどころ、支え、記憶の確かな場所として理解している。確かなこゝ、そこは、人間にとって重要だ。頼りになる樹木が姿を見せている大地の片隅、家や集落、校舎、神社や仏閣、公共の施設、記念碑……おそらく誰もが確かな場所、支えやよりどころとなる大地、しっかりとした道、いつもの道を確かめつづけている、求めつづけているはずだ。支えとよりどころ、希望と力の源泉となるものがなかったら、人生の旅びと、人間は、生きることができないだろう。

　身近な人びと、他者、家族、友人、近隣の人びと、大切な人びと、品々、作品、道具、家具、楽器、写真……これらのことごとくが、人生の旅びとにとって命綱である。

　若い女性に詩人が語っている簡潔な言葉がある。ホラティウスの『詩集』第1巻、11、8、ラテン語だ（『ギリシア・ローマ名言集』2003年：105）。

　　（今日という）日を摘み取れ。
　　carpe diem

　カルペ・ディエム——今日という日を（花を摘み葡萄を摘むように）摘み取れ、という言葉だ。人生の旅びとにとって今日、一日は大切だ。今日という日をどのようにして生き生きと力強く晴れやかに生きるか。似ているような日々があるが、一日、一日はオリジナルに新たに築かれていく。人生の旅びとは、一日を新たな気持ちで精一杯、生きるのだ。メーテルリンク、『青い鳥』の著者は、人間を生の附託者と呼んでいる。生の哲学がメーテルリンクの視点と立場となっている。人間においては終始、〈生〉が問題であり、気がかりだ。

　人が生まれる、人が生きる、人—生だ。人生、生活、生存、生成、〈生〉の様相だ。〈生〉——生命、生命体、生命活動、生物、命あるも

の。生計という言葉もある。〈生〉、晴れやかな〈生〉だが、〈生〉には初めから〈死〉が内在しており、現実的で具体的な〈生〉は、明らかに〈生・死〉である。〈死〉を意識しながら、〈死〉を自覚して生きるところに人間の深い生き方、生存する人間の姿が見られるのである。真実の生活と人生は〈生・死〉の生活、人生だ。加わる時間、〈生〉の時間は、回想と思い出、希望と願い、体験につづく体験、重層的な意味によって方向づけられている人間的時間、意味づけられたソフトな時間なのである。

　人生の旅びとそれぞれの生存圏や日常生活の舞台と人生行路を安定した充実した状態で確かなものとすること、生存圏の拡大と深化、充実は、人と人とのつながりと交わり、人間関係、共同生活、集団生活、集まること、触れ合うこと、結びつくこと、社会的世界での日々によって、可能となる。また、こうしたことは、さまざまな旅と旅体験によって、音楽や絵画などの作品体験によって、さまざまな活動と行動、行為によって、思うこと思い出すこと、回想すること、夢想すること、祈ること、希望することによってなしとげられる。

　共存、互助、互酬性、支え合うこと、ともにということは、〈生〉と生活、生存の次元であり、人間においては社会も、自然も、文化や文明も、歴史も生活と生存の次元なのである。

　古代ギリシア、一人は無人という〈ことわざ〉がある。—— One man is no man. ジョン・ダンには島であるような人はいない、誰もが大陸の一部なのだという言葉がある。人びとのなかで、人びとともに、人と人とのつながりと結びつきによって人びとそれぞれは自分自身を見出したり、自分自身を確かめたりすることができる。生の統一体、精神・身体である人間は、まことに多様な支えとよりどころ、さまざまな対象によって支えられつづけている。人びと、他者、道具、椅子、鏡、

作品、地図……流れている音楽、さまざまな音、いろいろな色や形、草花などによって人びとは支えられている。

　花には季節感が漂っている。樹木や草花、動物、生物、空に浮かぶ雲……さまざまな景色、風景、音風景、家屋や集落の景観によって人びとは力づけられてきたのであり、慰められてきたのである。

　ラテン語、テンプス tempus とともに一日や時計、人びと、人間、生活、人生だけが浮かび上がってくるのではない。草花、植物、世界や国家、歴史、リズムや音楽、文章、表現などが、テンプスとともにイメージされる。〈時は過ぎゆく〉 TEMPUS FUGIT 過ぎゆく時は、意味の源泉なのである。メキシコの詩人、オクタビオ・パスは、リズムを意味、方向として理解している。

　歴史は毎日のことだ。それは出来事ではなく社会学であり、歴史は思想の歩みだ。これはホワイトヘッドの言葉だ。

　人間の生活と生存の舞台、生成と存在の大地は、宇宙空間と一体となっている環境であり、時―空間、いわば世界である。こうした環境や大地、世界、舞台にさまざまなトポス τόπος が姿を現している。ここでは初めにラテン語、テラ terra について、つぎにギリシア語、トポスとホドスについて、それぞれの言葉の意味の様相を見ることにしよう（『古典ラテン語辞典』2005 年：762）。

図1-6　Painting from the eastern Abalem village of Kwanimbandu
（ロンドン大学, LSE、社会人類学、教授 Raymond Firth 先生からのレター・カード。山岸　健宛）

ラテン語、テラ terra ──①陸、陸地／②大地、地面／③土、土壌、耕地／④地方、国、地域／⑤所有地、敷地／⑥世界、地球

　さまざまな意味があるが、それぞれの言葉と意味領域のことごとくが、〈社会学〉の舞台であり、対象だ。人びとの生活と人生、社会、人類、一切が、このラテン語、テラ、terra と深く結びついている。大地の姿、形、様相、眺めが風景であり、フランス語ではペイザージュ paysage 風景だ。人間の顔は、ヴィザージュ visage であり、大地の顔、それが風景だ。ペイ pay には国、地方という意味がある。

　一切、合切、すべてが失われてしまった、洗い流されてしまった風景と大地、失われてしまった人びと、生命、人命、家、家屋、家庭、写真、家なみ、町なみ、集落、さまざまな道、大地の片隅、人びとの日常生活と人生、人びとの声、人と人とのつながり、人と人との絆、縁、共同生活、コミュニティ、地域社会、大地のすべて……ほとんど無の、まったくの無人の大地、言葉にならない光景、荒廃した、胸が痛くなるような眺め──日常生活や日常の風景や音風景、景観、人びとの生命と姿、こ

石巻市、日和山公園から海岸方面を望む／2012年2月28日
撮影：山岸　健

とごとくが失われてしまったあとに姿を見せている大地と風景、光景——2011年3月11日、午後2時46分の三陸沖の大地震と津波、東日本の大震災と原子力発電所の事故……自然と文明の空前絶後の大災害と大事故——いまのいままで、すべてがそのままつづいていると思っている人びとは少なくないだろう。大地の姿と様相、風景にいくらかの変化、復興の兆しが見られるところはあるが、失われてしまった風景や景観が、ほとんどそのままという大地がある。

　陸前高田市の高田松原、奇跡の一本松が大きな話題となったが、この一本松は、ついに姿を消してしまった。いまこの松は再生と記念のために手厚い手当てと保護を受けている。

　石巻市の日和山公園から眺めることができる風景、仙台市の若林地区、海辺に臨むそのあたり一帯の眺めは、この大震災、大災害の光景のごく一部だが、人びとの胸を激しくえぐるような風景だ。

　風景は現地そのもの、大地の生ま生ましい眺めだ。地図は現地の代理であり、さまざまな方法によって記号化された大地、風景である。地図において体験される音があるだろうか。耳にさまざまな音が触れる絵画や画面がある。地図において体験されるのは、上から下への方向性だ。

仙台市若林区、荒浜地区／2012年2月29日
撮影：山岸　健

絵画においては、ここからそこへ、かなたへの方向性がたっぷりと体験
される場合がある。こことは身体が位置している場所、座標原点、定点
を意味する。

　ギリシア語、トポスτόπος、この言葉には場所、ところ、位置、家、
部屋、坐席、村や町などの集落、さらに職業、機会、墓、墓地などと
いう意味があり、ギリシア語、ホドスὁδός という言葉には、道、道程、
旅、旅程という意味がある。また比喩的にはこの言葉には方法、生き
方、行為という意味がある。トポスとホドスのことごとくが、社会学
の舞台と道だといっても過言ではない（『ギリシア語辞典』平成元年：
1099-τόπος ／ 765-ὁδός）。
　道と旅と人間の行動、行為、さらに方向、方面、方角は、しっかりと
ひとつに結ばれている。
　人間的体験、精神的体験、風景体験という言葉を残しているヘルマ
ン・ヘッセは、空に浮かぶ雲や大地の樹木に深い思いを抱いていた詩人、
作家、水彩画を描いた人だが、ヘッセの原風景と呼ぶことができるよう
な幼時の記憶がある。ヘッセが両親とともに散歩した時の思い出だ。両
親は肩を寄せ合うようにして太陽が沈んでいく方向に向かって歩いてい
く。両親の後ろを追うようにヘッセが歩いている。夕日は両親のあいだ
に落ちていく。

　相互肯定的な意志の関係と人と人とのつながりと共同生活、社会にア
プローチしたテンニエスは、本質意志において、ゲマインシャフト（共
同社会）、選択意志においてゲゼルシャフト（利益社会）をイメージし、
理解しているが、ゲマインシャフトは時間（性）や記憶によって貫かれ
ており、ゲゼルシャフトは空間（性）によって貫かれているのである。
　ゲマインシャフトはトポスそのもの、大地そのもの、ゲゼルシャフト

はホドスそのもの、さまざまな建造物などによっておおわれた堅い大地だ。テンニエスにおいては、ゲマインシャフト的人間、農民とゲゼルシャフト的人間、商人が姿を見せている。農民は大地とともに生きており、商人のまなざしは道に、他の地方や国に注がれている。いつまでも燃えつづけている火やかまど、食卓、耕された大地、家族、友人、村落、故郷、墓や墓地などにおいてゲマインシャフトとその生活がイメージされる。取引、商業活動、会社、手形、貨幣、契約、街路、都市などにおいてゲゼルシャフトとその生活が浮かび上がってくる。

すべての人びとが商人であるような商人社会をイメージした人物がいる。アダム・スミスだ。

ゲマインシャフトを文化、ゲゼルシャフトを文明と見ることもできるが、大地と同様に文化も文明もまことに変化に富んでおり、こうした変化と多様性のなかで人びとの生活と人生の様相をきめこまやかに観察したり考察したりすることが必要とされるのである。

4．人間と大地、音、音風景と音楽

希望、思い出、記憶、夢想、さまざまな状態でつながり合ったり、重なり合ったりしている、方向づけられた人びととそれぞれの経験と体験が、人間にとって大きな力と支え、よりどころとなっているのである。

人生を旅するためにはさまざまな支えと拠点、展望、希望、光がどうしても必要だ。人と人との出会いと触れ合い、つながり、慰めと楽しみが必要だ。動物、植物、鉱物、建造物、作物、作品、道具……これらのことごとくが、人間の生活と生存、生成と存在の力と支え、よりどころ、トポス τόπος 場所、居場所、ホドス ὁδός、道、方法となっているのである。人間が大地の眺め、光景である風景や音風景によって救われることがある。いつもの見なれた風景や対象の喪失、消失は、人間にとってき

わめて大きな打撃だ。致命的な痛手だ。

　宇宙空間と大地、環境と世界、身辺、トポスとホドス、人びとの日常生活と人生、人生を旅する人びとは相互にしっかりと結ばれているのである。社会も文化も、自然も文明も、歴史もひとしく人間の生活と生存の根本的な次元なのである。

　人生の日々と日常生活をより広くより深く生きるためには、ここからそこへ、と歩み出て、宇宙空間と大地、環境と世界と深いつながりを保ちながら、さまざまな対象や客体にたいして働きかけつづけなければならない。人間は他なるものや環境や世界と結ばれた状態で人間であり、自分自身なのだ。こうした人間は、慰めと楽しみ、希望の束なのだ。〈希望〉はほとんど人間そのものといえるだろう。

　動いてやむことがない海に心を傾けていた西田幾多郎には私はミレーと同じように自然が好きだ、働く人は大地の一角から世界を見る、という言葉がある。日本海に臨む大地に生まれ育った西田は、日本海とともに、相模湾の鎌倉、七里が浜の海とともにまちがいなく海の人だが、ミレーとともに西田は大地の人でもある。ロマン・ロランはミレーの絵画を田園生活の詩と呼んでいる。

　京都、東山の山麓に水の流れとともに哲学の道が姿を見せている。桜が咲く季節がある。この散策の道のとあるところに「吾は吾、人は人なり、とにかくに吾がゆく道を吾は行くなり」という西田幾多郎の記念碑が見られる。

　ドイツ、ハイデルベルクは、ネッカ川とともに姿を見せており、ハイデルベルク大学とともに旧市、アルトシュタット、古城のハイデルベルクだが、上流から下流に向かってネッカ川の右手、右岸の小高いところには哲学者の道と呼ばれる道がある。家族でこの哲学者の道を歩きながら、下方、ネッカ川の対岸に旧市と古城を眺めた旅の日々を思い出す。

ドイツ、ハイデルベルク：哲学者の道からの旧市街（アルトシュタット）の風景（ネッカ川は右方向に流れている）
——絵はがき

　ハイデルベルクとともにマックス・ウェーバーが姿を現す。社会学の根本概念の考察、そのほか広い視野で精力的に活動を展開したマックス・ウェーバーには音楽と楽器、記譜法へのアプローチが見られる。合理化、合理性がモチーフとなっている音楽社会学の分野の注目に値する業績だ。アルプスの北ではピアノはまるで家具のような位置を占めており、ピアノは人びとの日常的な生活空間にその姿を見せているのである。ピアノ文化がある。オルガンの音空間とトポス、場所は、ピアノの場合と著しく異なっているのである。
　楽器はさまざまな道具と一律に位置づけられるような道具ではない。楽器には確かに道具に近いところが見られるが、楽器には人間の生成と存在、〈生〉としっかりと結ばれている大地とトポスとホドスが、はっきりと姿を現している。音楽は人間にとってまことに広々とした深い大地であり、人間にとって人間の生活と生存、〈生〉を左右するトポスであり、ホドスなのである。トポス τόπος は居場所、家、部屋、坐席を意

味するギリシア語であり、もうひとつのギリシア語、ホドスὁδός は道、旅、方法、生き方、行為を意味する。プラクシス（行為・実践）とポイエシス（制作・創造）が、音楽と演奏においてひとつに結ばれている。ヴァイオリンの文化もある。ジンメルは、音楽において島をイメージしている。

音楽をめぐっての言葉に注目するならば、人間にとっての環境、人間、世界、時間と空間、多元的現実、トポスとホドス、人間の生活と生存、人生の旅びとと、人間についての理解が広がり、深まる（ミッキー・ハート＆フレドリック・リーバーマン、2002年：※―参照）。

○ベートーヴェン（1770年―1827年）
　音楽は、不思議な力に満ちた大地だ。人間の精神は、そこに生き、そこで思考し、そして創造する。

　音楽は、知的な生活と感覚的な生活をつなぐ仲介役であり……より崇高な世界への精神の入り口なのだ。

○アルフォンス・ドーデ（1840年―97年）
　音楽は、もうひとつの惑星だ。

○R、マリー・シェーファー（1933年～）
　地球は楽器の胴体であり、神の手によって、そこに弦が張られ、調律されている。わたしたちはもう一度、その調律の秘密を見つけ出さなければならない。

○アンリ・ベルグソン（1859年―1941年）

音楽は、日々の生活をおおっているヴェールを払いのけ、われわれを現実そのものと向かい合わせるためにのみ存在している。

○ジョン・ラスキン（1819年―1900年）
　人生の音を正確に、正しいテンポで弾けば、人の一生は音楽になる。

○スーザン・ランガー（1895年―1985年）
　音楽は時間を聞こえるものにする。

○ロマン・ロラン（1866年―1944年）
　すべての脈打つもの、動くもの、そよぐもの、たとえば、太陽が照りつける夏の日、風が吹きすさぶ夜、星のきらめき、鳥のさえずり、木々のさざめき、夜の静寂のなか、血管を流れる血――こうしたもののすべてが、音楽なのだ。必要なのはただ、それを聞くことだ。

○ルイジ・ルッソロ（1885年―1947年）
　太古の時代、生活は静寂以外の何ものでもなかった。今日では、大都市のけたたましい環境だけでなく、かつては静かだった田舎においても……騒音が、人間の感受性を極度に支配している。

○アルトゥール・ショーペンハウアー（1788年―1860年）
　音楽は、人生の神秘にたいする解答である。それは、あらゆる芸術のなかでももっとも深遠であり、人生についてのもっとも深い考えを表現するものだ。

　人生を旅している人びとは日々のまことに多様な体験に糸をとおしながら、そうした体験を統合したり、方向づけたりしながら、さらに記憶

の糸をたぐり寄せて、意味の大地を耕しつづけている。さまざまな人間関係や人と人とのつながりと触れ合い、結びつき、集団生活や共同生活が体験される社会的現実は、厳然とした事実であり、人間的体験や人間的空間、社会的現実にかかわる日常的体験は、人間のさまざまな体験のなかで中心的な体験だが、さまざまな芸術の領域の芸術的体験や風景や音風景の体験、精神的体験は、人間の感性や知性、想像力、〈生〉の躍動に働きかけてくる大切な体験だ。

　人間は風をはらんでいる生命そのもの、生命体である。ショーペンハウアーは、人間を生へ の意志として理解しているが、彼のまなざしが意志と知性と生命に向けられている。ラテン語とギリシア語が紹介されている。ラテン語で知性はメンス mens であり、意志はアニムス animus だが、この意志 animus は生命、息、心、魂を意味するアニマ anima に由来する。このアニマ anima という言葉は、ギリシア語、アネモス ἄνεμος 風にその起源が見られる言葉だ。さきのアニムス animus は生命賦与原理であり、同時に意志、もろもろの傾向、意図、情念、感情の主体なのである。人間のまなざしがイメージされるようなアネモネは風、アネモスの花であり、ギリシア語ではアネモーネーだ（『ショーペンハウアー全集　6』1996年：83）。

　他者や人びと、身近な人びとや集団は、人間にとって大切な命綱だが、音楽や絵画、文学作品、さらに旅や旅体験などによってよみがえるような思いが体験されたり、希望が湧き出ることがある。旅の力や音楽の力、音風景、音の風景、サウンドスケープ soundscape の力がある。

　さまざまな大地のなかでも細心の心くばりがおこなわれている大地は庭（楽園）である。

　日本風の庭園、例えば京都の詩仙堂で体験される鹿おどし（僧都、添水ともいう）の音とリズムがある。鹿おどしの音によって静寂が破られ

る。こうした音とリズムによって静寂と環境と大地が体験される。鹿おどしは流れてきてたまった水と竹と石の演出、仕掛けである。京都、龍安寺の名高い石庭は、海原と島が体験されるトポス、場所だ。耳を澄まして傾聴しなければならない庭園だ。作曲家、ジョン・ケージと彫刻家、イサム・ノグチが、この龍安寺の庭園に注目している。ジョン・ケージにはこの庭園をイメージした作曲がある。彼の名高い作品、「4分33秒」――ピアニストがコンサート会場でピアノに向かう。ピアノの演奏はおこなわれない。4分33秒のあいだに聴衆の耳にはざわめきやいろいろな音が触れたのである。環境の音が人びとの耳に触れた演奏会だ。

　環境の音をサウンドスケープと呼ぶ。提唱者はカナダの作曲家、音と音楽の研究者マリー・シェーファーだ。音とともに、作曲とともに浮かび上がってくる大地と環境がある。

　日本の作曲家、武満　徹には音の大地、音の川・河、音の庭という言葉がある。武満においては、作曲は音の庭づくりである。彼は作曲において水などをイメージしている。

　ベートーヴェンにとってはウィーン郊外のハイリゲンシュタットの森は自然体験と思索の大切な森だった。スペインのエル＝エスコリアルの森に深い思いを抱いていたオルテガ・イ・ガセーにはつぎのような言葉がある（オルテガ、1968年：26／José Ortega y Gasset, 1983: 322）。

　　私は私と私の環境である。
　　Yo soy yo mi circunstancia.……

　大地のそこ、ここで、道を歩きながら音を拾い、音体験をチェックしてサウンドマップづくり、音の地図づくりがおこなわれることがある。
　自分自身を見出そうとするのなら、内面へおりていく必要はない。自

分自身は外部に見出される。自我は外から吹き寄せてくる。久しくぼくらを離れていて、そして、かすかな風のそよぎにのってぼくらに戻ってくるのだ。じつにそれが——ぼくらの「自我」なるもの！——これはホーフマンスタールの見方だ。ホーフマンスタールの表現を用いるならば、ぼくらの魂は、実体をもたない虹に似て、とめがたく崩れゆく存在の絶壁のうえにかかっているのだ（ホーフマンスタール、1991年：130）。

　自然のさまざまな音、文化の音、文明の音……生活の音、騒音、微妙な音、楽器の音、音楽などなんとさまざまな音があることだろう。音の宇宙と大地は、まことに変化に富んでいる。その土地やその場所、その大地でなかったら体験できない音や音響がある。いたるところでさまざまな音が体験される。一口に騒音といってもさまざまだ。雑音、騒音、音、音楽、自然の音、鳥のさえずり、水音などはつながり合っている。ソフトな音があり、ハードな音がある。

　都市空間や通りなどで体験される音の壁がある。音の遠近感が体験されるということは重要なことだ。

　ルイジ・ルッソロの言葉があるが、静寂と騒音などさまざまな音のバリエーションに注目することによって日常的世界や環境や大地、文明や文化、自然、人びととの暮らしなどについての理解を深めることは、人生の旅びとにとって意義深いことだ。レイチェル・カーソンにはセンス・オブ・ワンダー sense of wonder という言葉がある。感性や想像力をゆたかに育むことによって日常的世界がしなやかに拡大して生き生きとした状態で多元的現実が体験されるのである。

　ルイジ・ルッソロは、雑音を生み出す装置、イントナルモーリを考案している。音の世界の拡張ということができる装置だ。ジョン・ケージの作曲、「4分33秒」においては環境音としての雑音が体験されたのである。地球を生きている大地、生活の詩と呼んだ『森の生活』の著者、

ソローは、森のなかでやさしい、まるで音楽のような音を体験している。遠近感が体験される音であり、音の壁が体験されたわけではない。静寂と音の遠近感、音楽の音色のような音がソローの耳に触れたのである。

　『森の生活』には「音」と題されたパートがある。サウンドスケープ、音の風景の研究の創始ということができる場面だ。

　武満　徹は、地下鉄のなかで体験した音によって音の地平や音楽、作曲などについての理解を深めている。

　風がふいてくると自然に鳴り出すアイオロスの琴に注目していたノヴァーリスは、人間を風琴 die Harfe と呼んでいる。──（絵画）彫刻──客観的音楽、音楽──主観的音楽、もしくは主観的絵画、こうした言葉を記したノヴァーリスは、楽器はどれも固有の仕方で大まかに子音〔調和〕を与えられた音の体系だという。ノヴァーリスが見るところでは人間の声は、いわば楽器の原理であり、理想なのである。ノヴァーリスは、方法とはすべてリズムであり、世界のリズムが失われると、世界も失われてしまう、という。人間、誰にも自分の個人的なリズムがあるのだ。雲の戯れ──自然の戯れ──は、最高に詩的であり、自然はアイオロスの琴のようなもの──いわば楽器であって──その音色はさらに、われわれの胸内にある高次の琴線に触れるのだ。ノヴァーリスは、大地の陶冶を人間の使命として理解している（『ノヴァーリス作品集』第3巻、2007年：220／272／284 NOVALIS, 1978：675-die Harfe）。

5．社会学を学ぶ

　社会学を学ぶということは、人間の希望と人生を生きる人間の喜びに灯火をともすということであり、人生を旅する人間が生きる力と勇気を身につけるということだ。社会学と呼ばれる大地と土壌にはさまざまな

地点、場所、拠点、立場、視点、いわばさまざまなトポスτόποςとさまざまな道、道程、旅、旅程、方法、多様なホドスὁδόςが姿を見せている。端的にいえば社会学は、独自のトポスであり、ホドスなのである。

その立場と視点、パースペクティヴ（遠近・眺望・視野）、アプローチ、方法などに見られる多様性は、社会学にとって大きな力であり、こうした多様性によって社会学のゆたかな可能性が生まれ、社会学と呼ばれる大地の産出力とみのりが、一層、ゆたかなものとなる。

さまざまな家屋敷、家屋や庭（楽園）に注目したい。耳を傾けたい。農家にはそこで仕事や作業がおこなわれる〈ニワ〉と呼ばれる場所がある。

生活している人びとは五感と感性、想像力をゆたかに磨きつづけながら、知性や悟性、理解力、判断力など諸力を鍛えつづけて、活動し、行為する。視野のほかに聴覚の野などさまざまな野がある。さまざまな環境と野、フィールドは宇宙空間と大地とともに社会学の学習と研究の領域であり、舞台である。こうした領域と舞台を社会学の大地と呼ぶことができる。

感性をゆたかに育み、想像力をしなやかに培うことは、人間形成や自己実現において大切なことだ。人間は時—空間において、環境や世界において変わっていく。時熟と成熟、充実は、人生を旅する人間においてひとつに結ばれた状態で深い意味を持っているのである。希望を抱きながら充実した日常生活を営み、生き生きと力づよく人生を旅することは、人間の責務であり、使命なのだ。

音楽が流れている。そうした流れによって包みこまれている。岸辺に立って水の流れを眺めているわけではない。音楽を体験するということはまことに深遠な広大な体験であり、音楽においては人生の諸様相が照

射される。

　音楽の音色は大地と大空を結ぶ虹であり、演奏者と人生の旅びとを、また、人と人とをつなぐ、結ぶみごとな虹だ。音は消えていく。消えていく音の特別な力と魅力がある。耳底に残る音がある。音楽の記憶を迫力がある思い出と呼ぶことができるだろう。

　音楽は精神・身体である全体的人間の開放的な喜びであり、希望の光である。

　大地は明らかに物質的、物体的、対象的であり、きびしい自然のなかでむき出しの状態になる信じがたい大地の風景があるが、静かな対話が可能な風景は、人間にとって朋友そのものであり、人間をやさしく包みこんでくれる慈しみ深い大地なのである。

　柳田國男は、誰にも胸にしているような山川があるという。人間は物質や形象に心や思いを吹きこみ、対象の生き生きとした表情に自分自身を委ねる。大地は最終的には故郷へいきつくのだろうか。

　「花は咲く」という復興支援ソングがある。人と人とのつながりのなかに姿を見せるさまざまな花がある。

　花は大地の飾りであり、人間にとって確かな道しるべなのである。

【文献】
・渡辺一民訳『サン＝テグジュペリ著作集　6　人生に意味を』みすず書房, 1962
・柳沼重剛編『ギリシア・ローマ名言集』岩波文庫, 2003
・国原吉之助著『古典ラテン語辞典』大学書林, 2005
・古川晴風編著『ギリシア語辞典』大学書林, 1989
・ミッキー・ハート＆フレドリック・リーバーマン編著, 山田陽一・井本美穂共訳『音楽という魔法　音を語ることばたち』音楽之友社, 2002年

※人物と言葉のページは、つぎのとおりである。
　　ベートーヴェン：137 & 154 ／ ドーデ：175 ／ シェーファー：81 ／ ベルグソン：151 ／ ラスキン：144 ／ ランガー：144 ／ ロラン：170 ／ ルッソロ：87 ／ ショーペンハウアー：89

- 『ショーペンハウアー全集　6　意志と表象としての世界・続編　Ⅱ』塩屋竹男ほか訳,白水社,1996
- オルテガ、A.マタイス,佐々木孝訳『ドン・キホーテに関する思索』現代思潮社,1968
- José Ortega y Gasset, Obras Completas Tomo I, Alianza Editorial, Meditaciones del《Quijote》(1914)
- ホーフマンスタール『チャンドス卿の手紙　他十篇』檜山哲彦訳,岩波文庫,1991
- 『ノヴァーリス作品集　第3巻　夜の賛歌・断章・日記』今泉文子訳,ちくま文庫,2007
- NOVALIS Band 2 Das philosophisch-theoretische Werk, Herausgegeben von Hans-Joachim Mähi, Carl Han Verlag, 1978

【ブックガイド】
① ベートーヴェン,小松雄一郎訳編『音楽ノート』岩波文庫,1957
② シェーファー,R.M.,鳥越けい子ほか訳『世界の調律　サウンドスケープとはなにか』平凡社,1986
③ ジンメル,斉藤栄治訳『芸術哲学』岩波文庫,1955
④ ジンメル著作集　8　レンブラント』浅井真男訳,白水社,1977
⑤ ジンメル,清水幾太郎訳『社会学の根本問題』岩波文庫,1979
⑥ 武満　徹『エッセイ選―言葉の海へ』小沼純一編,ちくま学芸文庫,2008
⑦ テンニエス,F.,杉之原寿一訳『ゲマインシャフトとゲゼルシャフト』上・下,岩波文庫,1957
⑧ 山岸　健『絵画を見るということ　私の美術手帖から』NHKブックス786,日本放送出版協会,1997
⑨ 山岸美穂・山岸　健『音の風景とは何か　サウンドスケープの社会誌』NHKブックス853,日本放送出版協会,1999
⑩ 山岸　健『社会学的人間学　絵画／風景／旅／トポス／道／人間／生活／生存／人生／世界』慶應義塾大学出版会,2005
⑪ 山岸美穂『音　音楽　音風景と日常生活　社会学／感性行動学／サウンドスケープ研究』慶應義塾大学出版会,2006
⑫ 山岸美穂・山岸　健『感性と人間　感覚／意味／方向／生活／行動／行為』三和書籍,2006
⑬ 柳田國男全集　26　明治大正史世相篇ほか』ちくま文庫,1990
⑭ ウェーバー,M.,安藤英治ほか訳『音楽社会学』創文社,1967

第2章

身体・社会・太陽

草柳　千早

【キーワード】

感覚、相互作用、生-権力、健康、日常的実践

1．我々はどこから来たのか

「我々はどこから来たのか、我々は何者か、我々はどこへ行くのか」。

　答はさまざまでありうる。どれくらいの時間を想定するか、またどこまで「我々」を想定するかによって。

　例えば、祖父が残した記録から、星野博美は著書『コンニャク屋漂流記』（2011）で自分の家族の来た道を遡る。東京の戸越で生まれ育った彼女だが、その祖父は都市化と工業化のすすむ時代、外房の漁村から東京の町工場へと就職するために出てきた。親族に伝わる話を頼りにさらに時代を遡ると、先祖は400年程前に紀州の漁師町から、江戸という一大消費地をかかえる外房へと新しい漁場を求めてやってきた。自分が今ここにいるのは、過去の親たちがその時代時代に重ねてきた選択、漂流

の結果である。

　私たちは旧大陸の熱帯から来た、ともいえる。西田正規は『人類史のなかの定住革命』(2007) で、私たちは移動し遊動し続けてきたと書く。人類が、人類になる以前から暮らしてきた熱帯地方を離れ、中緯度地帯に進出したのはおよそ50万年前のこと。その後数万年前の旧石器時代には極北地帯にまで進出し、海を渡って新大陸へ、あるいはオーストラリアへと広がっていった。「人類以前以後の遊動生活の伝統」(西田 2007: 59) は、狩猟採集という自然の恵みに抱かれた生活だった。その後、およそ1万年前、人類は定住生活へと移行する。はたしてこれは、定住したくてもできなかった人類がようやく定住できるようになったということであろうか。

　人類はヒト以前から長年にわたる遊動生活のなかで進化してきた。西田は続ける。とすれば、人類が獲得してきた肉体的、心理的、社会的能力や行動様式は、遊動生活にこそ適したものなのではないか（西田 2007: 17)、むしろこの1万年は、「遊動したくともできなかった歴史であり、その間人類は定住生活を強いられてきた」(西田 2007: 62) ともいえる、と。遊動生活では、ゴミや排泄物などによる環境汚染、水や食料その他生活物資の欠乏・枯渇、災害、集団内・集団間の緊張など、さまざまな問題が、まさに移動によって回避ないし解消される。だが定住生活では、これらの問題をことごとく抱え込むことになる。そしてまた、西田曰く、遊動生活のなかで能力を発達させてきた私たちは、その能力を発揮したいという強い欲求をもっている。例えば、動きまわり、新しい環境で感覚を研ぎ澄ませ、好奇心をもって新しい場所を探索したいのである。だが定住生活ではそのような能力を十分に発揮できず、退屈してしまう。そこで現代の私たちは旅をする。

　私たちは海から来た、ということもできる。3億6千万年から4億年前ごろ、古生代デボン紀、地球規模で地殻の隆起が起こり、それまで海

で暮らしていた生物たちは陸へと押しあげられていった。まず、植物たちが大地を緑に変え、そこへ動物たちが次々に上陸した。『海・呼吸・古代形象』(1992) のなかで三木成夫は、数百万年にわたるデボン紀の波打ち際の出来事について記す。

> 「この水と陸のはざまにあって、かれらは来る日も来る日も、進むべきか退くべきかと迷い続けたに相違ない。そしてついに石炭紀の到来とともに、そのあるものが故郷の海を捨てて、敢然と未知の陸へ這い上がっていったのです。石炭紀の、あの古代緑地へ……」

(三木 1992: 32)。

渚。海でも陸でもないところ。私たちの祖先はこの境界で長い時間を過ごしていた。その生活体験、生命記憶は、今も私たちの身体に刻まれている。三木はいう。「私たちは遠い祖先の時代から、この波打ちのリズムを心拍とともに呼吸の中にも深く刻みつけてきた。大海原の文字通り波動と一心同体になって生きつづけてきたのです。このリズムは地球の誕生以来おそらく少しも変わることなく今日に到っているはずです」(三木 1992: 33)。

私たちは宇宙の彼方から来た、ということもできる。地球の誕生はおよそ46億年前。それから生命が生まれるまで8億年。これはあまりにも短い。生命は地球上で誕生したのではなく、宇宙のどこかでもっと長い時間をかけてつくられ、それが地球に漂着したのではないか。パンスペルミア説である。

こうしてみると、私たちはずっと漂流し、放浪してきたといえる。留まることを知らず、たどりついては去る、を繰り返してきたのではないか。ジンメル (G. Simmel) は、今日訪れて明日去り行く者を放浪者、今日訪れて明日もとどまる者を異邦人、と呼んだ。しかし異邦人とて、「潜在的な放浪者」「旅は続けはしないにしても来訪と退去という離別を完全には克服してはいない者」(Simmel 1908=1994: 下285) である。

私たちはみな放浪する者である。そして放浪者たりうるのは、私たちが運動、移動可能な身体、そして去りゆく身体を持つゆえである。

2．社会と身体

　現代社会で身体は重要な関心事になっている。健康、食事、ダイエット、スポーツ、エクササイズ、ファッション、性、美容、……いずれもその中心には身体がある。この背景には、私たちが今やかつてなく身体をコントロールする手段を手にしているという事実がある。身体はもはや所与のものとして受け入れるようなものではなく、知識に基づき技術的にコントロールできる対象である。健康維持のために運動したり、食生活に気づかったり、化粧をしたり、タトゥーを入れたり、整形したり、性別を変えることも不可能ではない。病気や障害は治療の対象となる。身体は、個人にとって、アイデンティティの一部であり、常に何らか働きかけ何かを達成する、「プロジェクト」であるとシリング（C. Shilling）はいう（Shilling 2003: 4）。

　他方で、こうしてコントロール可能性が高まることで、身体に対する私たちの態度のとり方はますます難しい問題となってくる。私たちは身体をどこまで思うままにできるのか、してよいのか。そもそも身体とは何か。

　しかしまた身体をコントロールしようとする私たちの意志と実践はしばしばあっさり裏切られる。身体はままならない。頑丈だが傷つきやすい。そこでコントロールの知識や技術がますます追求され、どこまで？という問いかけを呼ぶ。

　実際、身体は社会的なコントロールの対象と目されてきた。日常生活を振り返ってみる。私たちは、学校の授業時間中、決して座り心地のよくない椅子に身動ぎもせず黙々と座り続けることができる。長時間じっ

としていると、血流は滞り、筋肉はこわばる。身体には負担がかかるにもかかわらず。他方で、身体の不調を放置することはよくないこととされ、健康診断、早期発見早期治療、バランスのとれた食事、適度な運動の効用、喫煙の害、等々が盛んに説かれる。

身体を統制せんとする権力について、フーコー（M. Foucault）は書く。
「18世紀末と19世紀初頭に発達した資本主義は、生産力と労働力にしたがってまず身体という第一の対象を社会化します。社会による個人の管理は意識やイデオロギーによって行われるだけでなく、身体の内部で、身体とともに行われるものであります。資本主義社会にとって何よりも重要なのは生＝政治的（ビオ＝ポリティック）なものであり、生物学的なもの、身体的なもの、肉体的なものです」（Foucault 1994=2006: 169）。

現代社会の生に対する権力は、近代以前の主権者がほしいままにした生殺与奪権とは異なり、「生命に対して積極的に働きかける権力」、「生命を保障し、支え、補強し、増殖させ、またそれを秩序立てる」ものである（Foucault 1976=1986: 173,174）。それには二つの主要な形態がある、とフーコーはいう。一方の極には「規律」があり、それによって身体の調教や適性の増大、身体の力の強奪、有用性と従順さの増強、効果的な管理システムへの組み込みといったことが可能になる。他方の極には、「調整する管理」があり、種である身体の繁殖、出生率、死亡率、健康の水準、寿命、それらを変化させる条件への介入が行われる（Foucault 1976=1986: 176）。

幼少時以来の規律訓練によって、私たちは授業を難なく受けることが可能な身体となった。授業中じっとしていられない子どもは、教師から注意され、落ち着きがない、困った子として問題視される。学校で調教された身体は、あらゆる公共の場、そして労働環境と条件にも支障なく適応することが期待される。他方、現代日本で少子化を問題として、国

が出生率の上昇を期待してさまざまな策を講ずるのも、また国民に日頃の健康管理や健康診断の受診を求めるのも、調整する管理の実践である。

「健康で文化的な最低限度の生活を営む」ことは、たしかに憲法第25条で保障される国民の権利である。したがって、私たち一人一人の健康を蔑ろにしたり危険に晒したりするようなことを国は進めたり放置したりしてはならない。しかし同時に私たちは身体をよく管理し可能な限り健康であることを求められている。

こうした〈生-権力〉は、資本主義の発達に不可欠であった、とフーコーは書く。一方では、身体を労働へと管理された形で組み込み、他方では、人口現象を経済的なプロセスにはめ込む、さらにそのどちらにも成長と増大、そして従順な隷属が必要とされる（Foucault 1976=1986: 178）。学校に通い卒業し健康に働ける暮らしは望ましい、と多くの人は考える。それは同時に現代社会において私たちに対して求められていることである。

こうして身体は自分のものであって自分のものでない。社会においてコントロールされ管理され活用されるものである。しかしそれを促す権力は私の外部から私の意志に反して身体に働きかけているわけでもない。身体に気遣い、そうすることに満足や楽しみをも見出しているのはほかでもない私自身である。私の内に権力は浸透している。

3．感覚と相互作用

情報通信技術の発達によって生身の身体を介さないコミュニケーションの機会と可能性が広がっている。とはいっても、生まれてから死ぬまで、人間の生活の基本にあるのは、他者とともに同じ時間空間に身を置くこと、そこでの「対面的相互作用」である。「対面的」は、英語でいえば「face-to-face」、だがより適確には「body-to-body」といえるだろう。

身体は互いに関する情報を発信し受信するメディアである。

　ある空間に直接身体を以て互いに知覚可能な複数の人間がいるとしよう。そこには互いの存在を知覚することで何らかの相互への影響が生じる。これはすでに「相互作用」ということができる。身体には鋭敏で繊細な感覚が備わっており、知覚可能な範囲内に他者がいれば、その存在について何かを感じとらないわけにはいかない。「私たちは社会的存在であり、感覚において、感覚によって、感覚を通じてコミュニケートしている」（Synnott 1993=1997: 223）のである。感覚を通じたやりとりが人間関係の基層にある。　顔を見る、声を聞く、匂いをかぐ、手を触れる……、私たちは身体をとおして他者と文字通り触れあう。

　どのような感覚をよく使うかは、文化、時代、環境、状況、人によりさまざまでありうるが、現代、一般に人がよく頼りにするのは、それが使える場合には、視覚である（目に障害があったり、まっ暗闇では使えない）。私たちは見ることで、相手について無数の事柄を知る。たずねなくても、性別やおよその年齢、気分など、いろいろなことがわかる。

　ところで、周囲の他者を感覚的に知覚することは二方向に向かって展開し、そこに根本的な社会学的意義がある、とジンメルはいう（Simmel 1908: 下248）。すなわち感覚は、一方では外へと向かい、そこにいる他者を認識する。他方でそれは主観のなかに入り込み私のなかに快や不快など、さまざまな気分や感情を呼び起こす。それゆえに私たちは、他者の姿を見て暖かい気持ちになったり、冷え冷えとした気分になったりする。このことは私たちの社会生活において大きな意味を持つ。

　実際、知覚によって私たちの内にもたらされるさまざまな感情や気分は、他者との関わりに大きく影響しているに違いない。単純に、快いと感じられる関わりは好ましく、逆の関わり合いは避けたい、と大抵の人は思うであろう。つまり身体感覚は、一方で社会関係を促進し私たちを他者に強く関与させることもあれば、他方で関係を困難にしたり解体し

たりするのである。

　しかも快不快は、個人的、主観的な感情であり評価であるかもしれないが、その実、社会的文化的なものであり、人びとの間にかなりの程度共有されている基準がある。例えば、何か月も入浴も服の洗濯もしていなさそうな人を街でみかけたとすれば、現代日本で一般的な生活を送っている人は「不潔」「不快」と感じ、あまり近寄りたくないと思いそうだ。だが別の時代や地域、あるいは非常時なら誰も特に気にしないかもしれない。「美しい」や「かっこいい」も似たようなものであろう。

　ジンメルは、文化が洗練されればされるほど、快不快の感覚は強調され、不快への感度が高まると述べた（Simmel 1908: 訳下259）。それが顕著に現れるのは嗅覚である。トゥアン（Y-F. Tuan）はいう。近代以後、西洋の中流階級の人びとは匂いに対して敏感になり、自分の身体からも、家や街路からも匂いを取り除こうとしてきた、と（Tuan 1993=1994: 97）。現代日本でも「消臭」「デオドラント」は「エチケット」と喧伝される。

　いずれにせよ、周囲から「不快」と感じられることはできれば避けたいと、現代日本で、ごく通常の人間関係のなかで暮らしたいと考えている者は思うだろう。そこで、社会的に共有されている快不快の基準、身体としての望ましさの規範に即して、私たちは自分の身体、その外見や匂いなどに気を配り、身体を適切に管理することに日々努めることとなる。できないことは仕方がない。例えば骨格を努力で変えることは難しい。しかし、体重ならできそうだ。服装や化粧なら工夫の余地は大いにある。できることはした方がよい、すべきである、すればいいのに、なぜしないのか、と圧がかかり、私たちは身体の自己管理へと駆り立てられる。

　人が人と共にいるところ、これを「共在」、「集まり」等と呼んで社会学の重要な研究対象としたのは、ゴフマン（E. Goffman）である。

「人は自分の身体をかならず自分の行動のすべての局面に連れて行く」（Goffman 1967=2002: 174）。当たり前のことだが、あらためて言われると、たしかにこれは生き物の宿命である。共在に参加する、つまり身体を人前に連れて行く際に大切なのは、その場にふさわしく身体を整えることであろう。清潔な身体、きちんとした、その場にふさわしい服装、ふるまい、言動…。

ゴフマンに言わせれば、私たちは、他者の目前にいるとき、観客を前にして自分の役柄を表現するパフォーマーである。私たちは「印象管理」（Goffman 1959=1974: 243）の技法によって自分が周囲に与える印象に気を使う。もちろん完璧な管理は不可能である。清潔な身体や服装は予め準備しておくことができる。だが、服はボタンが取れてしまうかもしれず、急にお腹が痛くなることもある。赤面したり大汗をかいたりもする。生身の身体は傷つきやすく動揺もする。「人がいかに注意深くても、身体の統合はつねに幾許かの危険にさらされている」（Goffman 1967=2002: 172-173）。階段で転ぶ、怪我をする、体調を崩すなど。ゆえに人は自分の身体の安全と安定にいつも気を配っている必要がある。震え、赤面、欠伸など生理的な反応をコントロールすることは難しい。だが、それらをもしばしば人は人前で押さえ込もうと努力する。こうした諸々の努力によって維持されるのは、各人の身体である以上に、その場がいかなる場であるかという「状況の定義」であり、状況の秩序立った進行である（Goffman 1959=1974: 11-12）。

4．攪乱する身体

身体の適切な管理は、状況の秩序を維持することにつながっている。とすれば、「不適切」な身体の表出は、秩序を攪乱する可能性があり、それゆえに厳しい取り締まりや制裁の対象になる。しかし秩序は私たち

に息苦しさ、生きづらさをもたらすこともあり、そのときには、身体の「不適切」な表出は、秩序に対する挑戦の方法となる。またそれゆえに、身体に注がれる眼は厳しい。

　例えば、決められた制服を自己流に着崩すこと。2010年、オリンピックで日本代表選手が公式のスーツをきちんと着用していなかったことが国内で物議を醸した[1]。本人に特別の意図があったわけではなさそうである。だがその「着こなし」は一部の人びとに「けしからん」という感情を呼び起こし、競技出場の是非を問われるまでに波紋を広げた。

　女性が男性、男性が女性のような服を着ること、ヒッピー、パンク、ヒップホップなどのファッション、役割やTPOにふさわしくない服や装飾、仕草等々、その場の適切性を逸脱した身体表現は、秩序ある場に対するその人の態度を語る。たとえ本人が無自覚でも周囲がそこに見過ごせない反抗や抵抗の印を読み込む。あるいは勤勉さや効率の要求される労働現場でわざと足を引きずりのろのろと動くこと。人類学者のスコット（J. Scott）はこうした身体の使い方を「弱者の日常的な抵抗戦略」（Scott 1985: 32-34, 2008）と呼んで注目する。同じく人類学者の松田素二は、アフリカ人労働者たちの伝統的なダンスや歌、精霊憑依などが彼らを取り巻く社会的文脈の中で日常的な「隙間の抵抗」「ソフトな抵抗」（松田 1997: 114-115,119）として「政治化」され実践されてきたという。あるいは、正しい姿勢の大切さを説く者が熱弁をふるっている最中に、知人がだらけた格好でタバコを吸っていたというエピソードに触れて、これを、話を聞き過ごす「正しいスタイル」だと書く金井美恵子（金井 2003: 205）。ダンスの中で股間を掴む、一瞬のパフォーマンスで世界中の「良識派」にショックを与えたマイケル・ジャクソン。あるいはまた、居るべきでない場所に居たり、立ち退くべき時に動かなかったりすること。文字通り身体を張った秩序撹乱、その場を支配する力への、場合によっては言葉以上に明確なクレイム申し立てとなる。しかし

生身の身体は先ほどから述べてきたように傷つきやすい。どんなに頑強な身体も暴力をふるわれれば壊れてしまう。そんな身を挺することにはときに本当に大きな危険が伴う。身体である私たちは誰もが弱者である。だがそれゆえの身の振り方がある。

　人びとはいかにして「規律のメカニズムを相手どり、それに従いながら」それを反転させるのか。人びとはいかなる「もののやりかた」で対抗するのか、とミシェル・ド・セルトーは『日常生活のポイエティーク』で問い、私たちが規律の下にありながら、日常的で微細な仕方でその働き方を逸らしていく「戦術」を持ち、「反規律（アンチ・ディシプリン）の網の目を形成していく」可能性、「日常的創造性」「日常的実践」について語る（de Certeau 1980=1987: 17-18）。道を歩く、話す、服を着る、料理をしたり食べたりする……、日常のほんのちょっとした「もののやりかた」、身体の使い方を通して私たちは、規律と秩序に働きかけその一端を勝手に変えたり歪めたりして、状況を自分たちにとってより楽で生きやすいものにつくりかえようと工夫する。

　そうであるなら、日常生活のさなかで、いつも次の瞬間にいかに身体を用いるのか、一瞬一瞬が、秩序に対する私たちの態度の表現であり挑戦となりうるともいえるだろう。一瞬一瞬の身の処し方が現状を超えていく可能性の最前線となるのである。

5．知識と身体

　通勤電車で見る多くの人びとは疲れているように見える。資本主義的な社会で労働や消費に忙しい私たちは「つねに疲れている主体」（渡邊 2012: 75）のようだ。私たちは疲れを癒し、なるべく心地よく生きていきたいと願う。

　そもそも都市生活が人びとの神経を疲れさせることは、すでに20世

紀初頭、ジンメルが論じていた。曰く「大都会では、人間と物とのひしめき合いが絶頂に達して、個人の神経を最高に刺戟する。同じ条件がひたすら量的にのみ増大するので、この神経の昂揚はたちまち逆転し、投げやりという独特な順応の様態を取ることになる」(Simmel 1903=1999: 183-184)。現代日本の都市にも充分当てはまるであろう。多くの人や物が溢れる環境で、私たちの神経は昂揚するが、それではとても身が持たないので、人は外界に対して感覚を鈍磨させ、投げやりや倦怠を示す。それは自分を守るための適応形態である。混雑した街で疲れ、閑静な場所でほっとする、という経験は誰にもあるのではないか。

疲れた身体を癒し健康を維持するため、私たちは日常さまざまなことをする。近年では「セルフメディケーション」が盛んにいわれる。情報のあふれる現代社会で、私たちは健康に関する多様な知識を持っている。なかでも正統とみなされているのは、医学をはじめとする専門分野において日進月歩で生産され蓄積されてきた「科学的」「専門的」な知識であろう。毎日の食事も、「栄養学」により、栄養に関する知識にしたがって摂ることが望ましいと考えられるようになって久しい。こうした知識は専門家や諸機関、メディアを通して一般向けに提供されている。それらによって私たちは、日々健康に留意した生活を送るように促される。柄本三代子は『健康の語られ方』(2002)のなかで、「自発的に健康をめざす国民」を生産する現代社会の「ネオ公衆衛生の思想」を論じ、それに対する人びとのふるまいを詳しく考察している。

ところで、既成の専門知識にしたがって身体を管理する、という方法に対して、逆を行く、オルタナティブな考え方が現代社会の一部で注目されている。「身体の声をきく」などと表現される考えである。身体についての情報を外部の知識に求めるのではなく、「自分自身の身体」に聞いてみようというものである。「自分の体がちゃんと自分の体のことを教えてくれる。これは学問もなにもいらんのです。また技術もいらん

のです。自然に体が体のことを教えてくれる」（佐保田 1982: 47）。「体が一番よく知っている」（野口 1976: 40）。「本当に大切なことは、からだが知っています」（幕内 2011: 182）。「今の自分を見つめることで、何を食べたらよいのかがわかってきます」（羽多 2013）。

「自然に身体が身体のことを教えてくれる」とはどういうことであろうか。問い方を変えるなら、このような言説は何をその正当性の根拠として発せられているのであろうか。北村昌陽は、上のような思想を『カラダの声をきく健康学』（2011）としてまとめ、体の声を発するのは、「体の中の「ご先祖さま」」（北村 2011: 21）、太古の祖先からずっと受け継がれてきた「体内の恒常性を維持するメカニズム＝ホメオスタシスの一環」（北村 2011: 27）であると解説する。また野口晴哉は、「本能という自然の智恵」（野口 1976: 89）であるという。「旅行して水が体に足りなくなってくると、パンがパサパサして旨くない。握り飯の方が食べたくなる」（野口 1976: 40）。そのとき必要なものは身体が知っている。すべての生き物の身体は自然のなかから自分で必要な物質を集めて自分をつくってきた。知識では判らないことも自分の身体は判っている（野口 1976: 88-89）。その自然にしたがおうというのがこの思想の基本にある。

6．身体と自然

現代の忙しい社会生活で疲れた身体が自然のなかで活力をとりもどす、ということはよく言われ、実際そのような経験をすることがある。ロレンス（D. H. Laurence）は、近代化、産業化が進展する社会で、身体よりも言葉や観念によって知的に生きる者、それに対して身体をとおして生を全うしようとする者、二つの異なる生のあり方をしばしば描いている。なかでも短編小説『太陽』[(2)]では、ニューヨークで事業家の妻であ

り母である生活に疲れたジュリエットが、都会を離れ大西洋を渡って「太陽の当たる所」に静養に訪れ、太陽の下で次第に変化を遂げていく様を描いている。紺碧の海、ぶどうやオリーブの果樹園、レモンの木の深い茂みのある古い土地で、彼女は太陽の光を浴びて裸になりたいという欲望を感じるようになり、やがて海と太陽と木々だけの場所をみつけた。

「彼女には太陽が彼女の骨、いやもっと深く、彼女の感情や思考にまで浸透してくるのが感じられた。彼女の暗い緊張は折れはじめ、彼女の思考の冷たく暗いぬるぬるした塊は溶けはじめた。彼女は身体中に暖かさを感じはじめていた」(Laurence 1976: 236)。

こうして毎日太陽の下に横たわっているうちに、彼女は徐々に変化していく。

「彼女の心は、あの気に病む張りつめた心は、ちょうど太陽の中で落ち、熟した莢だけを残す花のように、まったく消え失せてしまった」。「これまで彼女は常に自己の主人であり、自分のしている事を意識し、自分の力を固く守ってきた。今彼女は自分の中に、全く別種の力が、何か自分自身よりも大きいものが、ひとりで流れているのを感じた。今彼女は茫漠としていた。しかし彼女には自分を超えた力があった」(Laurence 1976: 239, 244)。

そんな彼女のもとに久しぶりに訪ねてきた夫は次のように描かれる。「濃い灰色の背広を着、薄い灰色の帽子をかぶり、内気な実業家の、灰色の修道僧のような顔をした彼は、完全に場違いであった」(Laurence 1976: 252)。これは資本主義的な社会で都市生活を送る者の身体である。

太陽の下でジュリエットが感じるようになった「何か自分自身よりも大きいもの」、自分の中の「全く別種の力」、「自分を超えた力」「彼女の中の、彼女の知っている意識や意志よりも深い、何か神秘的な力」とは何であろうか。それはまた、「彼女を新しい生き方へと運ぶ働き」を彼

女の中に生じさせるのだとロレンスは書く。さまざまな解釈ができるだろうが、ひとつは、身体の生命力、生そのものの力といえるのではないだろうか。

7．生の豊かさと身体

　社会学は何についても大方「それは社会的なものである」という。身体もしかり。しかし身体は同時に、自然に属している、ということもできる。自然の力（生命力）によって私たちの身体はそれ自体として生を営んでいる。その一方で身体はたしかに文化に属し、社会の要請を受けている。煩雑な社会生活になじみ、実用性、有用性、合目的的な適切性を求められ、評価され、管理され、活用される。社会の網の目の中に身体は幾重にも組み込まれている。それでもなおまた私たちの身体は神秘的にもそれ自身としてたしかに生きている。こうして私たちはあえて、身体を二つの異なる位相に属するものと捉えてみることができる。ここで身体を、本質的に自然のものだ、とか、いや社会的なものだ、などと決め込む必要はない。さらにいえば、社会や文化と自然とを二項対立的にとらえる発想それ自体も「社会的」なものといえる。だからこそ、あえて、なのだ。異なる複数の系を想定し、身体をそれらに同時に属しているものと想像してみたいのである。

　「ひとつの存在が、自分を包み込む領域の統一性に完全に帰属しながら、同時にまったく別な事物の秩序から要請を受けている」（Simmel 1905=1999: 84）こと、このようなあり方を、ジンメルは「相互共属性の多様性」と「内部と外部の同時存在性」と言い、これが人間と事物の生の豊かさということかもしれない、と述べる。

　ひとつの世界に属しながら、別の世界にも属していること、そのことは私たちの生に、多様な生と共生を贈り届けてくれるとジンメルは続け

る。

　「そのとき魂は、さながらひとつの世界——現実の世界であれ、理念の世界であれ——がもうひとつ別の世界にさしのべた腕となる。それはもうひとつの世界をつかみ、それを自分につなぎとめる腕であると同時にまた、その世界からつかまれ、その世界につなぎとめられる腕となるのだ」(Simmel 1905=1999: 86,87)。

「魂」を「身体」に言い換えてみよう。複数性の中で、あるひとつは、別のひとつによって相対化されつつ、自らが持っていないものを他から受けとることができる。先にもふれたように、社会と自然を二つの異なる系とすること、そして自然を社会批判のよりどころとすること、このような思考自体、社会の産物であり、私たちの発想がとらわれている枠組そのものである、ということもできるだろう。それは時に、陳腐なまでに素朴に繰り返されてきたクリシエでもある。しかし、それでも私たちは、問題に満ちた社会の現状を問いなおすため、何らかのよりどころをどこかに求め続ける。「自然」に社会の外部を仮託せんとする。一方で、そのような求めを「素朴」と呼び、「外部」はない、などといいながら、それでも相対的な外部へと心を寄せ、私たちの社会、暮らしと生を見つめなおしよりよく生きたいと願う。

　「今、ここにある自分のからだは、地球型生命体36億年の歴史の先端・末端であり、「からだの端」である」(羽鳥 2002: 204)。「身体」は太陽の下で「社会」よりも長い生を営んでいる。いくつもの世界が交わる前線としての身体、あるいは、身体で起こっているいくつもの世界の交わり。いろいろな要請を受けながらもそれ自身である身体。傷つきやすい身体は私たちの生の傷つきやすさである。それでも私たちの身体は、私自身を超える力によって私をこの社会の中で生かし、他者と交流し困難に対抗する力を私に与え、やがて私を自然のなかへふたたび連れていくだろう。

【注】
(1) 公式スーツのズボンを、若者に流行していた「腰パン」と呼ばれる低く下げたはき方をし、シャツの裾を出していた。
(2) 自分の心地よさに忠実になる、という観点からこの短編に言及しているものに遠藤徹（2006）がある。

【文献】
・de Certeau, M.『日常的実践のポイエティーク』山田登世子訳, 国文社, 1987
・柄本三代子『健康の語られ方』青弓社, 2002
・遠藤徹「「気持ちのいい身体」の行方」鷲田清一編『身体をめぐるレッスン1 夢見る身体』岩波書店, 2006
・Foucault, M.『性の歴史Ⅰ 知への意志』渡辺守章訳, 新潮社, 1986
・Foucault, M.『フーコー・コレクション6 生政治・統治』小林康夫・石田英敬・松浦寿輝編, 筑摩書房, 2006
・Goffman, E.『行為と演技 日常生活における自己呈示』石黒毅訳, 誠信書房, 1974
・Goffman, E.『儀礼としての相互行為 対面行動の社会学』浅野敏夫訳, 法政大学出版局, 2002
・羽多寿永「やおやの料理教室」資料, 2013
・羽鳥操『野口体操 感覚こそ力』春秋社, 2002
・星野博美『コンニャク屋漂流記』文藝春秋, 2011
・金井美恵子『「競争相手は馬鹿ばかり」の世界へようこそ』講談社, 2003
・北村昌陽『カラダの声をきく健康学』岩波書店, 2011
・Laurence, D. H.「太陽」『ロレンス短篇小説傑作集』奥村透訳, あぽろん社, 1976: 231-259
・幕内秀夫『病気にならない女性は「カタカナ食」を食べない』講談社, 2011
・松田素二「都市のアナーキーと抵抗の文化」『紛争と運動』, 1997:95-134
・三木成夫『海・呼吸・古代形象』 うぶすな書院, 1992
・西田正規『人類史のなかの定住革命』講談社, 2007
・野口晴哉『健康生活の原理 活元運動のすすめ』全生社, 1976
・佐保田鶴治『ヨーガ禅道話』人文書院, 1982
・Scott, J. C., *Weapons of the Weak: Everyday Forms of Peasant Resistance*, Yale University Press. 1985
・Shilling, C., *The Body and Social Theory*, SAGE Publication. 1993
・Simmel, G.『ジンメル・エッセイ集』川村二郎編訳, 平凡社, 1999
・Simmel, G.『社会学 下巻』居安正訳, 白水社, 1994
・Synnott, A.『ボディ・ソシアル』高橋勇夫訳, 筑摩書房, 1997
・Tuan, Yi-Fu『感覚の世界 美・自然・文化』阿部一訳, せりか書房, 1994
・渡邊太『愛とユーモアの社会運動論 末期資本主義を生きるために』北大路書房, 2012

【ブックガイド】
①大野道邦・油井清光・竹中克久『身体の社会学　フロンティアと応用』世界思想社，2005
　　16人の社会学者が身体をめぐって議論する。理論編と応用編からなり、現代社会学における身体へのさまざまな取り組みに接することができる。
②ゲオルグ・ジンメル『ジンメル・エッセイ集』川村二郎訳，平凡社，1999
　　都市生活における感覚と身体について触れた「大都市と精神生活」をはじめ、「把手」「廃墟」「冒険」など生について考えさせられる美しい短編を収録。
③三木成夫『海・呼吸・古代形象』うぶすな書院，1992
　　私たちの身体には太古の海にいた頃からの生命記憶が刻み込まれているという、事実とその重みが解剖学者である著者によって明らかにされる。
④後藤吉彦『身体の社会学のブレイクスルー　差違の政治から普遍性の政治へ』生活書院，2007
　　人は身体によって人を区別する。そのような分け隔てに対して、「私たちの身体が人と人とをつないでいることを発見し、それを肯定すること」（本書 p219）、その可能性を論じる。

第3章

感情に触れる
―― 現代社会と感情

岡原　正幸

【キーワード】

感情社会学、感情労働、感情資本、身体、触れること

はじめに～どこへ行くのだろうか。

　DIDという体験型の展示作品がある。このドイツ発祥の「ダイアローグ・イン・ザ・ダーク」は「見えないものを発見する展示とワークショップ」として1988年にドイツで始まり、世界30か国、110都市で開催され900万人以上が体験したとされる。日本では1999年から毎年、東京などで最長で3か月間、開催され、5万人が体験し、さらに神宮前で常設の展開を、NPO法人として行っている。

　完全予約制で8名が単位となり、視覚障害をもつアテンド（ガイド）に引率され、文字通りの真っ暗闇の空間に入る90分の作品である。DIDの趣意書にあるように視覚障害者の雇用創出としての企画でもあるが、参加者にとっては、視覚以外の感覚を動員して他者と相互にかかわることが求められる。とはいえ、簡単に言えば、全くの真っ暗闇の中

をある地点からある地点へ移動するというだけ。DIDはなぜそこまで集客力があるのだろうか。「見えない」ことが強いられて、ひとは何を得るのだろうか。参加者（スタッフ、アテンド）の感想文をDIDのホームページから引用する。

　とても面白かったです。初めは怖かった暗闇が、だんだんとあたたかいものに思えてきた。手探りでたくさんのものに触れて、モノひとつひとつの感触、温度をじっくりと感じるようになった。20代・女性（学生）

　とても新鮮な体験でした。一番感じたことは暗い中ではすぐに皆さんと仲よくなれる不思議さです。年齢、性別関係なく人のぬくもりがあたたかいと素直に感じ、お互いに助け合おうという気持ちがうまれた気がしました。人はひとりではない…というか。根本的な、かつとても大切なことを改めて思い出させられたような体験ができました。20代・女性（会社員）

　暗闇でも、ひとりじゃないということが、こんなに心強くさせるんだと感じた。今、こうしてボールペンを走らせる音が手と感覚と耳からすごく敏感に入ってきているのがわかる。30代・女性（会社員）

　お客様がお客様というカタマリではなく個人として扱われること。たとえば、美術館やコンサートでは、みられるものとみる人という大きな枠ができてしまうけれど、DIDはその枠がない、もしくはあってもそれは個体と個体の関係である、と思います。ボランティアスタッフ／20代・女性（大学院生）

これらの感想文の多くは、ワークショップ終了後に自由に書かれたものとして列挙されているのだが、端的にいえば、①視覚以外の感覚への覚醒、②コミュニケーションの発見、③共同性の発見、が謳われている。とくに、室内のもろもろの事物に触れたり、参加者が互いに触れ合うことへの感動が語られ、そこには視覚優先への批判的な態度さえ読み取ることができる。目を閉じることで新しい世界に入り、人間的な（本来の）関係を回復したというトーンである。
　ここでは、視覚の遮断が本当の私を導くとみられている点さえ確認できればいい。参加者はそのように感じているのである。
　一般化されやすい視覚的認識は、それだけ合理化されやすく、他者とも共有されやすく、その意味では的確な行動選択を導くことができるはずである。しかし、この次元での、他者とのコミュニケーション、他者との了解は、「本当」とは経験されない何かがある。
　おそらく、視覚的な認識が「私の身体」から離れていることが関係するのではなかろうか。視覚の非身体性が、私の体験であること、私の体験のアクチュアリティ、私が私であること、そして目の前の他者が生きる身体をもった他者であること、これらのことを薄めてしまうのだ。そこに、ひとは本来性を感じることができないのである。
　そのような日常生活から離れ、視覚を遮断された途端に、本来的な自分への回帰が生じ、かけがえのない仲間との対話が実現するというわけである。人工的なDIDという環境のもたらす出来事が、日常を反省し、日常の人間関係を再考する契機になると理解されている。
　感情といえば、身体的なものとして理解されている。しかし、私たちの感情が、実は身体的なものから離れ、むしろ視覚的なものになっていたら、私たちの生はどのような道を選ぶのだろうか。ここでは感情社会学の視角より映し出されてくる今を描くことにしよう。

1．感情の時代

　70年代後半に登場した、感情を扱う社会学は、それまでの社会学が感情を相手にするのとはかなり異質であった。従来の社会学は、感情それ自体は心理的な生理的な出来事であり、その生理的な感情が社会的な事柄に対して、ある効果をもつという図式を共有していた。つまり感情についての常識的な理解を前提にした社会学だった。

　しかし、60年代に入り、パラダイムに軋みが生じる。学問としては、理性的で合理的な行為者やシステムを主軸に理論展開を試みてきた社会学が、主観的な事柄や主観的な意味に注目し始めることになる。だがそれは理論の破綻といった社会学の内側の問題である以上に、当時の社会情勢に後押しされた動きでもある。60年代の社会運動といえば、おそらくみなさんの記憶にあるのは、安田講堂攻防戦（1969）だったり、三里塚闘争（1966-95）だったり、浅間山荘事件（1972）だったり、それら過激な顛末を記した出来事だけかもしれない。

　だがこれら、学生運動、セクト、全共闘といった政治闘争に並んで、文化運動、あるいはアイデンティティ闘争、ライフスタイル闘争とでもいうべき潮流があった。アメリカのヒッピーに代表されるサブカルチャー運動や、マイノリティグループの権利闘争、女性への差別撤廃を求める運動、障害者の運動、同性愛の解放運動など、それらは自分の生き方の肯定を求めることで、社会的な不条理不平等を突破しようとした動きである。三里塚闘争や公害反対の市民運動も、自分たちの生を主題化するという意味では文化運動でもある。

　これらの文化運動では、たとえばヒッピーたちの標語NOWに見られるように、将来に向けた計算づくの生活ではなく、今ここにある存在、その気持ちを生きるという指向が打ち出されている。障害者や同性愛の運動でも、管理する他者からの決めつけや押しつけではなく、自分の今

の姿を認め、自分を受け入れるというスタンスから具体的な要求が社会に向けられた。そのとき大事にされたのは、その都度の自分の気持ちや感情だっただろう。だからこそ、感情がテーマになる。

　他方、女性や障害者や同性愛に向けられ、社会的な差別を正当化するかのような言辞とは、皮肉なことに「あなたがたは感情的である」というものだった。マイノリティグループ、たとえばアフリカ系、ラテン系アメリカ人に対しても同様で、ときに、感情的情熱的ゆえの音楽的センスが評価されるものの、理性が支配する管理社会での地位を彼らから遠ざけていたのが「感情的な民族」というレッテルだった。だとしたら、これらの人々がみずからの権利を社会に向けて主張するとき、「感情的であること」への批判的な思考を深めたとしても不思議ではない。

　アートや演劇の世界でも、この時期には、感情や欲望の宿主である肉体や身体が燃えでてくる。アングラ演劇や暗黒舞踏で叫ばれた「肉体の叛乱」はもとより、寺山修司と唐十郎が率いるそれぞれの劇団が街で乱闘したり、ハイレッドセンターやゼロ次元が全裸を公衆にさらしたりと、いわば公共空間は前衛演劇、身体芸術、行為芸術、ハプニングスやパフォーマンスアート、それらの身体で溢れかえっていた。それどころか、リアルさの社会的変遷を追う佐藤信によれば、先にあげた政治闘争さえ、若者たちは肉体感覚を通じて他者につながり、互いの連帯を感じていたのである。

　このような社会情勢が感情を一気に表舞台にせり上げた。感情社会学もその一端だった。

２．感情の社会学

　感情はそもそもどのように作られるのか。この問いには、何かしらの生理的な変化を「感情」として「定義する」ことで、私たちが感情を経

験すると、感情社会学は考える。感情は自然に私たちにわき上がってくるのではなく、むしろ人が積極的に「定義」して作り出すと考える。裏返せば、人が「感情」として「定義」する生理的身体的な変化が感情だということになる。たとえば酒酔い、激しい運動、薬物の効果は、それなりの生理的な変化だが、感情と定義されないため、「感情」として経験されないということだ。

　ではどのような場合に「感情という定義」がなされるのか。ここに感情規則が関わる。感情規則とは、生理的な変化が起こされる状況や出来事と、そこで経験されるべき感情をセットにするような、社会的に共有されたルールである。「君に怒る権利はない」とか、「もっと怒らなくてはいけない」といった日常感覚からすれば、感情の権利義務関係を作り出すものである。もちろん喜怒哀楽といった感情の種類だけではなく、どのくらいの強さで感じるべきか、どのくらい長く感じるべきかも、このルールのなせる技である。

　感情規則に応じて、自分の内的な状態を作りかえる作業が感情管理と呼ばれる。厳粛な場で笑い出さないようにするとか、葬儀の場で悲しみの感情を自分の中に意図して盛り上げるといった作業である。ホックシールドは、感情規則に沿った感情を表面上で見せかける営みを表層演技と呼び、こちらのように、求められた適切な感情を自分の内側にほんとうに生む出す営みを深層演技と呼んでいる。感情を管理する営みという意味でいえば、どちらも感情管理のひとつである

　日常生活で、僕たちは日々感情管理をして生きている。どんな間柄だろうと、どんな場面だろうと、まわりの社会とは無関係に自然に感情が湧いてきたり、ストレートに感情を出せるわけではないのだ。号泣するには号泣が許される場が、シクシク泣くにはシクシクが求められる場が、社会的に用意されている。そればかりか、相手との交渉で、自分に有利な方向に話を進めるために、ある感情をほんとうに作り出すこともある。

見せかけではなく、実際に感じる経験である。

　このメカニズムは私的な世界でも公的な世界でも同じだ。公的な場での感情管理、それは感情労働にもなる。それは人と関わる仕事で、顧客の心理的欲求や満足といった感情に焦点を合わせ、そのために、労働者自身が感情管理をある程度継続的に行うような仕事である。たとえば、看護や介護、ウェイトレス、ホテルのフロント、セールスマン、葬儀屋、借金取り立てなど。

　特徴として三つのことが挙げられている。対面するか電話などの声で顧客と直接に接触する。顧客に何かしらの感情的な変化や状態、たとえば、感謝や安心感、ときには恐怖心など（借金の取り立てや警察の取り調べ）をもたらす。さらに経営者側、管理する側が研修や服務規程などによって労働者の感情管理を方向づける。このような特徴をもった感情管理が感情労働となる。

　ホックシールドが感情社会学の古典『管理される心』を著した1983年の時点で、彼女は全米の労働者の三分の一が感情労働者であると推計している。肉体労働や頭脳労働が、機械やコンピューターによって代わられるのに比べて、ケアや看護、ヒューマンサービス、接客など人間的な関わりを求める労働の重要性は増し、労働者人口に占める感情労働者の割合は、30年後の今、さらに大きくなっているはずである。

　さて、感情労働にあっては、「この労働を行う人は自分の感情を誘発したり抑圧したりしながら、相手のなかに適切な精神状態を作り出すために、自分の外見を維持しなければならない。この種の労働は精神と感情の協調を要請し、ひいては、人格にとって深くかつ必須のものとして私たちが重んじている自己の源泉も使いこむ」、とされるが、それはどうしてなのか。ホックシールドは、客室乗務員へのフィールドワークや参与観察を通じて、そのことを明らかにしている。

　感情管理は、もはや個人的な行為ではなくなり、購入されたり、販売

されたりする公的な行為となり、感情規則は、個人の自由裁量とか、他者とのパーソナルな交渉に委ねられることはなく、就業規則や研修を通じて公的に定義されるものになる。そしてまた、感情のやりとりも、互いに与え合うような互酬性をもつことはなく、乗客と乗務員の狭いやりとりに限られてしまう。

　航空会社の管理職であるパイロットは、たとえば、乗務員の新人研修でこう言う。
「さあ、お嬢さんたち、心から＜微笑んで＞きたまえ。笑顔は君たちの最高の＜財産＞だ。わかるかね。笑顔、＜心からの＞笑顔、＜真心のこもった＞笑顔だよ」。

　機内で見られる、あの笑顔、それは会社の命令なのだ。あるいは、失礼な乗客に対しても、憤りを見せてはならない、それどころか、そう感じることさえ、不適切とされる。そのため、「このお客さんは子供っぽい人」「飛行機が怖いんだからしようがない」と考えてみたり、嫌な客とは思わずに、会社用語の「制御できない乗客」と言ったりして、感情の管理を行う。

　感情労働は、職務であるから、上司や組織に評価され、昇進などの社内人事にも大きく関わる。そもそも、航空会社では、採用の際に、感情労働への適正を見ている、たとえば、顔の表情は「誠実」で「自然」であるべき。謙虚な、しかし親しみを感じさせる笑顔。全体としては機敏で注意深く、過度に積極的ではないか無口でもない。社交性に富むが、感情を噴出させることはない。落ち着きと釣り合いのとれた熱意をもつ。高ぶらす冷静だが、陽気でもある、といった具合である。
　だが、客室乗務員が感情労働者としての適正を備えていても、航空業界の競争の激化や、交通手段として航空機を使う人々の増加は、この仕

事におけるストレスを増すことになった。

　日本航空で客室乗務員を長年務め、新人研修のインストラクターも務め、天皇陛下の欧州旅行にも同行したＡさんは、航空機を利用する階層の変化についてふれ、接客におけるトラブルの増加は、60年代の団体旅行が活発になってから顕著になったという。50年代までは、特定の文化的な背景や経済的水準にあった人しか飛行機は使わない。全員がファーストクラスのようなものだ。それに対して、およそあらゆる人が飛行機に乗り込む時代になれば、機内の文化的均一さは失われ、それら乗客への対応は一筋縄ではいかなくなる。こうして同じ職種でも果たすべき感情労働の質は時代とともに変わっていく。

　こうした中で、感情労働者は自分自身を見失いかねない。ストレスでこころもからだも疲弊し、自分の感情が本物であるかを疑うはめにもなる。ホックシールドが言う通り、まさに自己を使い込んでしまうのである。

3．感情資本と社会的不平等

　ある感情管理の技法が、すべての人に等しくあたえられているわけではない。ジェンダーによる差、世代による差、エスニシティによる差など、日常でよく聞く話だ。女性だから、若者だから、ラテン系だからという理由で、感情の作法が異なっているのを指摘することもよくあるだろう。同じことは社会階層の違いによっても起きている。

　ブルデューは、様々な社会階層の子供たちが学校で発揮する能力の差異を説明するために「文化資本」という概念を導入した。学歴上の成功や失敗が、個人的な資質に依存するという通説をしりぞけ、家庭内での文化資本の相続という問題を明らかにした。

　「生き物になった財産、まさに身体化され『その人物』に完全に組み

込まれた所有としての特性」が文化資本の神髄で、ある状況のなかで人が心身の処し方として特定の反応をするようにそれは仕向ける。学歴市場でそれが再生産の働きをするのは、「勉強への姿勢」「努力すること」「学習への動機づけ」、あるいは教師への接し方、教科書の使い方、教室での過ごし方、それらを規定していくからである。ブルデューは個人の趣味や嗜好についても、それが文化資本としての相続だといっており、いわば、感情的な生活スタイル、感情管理の技法とその習熟それ自体が、文化資本と考えることができる。

　感情資本とは、文化資本のひとつである身体的資本として、感情管理の特定のスタイルを「自然に」身につけた人間が、より有利な社会的位置を「個人的に」獲得するかにみえるような事態を招くものである。それはある階層独特の資本としてあり、そのため、その階層の再生産に役立つことになる。

　自由で平等な社会、それは、個人の果たした業績によって、適正な競争を通じて、それぞれの人がどの社会的な役割を担い、どのような生活を送るかが決められる社会だとされる。しかし、銀の匙をもたされた赤ん坊と、そうではない赤ん坊がいて、最初からスタート地点が違うのだ。経済資本のように、目で見える財産であればまだしも、感情資本は目に見えず、その人の個性や人格のなかに入れこまれて、親世代からの「相続」とは思われない。まして相続税を課そうなどという話にはならない。しかし、親が自らの階層の代理人として子どもに受け渡すような、あるタイプの人柄、話し方、ものごし、生活リズム、そして感情を管理して人間関係を形成する力が、その子どもの社会生活、社会的成功に大きく寄与するとすれば、感情の持ちようは人生の一大事なのである。

4．感情管理力の格差

　資格や証明書、技能や技術といった、確認可能なものではなく、感情や人格、コミュニケーション能力といった、捉えどころなく曖昧な出来事の集まりでもって、市場は人をコントロールする。買い手やクライアントという他者への配慮をつねに強いる労働形態、つまり感情労働は、他者との関係性を、モノではなく、経済的関係でもなく、まさに人間的なかかわりとして自分の中で再構成することを要求している。そのため、人間関係のシグナルとなる感情を常にモニターし、周囲の他者との関係を計算に入れつつ感情を管理する。そのような臨機応変に実現される感情管理が、成功への鍵とされ、ひとは自分の内面や感情が操作可能だと信じて、自己の改善に走ることになる。

　しかし、誰もが同じように感情を管理できるとは限らない。アクティヴな成功者と怠惰な落伍者の分岐が感情管理能力だとしたら、人はその習熟や上達に励むだろう。だが、感情を管理する力能が、訓練や学習により体得される一般化可能な能力ではないとしたら、どうか。家庭環境から受け継がれた感情の作法は、感情資本の自由な運用を許すわけではないのだ。自律的な感情管理の可能性は開かれたが、誰もが自律的な実践をできるわけではない、それが個人の能力である以上に、社会的（階層、性、エスニシティなど）であるなら、それは社会の再生産として実現されることになる。

　たとえば、ジェンダー化され、家庭内の分業に結びついた、配慮にまつわる感情管理は、ケアや看護あるいは一般の接客業務において重要視されるとしても、そもそもの不払い労働としての家庭内作業という位置づけに足を取られ、賃労働としての価値は低いまま（あるいはシャドウワークのまま）の感情労働になりがちである。

　それとは反対に、自己実現的な企業家マインドにあっては、労働市場

や関係資本市場のなかで社会的な評価を目指してみずからの感情を投資する能力が必要だ。コミュニケーションによる合理的な感情管理を遂行することができ、規定の感情規則への同調だけにとどまらず、感情規則そのものを反省に付し、それ自体を合意形成のイシューにする能力が問われる。いわば「感情アントレプレナー」こそが感情管理能力を単なる労働力としてではなく、資本として活用することを実現するのである。

５．感情資本家と感情労働者

　自分のもつ感情管理のスタイルが感情資本になりうる「ブルジョワ感情労働者」と、感情資本にはなりえない感情管理スタイルしか身につけていない「プロレタリア感情労働者」、この二種類の感情労働者を想定してもいいだろう。より自律的な感情管理が可能であるような恵まれた職業があり、そこで求められる感情管理の仕様が、恵まれた階層に生きる人々の感情のあり方に近いということはいえる。そしてそれゆえ、恵まれた階層の人々が「より自然」にこの恵まれた職業につきやすいということになる。

　感情を操る感情企業家としての感情資本家が一方にあり、感情を売らざるをえないプロレタリア感情労働者が他方にいる。感情企業的な主体への社会的要請が高まるなか、その競争から脱落する感情労働者は、他律的な感情規則への従属を強いられるだけだろう。

　だが、そこに見られる他律的な感情搾取は、組織や企業の感情論理が外側から労働者に強制されるといった、資本と労働が真っ向から対立するものにはなりにくい。もちろん、劣悪な労働現場における「鞭」による感情搾取や抑圧とも違う。現代社会に特徴的な他律的搾取はこれとは違う。

　感情をモニターして意識することで、自律的な自己統御を身につけた

人々は、たとえ強制的な仕様で感情労働を強いられても、自分自身の判断を経由して、あえてその強制に服従するという形にならざるをえない。自律性を放棄するという選択を自分自身が意識して自覚的にやっているという論理にならざるをえないだろう。問題化して相対化したはずの感情規則にあえて倣う、自らへの他律的搾取を自ら選んで受けるという、自己責任をつきつけられる、こんな事態に人々は翻弄されるのだ。
　管理の自律性が高められ、現代社会では、ひとが自覚して、あえて規則に従順な態度をとることも可能にする。それは、自律と拘束の逆説的な事態を作り出すだけではなく、個人への心的負担を増加させるものだ。このネガティブな感情は、社会全体がポジティブで積極的な感情だけを称揚するため、むしろ、自律性放棄の証として、ダメ人間の証として、自己の価値を剥奪してしまうことにもなりかねない。心的な負担をもつという、そのこと自体が、単に心的負担を担うだけではなく、さらなる負担をかけていくからである。
　自らの感情労働が、「ありきたりの感情」を要求されて再生産するものにしか思えないとなると、ホックシールドが指摘していた通り、感情労働からの疎隔、感情管理からの疎隔、感情からの疎隔、そして自己の現実感の希薄化、他者や世界の現実感の衰退、といった事態が引き起こされるだろう。それは、感情的に感受されてきた身体の確実さや生の確実性さえ失わせるだろう。
　何もそれは、プロレタリア感情労働者だけにあてはまるのではなく、感情資本を有し、成功者として生きるブルジョワ感情労働者／感情資本家たちにおいてさえ起こりえるものだ。彼らが、戦略的に感情管理を反復するならば、そこには、作為的な感情と身体との亀裂が深まるだろうし、もし彼らの感情労働に根拠を与えていた「欲望」や「目標」が少しでも揺らげば、生の確実さを失っていくだろう。ホックシールドが指摘した事態は、組織と個人の枠を越え、優雅な感情企業家さえ巻き込む、

感情労働の宿命ではなかろうか。そしてもはや自律他律の問題でもなく、それは、感情管理社会の狡智であり効果でもあるのだ。

おわりに～映像社会学の試みから身体へ

　現代社会における感情の諸相が合理化されて計算可能なものに変質させられ、道具でしかなくなっている世界を感情社会学は描く。身体的なものであって、理性の最大のライバルとされてきた感情の姿はもはやない。脱身体化された感情、ポストエモーションとでもいうべき、陳列台に並べられた感情が披露されるだけなのだろうか。自分の感情が他者性をもって立ち現れることが続けば、それは生に苦痛を与えるものにしかならないだろう。

　最初に戻ろう。DIDがいとも簡単な仕組で、別様の体験を作り出したとするなら、今、私たちができることは、目を閉ざす。視覚的な存在にされてきた感情に目を閉ざし、なにか違う微かな吐息を、自分の感情に覚えること、そして自分の感情に潔く触れてみることではないだろうか。もしそれがひとりひとりでは難しいようなら、みんなが協力してそのような場所を作っていくしかないだろう。

　具体的には色々あるだろう。そこで最後に、全く違う分野の事例を紹介して、感情を見るのではなく、感情に触れることとは、を考えてみたい。その事例とは社会学の一分野である映像社会学である。映像というからには視覚的であることは常識のように思えるだろう。しかし、映像社会学は見るのではなく触れるのである。

　英国社会学会の映像社会学研究部門のホームページでは、映像社会学の定義としてウィキペディア掲載のテキストを採用している。それによれば映像社会学の三つのアプローチとして、①映像記録機器を用いたデータの収集、②映像文化の研究、③言語より映像を用いたコミュニ

ケーション、が挙げられている。同じことは、映像人類学に関する港千尋の分類（①記録や資料収集の道具としての映像利用、②映像の人類学、③映像を表現手段とする人類学、研究成果としての映像作品）、あるいは映像社会学に関する亘明志・田邊信太郎の議論（①研究方法としての映像、②研究対象としての映像、③実践としての映像）にも共通するものである。

　観察や聞き取りなどのフィールドワークを映像機器で記録したり、映像作品や映像鑑賞などの映像文化を社会学的に研究する、あるいは映像作品として社会学的実践を提示する、これらが映像社会学の試みと考えられている。このなかで、映像を対象にしただけの社会学は従来の枠にあるので外し、取りあげるのは、石田佐恵子の表現を借りれば、「記録としての映像」（映像によって資料を記録し、その資料から社会学的な考えを組み立てていくという方法）、「映像を表現手段とする社会学」（論文のみを研究成果とするのではなく、映像作品を成果と考えて、研究実践として映像制作を行う社会学）、この二つである。この二つの試みを、見るということと触るということ（身体的なもの）との関連で見直すことにしよう。

　映像社会学、見るからに聞くからに「視覚的」な気がする。視覚優先の現代社会に適った社会学だと結論づけることもできるはずだ。だが、それは違うのだ。むしろそれは身体的なのであって、だからこそ、視覚優先社会へのオルタナティブとして、新たな試みとして評価できると思う。映像社会学は視覚的というより身体的なのである。説明しよう。

　まずは、①記録する行為がより身体的なものになるということ。社会学の研究にとって他者や他者の生活を調べるというのは基本中の基本であり、それを記録するのも当たり前の行為である。しかし、観察したり記録したりする社会学者自身がどこに位置するかといえば、限りなくゼロへと向かってきた。不可視の存在であることが「客観性」を保証する

ものとして要求されていた。このような透明な視点を、特権的な立ち位置にして映像を撮ることがないわけではない。とくに、80年代以前の映像人類学の撮影視点はそうだったかもしれない。しかし、遅れてきたことが幸いしたのか、映像社会学では撮影者／研究者のある種の介入を自認し、撮影される人々との関わり、相互交渉のなかに自分たちがいることを自覚し、リサーチや記録行為そのものの相互的な達成という特性が心得られている。つまり、研究者は身体なき理性として振る舞うのではなく、見る身体、聞く身体、感じる身体であろうとしているのだ。そして、自分のからだと共にその場にある（息づかいも匂いも伴って）、という当事者性も担うことになるのだ。

　②映像記録の計算不可能性が身体的な特性を帯びるということ。視覚が他の感覚に優越した理由のひとつは、一般化可能性だった。事物の描写として一般化されつつ言語によって視覚情報が伝達されるからである。だが、観察や聞き取りというリサーチが映像的に実践され、映像として作品化されると、実は、一般化して伝達しようという意図があったとしても、逆に、予期せぬ、見ていないこと、見たくないことが、記録されることにもなる。科学的な言説の生産はつねに合理性や一貫性を夢想して行われるわけだが、そもそも、映像それ自体は、合理性や一貫性を裏切るものだろう。編集作業によって、十分にコントロールされた、合理的な像を作ろうとしても、どこかに計算不可能な「事実」を残すものである

　映像作品として公開をすれば、それは他者によって鑑賞／読解されるものになる、そのとき、③身体的な作品受容は避けられないということ。たとえば、あるコミュニティに関する映像社会学的な作品は、コミュニティの人々や言動、外見的な特性を、意図しようがしまいが、写し込むことになる。テキストだけで伝達しようとする主張とは、ある意味関係なく、身体性の次元での刺激と誘惑、消費が起きてしまうのである。こ

のことを否定的に捉えれば、映像社会学は客観的な根拠を欠く非合理な産物だと批判されるだろうが、もし、多様で豊穣な姿をより留めたまま、世界を（社会学的に）表現しようと思うなら、この身体的な受容を遠ざける必要はない。もちろん遠ざけようとしても、所詮、映像社会学には無理な話だろう。むしろ、映像作品の身体的な受容へと映像社会学は織り込まれていると考えたほうがいいのだ。

こうして、映像社会学という試み自体も、DID同様に、現代社会に生きる僕たちは、もっぱら視覚によって司られる生とは別の、身体的な感覚、とりわけ触れるという身体感覚によって生きられる、そんな生をめざしつつあるのかもしれない、ということを示してくれる。

ひとは見ようとするだけでなく、同時に触わろうともするのだ。ひとはまんざらでもない。

第一回あいちトリエンナーレ（都市の祝祭をテーマに2010年8月21日から10月31日まで名古屋市で開催された国際芸術祭）の出品作に香港在住作家のツァン・キンワの《第四の封印》という作品があった。暗い部屋に見学者が座る、いつしかその白の床に文字が投射され、そのテロップは蛇のように動き回り、その数が増していくのである。面白かったのは見学者が自分の周りを徘徊する上から投射された視覚的な文字像に触ろうとしたり、追いかけたり、ペットのように慈しんだりする姿だ。ところがそれらの文字は「地獄」「堕落」「炎」「虚栄」「宿命」「疫病」、題目通りにヨハネ黙示録、人間に死をもたらす青白い馬に乗る第四の騎士の登場なのだ。動き回る視覚像を自分の周りで蠢く疫病とは「見ずに」楽しげに「触ろうとする」。視覚は決して独立しているのではなく、いつでも身体と一緒にあるのだ。

【文献】
- アーリー・ホックシールド『管理される心〜感情が商品になるとき』石川准／室伏亜希訳, 世界思想社, 2000
- 石田佐恵子「ムービング・イメージと社会」『社会学評論』60-1, 2009
- 岸本裕紀子『感情労働シンドローム』PHP新書, 2012
- 水谷英夫『感情労働と法』信山社, 2012
- 岡原正幸／山田昌弘／安川一／石川准『感情の社会学〜エモーション・コンシャスな時代』世界思想社, 1992
- 岡原正幸「感情管理社会におけるセルフマネジメント」『哲学』128, 三田哲学会, 2012
- 亘明志・田邊信太郎『映像社会学序説』広島修道大学研究叢書46, 1988

【ブックガイド】
① 『管理される心〜感情が商品になるとき』(アーリー・ホックシールド著, 石川准・室伏亜季訳, 世界思想社, 2000) 感情社会学の古典的な著作で, 感情規則や感情管理といった基本的な概念や感情労働といったアイデアが紹介された。まずはこの著作から感情社会学の戸をたたく。
② 『地位と羞恥〜社会的不平等の象徴的再生産』(ジークハルト・ネッケル著, 岡原正幸訳, 法政大学出版局, 1999) 感情の社会的な作用を様々な視角から分析し, とくに社会的不平等が羞恥という感情で再生産される仕組みを明らかにしている。この著作から感情社会学の社会批判的な可能性を知る。
③ 『ホモ・アフェクトス〜感情社会学的に自己表現する』(岡原正幸著, 世界思想社, 1998) 感情社会学の政治的な姿勢を自己批判しつつ, 感情管理社会における出口を感情公共性に求める。この著作で感情社会学の限界と新しい突破口を考える。

第4章

だてマスク・自己・社会
―― 相互行為論の視点から

櫻井　龍彦

【キーワード】

だてマスク、仮面、素顔、演技、自己

はじめに

　今年も風邪がはやる季節になった（ちなみに、本章が執筆されたのは2012年の12月のことである）。授業をしていても、多くの学生がマスクをしているのを見かける。しかし、学生たちの顔ぶれをよく見てみると、何人かの学生は、風邪がはやり始める前からずっとマスクをし続けていることに気づく。かといって、彼らがマスクをしているのは、風邪以外の、喉や呼吸器系の疾患のせいでもない。つまり彼らがしているのは、「だてマスク」なのだ。

　あえて説明するまでもないかもしれないが、だてマスクとは、目が悪いわけではない人々がかける「だてメガネ」と同様に、体調を崩しているわけでもない人々が、自分の顔を隠すために装着しているマスクのことを指す。だてマスクが話題になり始めたのがいつ頃からだったかは確

実なところは分からないが、おそらくここ数年のことだろう。また、だてマスクの愛用者がどのぐらい存在するのかも、正確なところは分からないが、彼らがそれほどまれな存在ではないことは間違いない。この文章を読んでいるあなたも、だてマスクをしている人々を目撃したことはあるはずだ。いや、もしかすれば、ほかならぬあなた自身が、だてマスクの愛用者かもしれない。

　人と人とが、互いに相手の姿やしぐさや表情を直接的に眺め合うことができるような形で形成している関係性のことを「対面的相互行為」、あるいは単に「相互行為」という。そして、相互行為を対象とする社会学の領域のことを「相互行為論」という。本章では、だてマスクという現象について、相互行為論の視点から考察する。それによって、相互行為論の主要な概念や理論を分かりやすく紹介・解説すると同時に、だてマスクの社会（学）的な意味合いを、相互行為論の視点から明らかにすること、そしてそれをふまえて、相互行為論の面白さと意義を理解してもらうことが、本章の目的である。

1．ある学生の体験談から

　なにぶん、だてマスクという現象が比較的新しいものであることもあって、だてマスクに関する学術的な研究はまだおこなわれていないようである。そればかりか、だてマスクをとりあげた文献自体、菊本裕三の『［だてマスク］依存症』（菊本 2011）以外には見あたらない。また菊本は、「聞き上手倶楽部」という、電話でさまざまな悩み相談に応じるサービスを提供する組織の代表を務めており、そうした自らの経験から、だてマスクについていくつか興味深い指摘をおこなっているが、残念ながら、それらは本章の考察の出発点としては活用しづらい。そこでここでは、まず、あるエピソードを一つ紹介し、それを考察の出発点と

しよう。

　私が担当しているある授業で、「感情労働」の問題をとりあげたことがある。感情労働とは、アメリカのホックシールド（A. Hochschild）という社会学者の研究によって広く知られるようになったもので、「この労働を行う人は自分の感情を誘発したり抑圧したりしながら、相手のなかに適切な精神状態（中略）を作り出すために、自分の外見を維持しなければならない」（Hochschild 1983 = 2000: 7）という点に、感情労働の大きな特徴がある。簡単にいえば、感情労働とは客に感情的な満足感を持ってもらうことが仕事の目的であるために、たとえその客がどんなに嫌な客であったとしても、その客に対する怒りや不快感といった感情を押し殺し、笑顔や丁寧な態度を維持することを求められるような仕事を指す。つまり感情労働は、「顔」と「心」のずれが常に問題化するような労働であり、その点で、いわゆる「肉体労働」と呼ばれる仕事が肉体を酷使するのと同様に、感情を酷使する労働である。ホックシールドは、典型的な感情労働者として飛行機の客室乗務員を特に大きく扱っているが、もちろん、日々の仕事の中で感情労働を強いられるのは客室乗務員ばかりではない。販売、接客などをはじめとして、現代社会では就業人口のうちのかなりの部分がサービス業と呼ばれる仕事に就く人々によって占められており、こうした、いわゆる「人相手」の仕事は、基本的に感情労働にコミットする度合いがかなり高いのは明らかである。

　さて、感情労働の問題をある授業でとりあげた際に、私は受講生に対して、「アルバイトなどで、どのような感情労働の経験がありますか？　『顔』と『心』のズレにどのように対処しましたか？　対処する中でどのような葛藤に直面しましたか？　あるいは対処できずにどのような問題が生じましたか？」という課題で、簡単なレポートの提出を求めた。アルバイトでも感情労働に従事している学生はかなり多く、学生たちのレポートは非常に興味深いものであったが、中でもとりわけ興味深かっ

たのが、あるドラッグストアでアルバイトをしている学生が寄せてくれた以下のようなエピソードである。

　ある日の勤務中、その学生は理不尽な値下げを要求する年配の客の対応に迫られた。その客は5分以上も値下げを要求し続けたが、その学生はずっと笑顔を崩さずに対応し続けた。その結果、客はなんとか引き下がったものの、当然その学生には不快な思いが残る。そしてそのせいで笑顔が作りにくくなってしまったその学生は、その後その日の勤務が終わるまで、ずっとマスクをつけて働き続けたというのである。

　感情労働は、それに従事する人に対して、その場にふさわしいある特定の表情やしぐさを維持するように求める。しかし、人間の感情のありようは多様であって、その場でふさわしいとされる表情やしぐさに対応するような感情を持つことができないこと、すなわち顔と心のずれは、実際にはきわめて頻繁に起こる（こうしたずれに人々がどのように対処しているのか、そしてそれがどのような問題をはらんでいるのかという点について、ホックシールドは非常に興味深い考察を行っているが、紙幅の都合があるので本章ではその点には踏み込まない）。そしてこの学生は、表情自体をマスクによって覆い隠してしまうという方法で、顔と心のずれに対処したというわけだ。

　以上のエピソードは、人はなぜだてマスクを装着するのかという点について、重要なヒントを与えてくれるように思われる。とはいえ、だてマスクが装着されるのは、感情労働の場面に限ったことではない。だとすれば、感情労働の場面に見られるのと同様の問題は、程度の差はあれ、実はあらゆる相互行為場面に普遍的に見られるものであることを確認しておいた方がよいだろう。そこで、もう一つのエピソードを紹介しておこう。

2．「表現−対−行為のディレンマ」が意味するもの

　この本の性質からして、今この文章を読んでいるあなたは、大学などの教室で、社会学の授業を受けている最中かもしれない。だとすれば、ちょっとこんな想像をしてみてほしい（もちろん、今授業を受けている最中でなくても、簡単な想像なので同じくしてみてほしい）。今授業を受けているあなたは、その授業をしている先生に、きちんとまじめに授業を聞いているという印象を与えることができているだろうか。今のあなたの表情は眠そうではないか。姿勢が崩れたり、髪をいじったり、体のどこかを掻いたり揉んだりしてはいないだろうか。そのような姿勢やしぐさは、授業に退屈している印象を与えないだろうか。ところが、こうしてまじめに授業を聞いているという印象を先生に与えようとすると、自分の表情やしぐさにばかり意識が向いて、先生の話が上の空になり、授業内容はまったく耳に入らなくなってしまうという奇妙な状態に陥ることになる。

　相互行為の研究に多大な業績を残したゴフマン（E. Goffman）という社会学者は、こうした状態を表現—対—行為のディレンマと呼んでいる（Goffman 1959=1974: 37）。表現—対—行為のディレンマは、確かに奇妙な、笑い話のような状態である。しかしおそらく誰もが、こうしたディレンマを経験したことがあるはずだ。そして、このディレンマは以下のようなことを指し示している。つまり、相互行為状況で何かをするとき、われわれはその「何か」の目的の側面、つまり「行為」としての側面だけを充足していればそれですむわけではなく、その状況に適切な表情やしぐさ、つまりその場にふさわしい「表現」をも維持しなければならないということだ。

　試しに、授業中にまず右手で頬杖をつき、さらにそのまま体の右側に重心をかけて右肘を前の方に移動させ、最後に右手をだらんと前にの

ばして、右の二の腕に頭をのせる姿勢になって授業を聞いてみてほしい。そんな姿勢でも、集中して授業を聞くことは実はできる（もしかすれば、そんな姿勢の方が集中できるという人だっているかもしれない）。しかしそんな姿勢で授業を聞いていれば、いかにもまじめに聞いていない印象を与えることになって、おそらく先生に注意されることになるだろう。逆に、いかにもまじめに聞いているような様子でいながら、実は表現-対-行為のディレンマに陥っていて授業内容が耳に入っていなくても、先生に注意されることはまずありえないだろう。

3．演技としての相互行為

　さて、ここまで述べてきたことから、以下のようなことが明らかになるように思われる。つまり、あらゆる相互行為場面で、その場にふさわしい表情やしぐさはどんなものであるのかが指定されており、われわれは、場面ごとに、そうしたふさわしさに応じて行動することを求められているのである。注意してほしいのは、このことは決して仕事や学校の授業といった、比較的フォーマルな場面に限ったことではなく、友人や家族同士で形成されるインフォーマルな、一見したところ緊張のないくつろいだ感じに見える場面においても同様だということである。たとえば、そうしたインフォーマルな場面で、仕事のようなフォーマルな場面ではふさわしいとされるような表情やしぐさをしていたら、「堅苦しい」とか「打ち解けない」といった印象を与えることになって、その場の秩序が揺らぐことになるだろう。

　誤解が生じやすい点なので強調しておきたいのだが、社会にはふさわしさの維持が求められる場面と、求められない場面とがあるという二分法的なとらえ方は適切ではない。もう一度言うが、あらゆる相互行為場面には、それぞれに固有のふさわしさが割り当てられており、われわれ

は常に、その場で求められるふさわしさがなんであるのかを敏感に察知して、それを維持するように求められているのだ。そして、それぞれの場面の秩序の成否を左右しているのは、そこで人々が目的（表現−対−行為のディレンマでいう「行為」）として何を目指したり充足したりするかではなく、人々が外見やしぐさ（表現−対−行為のディレンマでいう「表現」）のレベルで、つまり目に見える形で、その場で求められているふさわしさを維持するかどうかという点にほかならない。そのことをわれわれは暗黙のうちに理解しているからこそ、時として表現−対−行為のディレンマという奇妙な状態に陥るのである。

　そして、われわれの社会生活は、以上のようにしてはじめて維持される無数の相互行為によって織りなされていることを忘れてはならない。つまり、いみじくもゴフマンが指摘したように、「すべての社会は、それが社会であるためには、すべての成員を、社会的出会い（引用者注：ここでは相互行為と同義に考えてよい）における自己規制的な参加者として動員しなければならない」（Goffman 1967=1986: 40）のである。
以上の点をふまえると、われわれの社会生活が、古くからしばしば演劇にたとえられてきたことにもあらためて納得がいくだろう。中でも特に、「すべてこの世は舞台、男も女もみな役者にすぎない」というW．シェイクスピアの言葉はよく知られてきたが、この言葉が、時代を超えて名言として語り継がれてきたことには十分な根拠がある。そして先ほどから何度か登場しているゴフマンは、社会学の立場から、われわれの社会生活を演劇としてとらえて見せてくれた人物であった。演劇というリアリティは、舞台上で役者たちが自らに割り当てられた役割を適切に演じることによって維持されている。そしてそれと同様に、われわれの社会生活は、われわれ自身が自分たちの日常生活において絶え間なく巻き込まれている相互行為場面という舞台の上で、自己規制的な参加者としてその場にふさわしく行動すること、つまり1人の役者としてその場に割

り当てられた役割を首尾よく演じることで維持されているのだとゴフマンは指摘する。こうしたゴフマンの考え方は、「ドラマトゥルギー・アプローチ」と呼ばれる（ちなみに「ドラマトゥルギー」とは、演劇の上演や演出の仕方、あるいは演劇論といった意味を持つ）。

4．演技・役割と自己

　さて、ドラマトゥルギー・アプローチの視点に立てば、当然、自己というものは以下のようにとらえられることになるだろう。つまり、それは、われわれが自分たちの社会生活の中で経験する無数の相互行為場面において演じる役割にほかならないのである。しばしば指摘されるように、「人格（person）」や「パーソナリティ（personality）」といった言葉は、もともとは演劇で役者がかぶる「仮面」を意味する「ペルソナ（persona）」というラテン語に由来するとされる。このことは、先ほど述べたように、古くから自分たちの社会生活を演劇になぞらえてきたわれわれは、自己というものも、演技的・役割的なものとしてとらえてきたことを象徴的に物語っていると言えるだろう。

　しかし、ここで当然1つの疑問が浮かぶはずだ。それは、相互行為においてわれわれに要求される演技、つまりわれわれがかぶることになる仮面は、常にわれわれにとってしっくりくるものとは限らないのではないかという疑問である。そして、この疑問がもっともなものであることは、もはや明らかだろう。たとえばわれわれは、笑顔という仮面が求められる感情労働の場で、その仮面がしっくりこないと感じることがよくある。だからこそ、先ほどのエピソードを寄せてくれた学生は、そのしっくりこない感じを、だてマスクをつけることで処理したのだった。

　われわれは社会生活を送る中で、常にさまざまな演技の遂行、つまり仮面の装着を要求される。もちろん、そうした仮面と自分自身とがあ

まり大した葛藤を引き起こさなかったり、あるいはそうした仮面が自分にとって非常にしっくりくるように感じられたりすることもあるだろう。例えば、接客の仕事が心底楽しく、客の喜ぶ顔と、客をもてなすための自分の笑顔が、無理なく自然に照応し合っているように感じられる時などがそれにあたる。

　しかし、仮面と自己とのそのような幸福な結合はそうやすやすと実現するとは限らず、むしろ両者はしばしば葛藤を引き起こすはずであり、だてマスクは、そうした葛藤ゆえに装着されるのである。大学の教室で見かけるだてマスクの学生たちも、意に沿わない仮面と自分自身との間に生じる葛藤をだてマスクによって処理しようとしているのだろう。同じ学生同士が集い、さらにいえば仲のよい友人たちに囲まれているはずの学校のような場で、なぜだてマスクが必要なのか、いぶかしく思う人もいるかもしれない。しかし先ほども述べたように、友人同士のくつろいだ関係においても、それにふさわしい役割があるのであり、したがってそこでは、友人関係向きの仮面をかぶるように求められていることを忘れてはならない。さらにいえば、近年の若年層の間には、互いに何らかの分かりやすい「キャラ」をまとい、それにもとづいてなるべく摩擦や衝突のないなめらかな人間関係を維持しようとする傾向が強く見られるという指摘もある（土井: 2009）。だとすれば、大学生も含め、現在の若年層の間では、一見したところ仲のよい友人たちとの関わりにおいてこそ、キャラという仮面と自分自身とが激しい葛藤を引き起こす傾向が生じており、それゆえにだてマスクが必要とされているという可能性も大いに考えられるだろう。

　いずれにしても、相互行為が、時としてわれわれの自己を脅かすようなものと感じられることは事実である。意に沿わない演技を求められたり、かぶりたくない仮面をかぶらなければならないことが、われわれの社会生活においては確かにしばしば起こる。だとすれば、相互行為場面

に立ち現れる自己などはすべて、自己ならざる自己、いわば「偽りの自己」でしかないのだろうか。そしてわれわれは、相互行為に参加することをやめ、演技を停止し、仮面を脱ぎ捨てたとき、ようやく「本当の私」であることができるのだろうか。常識的な感覚からすると、そのような考えにはかなり説得力があるように思われるだろう。しかし、事態はそれほど単純ではない。そしてこの点についても、だてマスクはきわめて重要なことを教えてくれるように思われる。

5．自己はどこにあるのか？
―― 相互行為から離脱すれば「本当の私」に出会える？

　だてマスクを装着する人々と、彼らが参加している相互行為との間には、確かに葛藤がある。そうでなければ、そもそもだてマスクなど必要もないだろう。しかし、だてマスクを装着する人々が、マスクによって表情を隠しながらも、相互行為には参加し続けているという点に、自己というもののありかを考える上で重要なヒントが隠されている。

　相互行為への参加をやめ、自分だけの世界に閉じこもって自己を作ること、たとえば、自分の心の中だけで、そして自分だけが感じ取ることができるような形で、「これこそが本当の私だ！」と思えるような自己イメージを形成すること自体は容易である。だが、問題はその先にある。そのように、自分だけにしか感じ取ることのできない自己なるものの存在や、そのような自己を自分は所有しているといったことは、どのように証明されるのだろうか。それは誰の目にもふれることがないのだから、自分で勝手にそれこそが本当の私だと主張しているだけの、いわば空想の自己にすぎないのではないかと指摘されたらどうだろうか。それに説得力のある反論をすることは、おそらくかなり困難である。それどころか、人にそのように指摘される前に、自分自身でそれが単なる空想にす

ぎないことに気づいて、それに耐えられなくなってしまう可能性も相当高いだろう。

こうした点を考慮すると、「人は、そのすべてが独自の自己であることは真実であるが、その一方で、それを所有しているという証拠は、（中略）完全に共同の儀式的営為の産物」（Goffman 1967=1986: 82）なのだというゴフマンの言葉はきわめて示唆的である。つまり、われわれは誰もがかけがえのない自己であるとしても、そして、先ほども述べたように、自分自身で何らかの自己イメージを作り出すこと自体はできるとしても、自分がそうした自己の所有者であることの証明は、それを相互行為場面において実際に目に見える形で他者に呈示することを通して、他者にしてもらうしかない。そしてその意味で、「人は、自分の絵を完成するには他人に頼らねばならず、彼自身はそのほんの一部を描くことが許されているにすぎない」（Goffman 1967=1986: 81）のである。

6．役割距離と自己

もちろん、だからといって相互行為場面で装着を要求される仮面を、そのまま従順にかぶりさえすれば、それで問題が片づくわけではない。むしろ、そのような仮面は自分を脅かすようなものであると感じられるからこそ、人はだてマスクをつけるのだった。先ほどの学生のことを思い起こしてもらいたい。彼が笑顔になることができなかったのは、無理に笑顔を作ることは、自分を自分でなくしてしまうことのように感じられたからに違いない。

ここで、仮面が自分を脅かすからといって、相互行為そのものから撤退してしまうことと、だてマスクをつけながらも相互行為の中に居続けることとは、まったく意味が違うことに注意してほしい。なぜなら、だてマスクをつけながら相互行為の中に居続ける人物は、その場で要求さ

れる仮面に対して自分は不満を持っていること、そして自分はそのような仮面に覆い尽くされてしまうような存在ではないことを他者に示すことができるからである。

　以上をまとめると以下のようになるだろう。つまり、仮面をただ要求されるがままに従順にかぶることは自己を危うくする。相互行為で求められる役割に完全に同一化してしまうことは、確かに自己の喪失に違いない。しかしだからといって、相互行為に参加すること自体をやめてしまうと、自分が独自の自己を所有していることの証明が得られず行き詰まってしまう。だとすれば、われわれの自己は、相互行為に参加しながらも、その場で求められる仮面に対して異議を申し立てるような行動をとることによって、はじめて維持されると考えるべきではないだろうか。

　ゴフマンは、このようにしてその場で求められる仮面に対して異議を申し立てること、いいかえれば、その場で演じるべき役割は担いながらも、それに完全に同一化してしまうのではなく、役割に対して一定の距離をとりながら役割を遂行することを、「役割距離」と呼んでいる。役割距離は、「個人とその個人が担っていると想定される役割との間のこの『効果的に』表現されている鋭い乖離」（Goffman 1961=1985:115）とされるもので、具体的には、ある役割を遂行している個人が遂行中に発する「すね、独言、皮肉、冗談、風刺」（Goffman 1961=1985:124）や、その役割を遂行する際に求められる身だしなみをあえて少し崩してみせたりすること（Goffman 1961=1985: 164）などがそれにあたる。相互行為で装着を要求される仮面に対して不満を持つ個人は、役割距離を発動することで、「私は物事の成り行きに逆らわないで、それについていく。しかし、同時に、私がその情勢にすっかり包み込まれていないことだけは、知っておいていただきたい」（Goffman 1961=1985: 147）と主張する。そのことによって個人は、相互行為のただ中において、自分がそこで装着を要求される仮面に覆い尽くされるような存在ではないことを他者に

示すことができる。こうして、「役割距離の表明にこそ、その人の個人的スタイルを見て取ることができる」（Goffman 1961=1985: 172）ということになるのである。

　以上のように、自己とは相互行為からの撤退、すなわちいわば「役割拒否」によって維持されるものなどではなく、あくまでも役割距離によって維持されるものなのである。そして、だてマスクを装着する人々は、マスクで顔を覆いながらも、相互行為には参加し続けている以上、だてマスクは決して役割拒否ではなく、役割距離を発動するための装置にほかならないという点を、われわれは見逃してはならない。相互行為で装着を求められる仮面は、確かに自己を脅かすことがある。しかし、自己の維持は、相互行為から撤退して仮面を脱ぎ捨てたところに「素顔」があり、それこそが本当の自分であると信じるような、ありがちな発想によっては実現しない。そのような「素顔信仰」はいずれ行き詰まってしまうことはすでに述べたとおりだ。つまり、自己を脅かすような仮面から逃避するのではなく、それに異議を申し立てるような、いわば対抗的仮面をかぶりながら相互行為の中に居続けることによって、自己は維持されるのである。そして以上のようなことを、だてマスクほど鮮やかに示してくれる事例はほかにはない。なぜなら――あらためていうまでもないことだが――、「マスク（mask）」という英語は「仮面」を意味するのだから！

　だてマスクを装着することは、相互行為において装着を要求される自分の意に沿わない仮面に対して、別の対抗的仮面を装着することにほかならない。そしてそれが、相互行為において感じる葛藤を処理する上で有効でありうるのは、だてマスクが役割距離をきわめて効果的に発動することを可能にするからなのだ。

最後に

　以上、本章では、主にゴフマンに依拠しながら、だてマスクという現象について考察してきた。それをふまえて、相互行為論の面白さや意義について簡単に述べ、本章を締めくくることにしたい。

　ゴフマンが指摘していたように、すべての社会は、それが社会であるために、人々を自己規制的な参加者として相互行為へと動員する。それゆえに相互行為は、われわれの自己を脅かすような側面を持つ。しかしわれわれは、自己を維持するために、相互行為場面で他者と出会うことを必要ともしている。つまり相互行為という場は、社会が社会であるために不可欠であると同時に、自己が自己であるためにも不可欠な、そしてそれゆえに両者がさまざまなせめぎ合いを見せる、スリリングな場なのである。

　相互行為という関係性は、われわれの日常生活の至るところで繰り広げられる、きわめてありふれた関わりであり、その意味ではそれは、とるに足りない、陳腐なものにも思われるかもしれない。しかし本章の考察で明らかになったように、相互行為においては、われわれが生きている社会について、そして社会の中で生きている自分という存在について多くのことを教えてくれる興味深い出来事が、無数に起こっているのである。もちろんだてマスクは、そうした無数の出来事の中のほんの一つであるにすぎない。本章を読み終えようとしている今、あなたは、たとえば自分が毎日何気なく着ている衣服に、何気なく身につけているさまざまなアクセサリーに、そして何気なくしている化粧や表情やしぐさに、これまで思ってもみなかった、あるいはこれまで思っていたよりもはるかに深い、さまざまな意味があることに気づいたはずだ。

　そしてそうした気づきは、自分が生きている社会と、社会の中で生きている自己について、新たな、そしてさまざまな発見や驚きをもたらし

てくれるだろう。そこに、相互行為論の尽きることのない面白さと意義があるのである。

【文献】
・土井義隆『キャラ化する／される子どもたち』岩波書店，2009
・Goffman, Erving, 1959, *The Presentation of Self in Everyday Life*, Doubleday & Company.（＝石黒毅訳『行為と演技』誠信書房，1974）
 ―――, 1961, *Encounters*, The Bobbs-Merril Company.（＝佐藤毅・折橋徹彦訳『出会い』誠信書房，1985）
 ―――, 1967, *Interaction Ritual*, Doubleday & Company.（＝広瀬英彦・安江孝司訳『儀礼としての相互行為』法政大学出版局，1986）
・Hochschild, Arlie, 1983, *The Managed Heart*, University of California Press.（＝石川准・室伏亜希訳『管理される心』世界思想社，2000）
・菊本裕三『[だてマスク] 依存症』扶桑社，2011
※なお、上記のゴフマンの文献のうち、『儀礼としての相互行為』は2002年に刊行された浅野敏夫による新訳版もある。こちらの新訳版の方が入手は容易だと思われるので、念のため付言しておく。

【ブックガイド】
①Goffman, Erving, 1963, *Behavior in Public Places*, Free Press.（＝丸木恵佑・本名信行訳『集まりの構造』誠信書房，1980）
②Goffman, Erving, 1963 *Stigma*, Prentice Hall.（＝石黒毅訳『スティグマの社会学』せりか書房，1987）
③安川一編『ゴフマン世界の再構成』世界思想社，1991
④奥村隆『他者といる技法』日本評論社，1998
⑤草柳千早『〈脱・恋愛〉論』平凡社，2011
※相互行為論といえば、なんといってもゴフマンの業績を外すことはできない。文献一覧にあげた以外のゴフマンの著書としては、①と②をあげておきたい。前者は公共的な場における相互行為について考察した著書。後者は身体の一部の欠損や、社会的に好ましくないとされる属性（たとえば犯罪歴）など、さまざまな「スティグマ」の問題に注目しながら相互行為について考察している。

　③は、日本におけるゴフマン研究を牽引する研究者たちの論文が数多く収録されており、ゴフマンの理論を理解する上でも、ゴフマンの理論の応用可能性を考える上でも非常に参考になる。

　④と⑤はゴフマン以外の知見も含め、相互行為論的視点の持つ面白さと可能性を、さまざまな具体的なトピックの分析を通して存分に味わわせてくれる。

第5章

戦後家族の希望と、そのゆくえ

渡辺　秀樹

【キーワード】
戦後家族、専業主婦、家族と国家、家族の民主化、家族の多様化

はじめに

　われわれは、どのような家族を経験し、どのような家族を夢見て来たのだろうか。そしていま、どのような家族が生まれ、どのような家族を求めているのだろうか。そこにどのような希望を見出すことができるのだろうか。小論の目的は、これまでの家族を振り返り、これからの家族を考えることにある。しかし、これまでの家族と言っても、どこかに時代や地域を限定しなければならない。ここでは、第2次大戦以降の時代（以下、〈戦後〉と呼ぶ）に限定し、日本の都市家族を中心に記述することにしたい。

　戦後と言っても、1945年の終戦からすでに70年近く経過している。この70年間をすべて俯瞰することはできない。中野収（1997）は、1946年から1955年の10年間を〈希望の近代〉、続く55年から65年の10

年間を〈日本型近代の「実現」〉、そして、65年から75年を〈疑われた近代〉として、戦後を区分しながら、その世相を論じている。区分のしかたには、いろいろあるが、ここでは、60年前後における戦後家族に関わるエピソードを拾いながら、現在に至る家族の変化の一端を記述し、議論したい。行論では三組の親子（家族）に触れることになるが、彼らは家族にどのような希望を持ち、そして、それは実現したのだろうか。

1．戦後家族の芽生え；1950年代後半から60年代へ

次の文章は、1950年代後半の都市家族の一風景である。あまり取り上げられることのない文献であるが、そこに戦後家族の特徴の一端が見出されないだろうか。子どもたちは、末っ子が女子高生でそれぞれ個室を持っている。その母親の描写である。

> 「食事の時になると皆が各々の室から現れてにぎやかな一時を過ごし、又ひっこんで各々の室が夜遅くまで灯をつけている。耳をすますと誰かの室でラジオが鳴っているといった工合でした」（樺美智子、1960, 269-270）。

これは、60年安保闘争において国会議事堂前の騒乱のなかで亡くなった学生：樺美智子の遺稿集として出版された『人知れず微笑まん』の「あとがき」に書かれているものであり、母親にとっての幸せな時間として描かれている。末っ子の女子高生が樺美智子である。この遺稿集は、1960年の安保闘争という政治運動や学生運動の水準で読まれるべきものとして刊行されたのであるが、読者のなかには、無意識的にも、この「あとがき」で描かれた家族の一情景をモデルとして受け取った人々もいたのではないだろうか。60年代に、よく読まれた話題の書であり、

読者の多くは若者、とくに学生であって、彼ら／彼女らの家族観の形成にも関わりがあったかもしれない。まだ手に入らないが、しかし自らが目指し築き上げようとすることになる戦後家族のひとつのモデルを、ここに読み取ることができるだろう。地方に住む若者にはとくに遠い現実であったが、すでに始まっていた都市化の進展のなかで、希望としての家族の生活様式（life style）の具体的な描写であったろう。

　場所は関西の大都市。母親は専業主婦。夫は被雇用者（大学の教員）。子どもたちは大学生や高校生。ほかに祖父母や使用人などの同居人のない核家族的世帯である。母親は居間（＝食堂）にいて、夫も子どもたちも個室を持ち、食事時には集まって家族団らんを楽しむ。団らんは、夫の〈権威〉によって仕切られるのではなく、家族成員の〈民主的〉な会話がはずみ情緒的にも満たされた雰囲気が伝わる。個室では、読書や勉強、あるいは当時のメディアの中心であるラジオを楽しむ様子が伝わってくる。妻は、このような情景を自身の幸福と受けとめている。これらを家族社会学的にまとめれば、夫婦家族型・性別分業型・情緒的・民主的家族であり、まさに戦後家族モデルの典型ということになる。

　ただし、こうした家族は1950年代後半においては、むしろ少数であったろう。「美智子は平凡な娘でした。私たち両親も、したがって、その育った家庭もしごく平凡なものでした。戦時中といえどもひどくまずしい境遇におちなかったかわり、戦後もなんの華麗さにもあいませんでした。」（あとがき）と母親の樺光子は書くけれども、経済的な貧しさをとくに感ずることなく過ごせた恵まれた家族であったということができる。子どもたちが個室を持つという家族は少なかった。すでに述べたように、こうした生活が多くの人々に可能になるのは、日本社会が経済的な発展を遂げるもう少し後のことだ。

　農業などの自営業が減り、被雇用者つまりサラリーマン家庭が増え、その夫の収入だけで家計の維持が可能になる時代は、もう少し待たなけ

ればならない。落合恵美子が言うように、高度経済成長期の1960年代からそのピークとなる70年代半ばにかけて戦後家族体制は拡大し大衆化していくのである（落合恵美子、2004）。樺美智子の家族は、その先駆けと位置づけて読むことができる。

2．〈プロフェッショナル・ハウスワイフ〉；日本型専業主婦

　専業主婦である妻が居間にいて、ほかの家族成員がそれぞれの個室を持つという家族ライフスタイルは、妻（＝母親）が家族の中心にいるということであり、妻がひとり取り残されているという感覚は、樺光子にはなかったであろうし、それは当時の専業主婦の多くに共通した感覚であろう。家族成員間のネットワーク構造としても、専業主婦である妻が、その中心にいたのである。そしてそれは、望ましいがしかし現実にはいまだなりえない恵まれた家族ライフスタイルだったのである。

　「居間にひとり取り残されている」という感覚がひとつの社会的意識（一定の数の人々の感覚として社会的に認知されること）となるのは、1970年代以降のことであろう。通社会的には、とくにベティ・フリーダン（1970）を嚆矢とする第2波フェミニズムの洗礼を受けた後ということになる。日本では、たとえば、1977年にテレビ放映された『岸辺のアルバム』（脚本；山田太一）が戦後家族からの逸脱と崩壊を描いて、時代の転機を示す時期まで待たなければならない。50年代のアメリカにおける豊かな中間層の性別分業型家族を謳歌するテレビドラマの紹介（たとえば、50年代の『名犬ラッシー』、60年代の『奥様は魔女』）とも相まって、50年代から60年代にかけて、専業主婦へのあこがれは強くても、それへの疑いは、希薄であったろう。

　海外の研究者から見れば、日本の都市の専業主婦はより一層、その存

在感が際立っていた。50-60年代のアメリカ中間層の専業主婦は、家事・育児を担っているとはいえ、家族に関する意思決定は、夫との合意形成を必要とする場合がおおかたであった（一致型）。しかし、日本の専業主婦は、よほど大きな決定場面を除いて日常的には妻の自律的な意思決定に委ねられていた＝財布を握っていたのである（自律型）[1]。スーザン・ヴォーゲルは、当時の夫（エルザ・ヴォーゲル）とともに、1958年に来日し、都市（東京の郊外）の中間層の家族を調査した。調査の結果は、エルザ・ヴォーゲル（1963＝1968）に詳しいが、スーザン・ヴォーゲルは、調査対象となった家族と、その後50年におよぶ継続的な関係を結び、とくに専業主婦であった女性たちとのインタビューを重ねた。その成果が2012年に翻訳刊行されたが、そこでは、3人の専業主婦の人生と家族史が活き活きと描かれている[2]。

　スーザン・ヴォーゲルは、調査対象となった専業主婦たちの家族における役割やパワーの強大さに注目している。役割分業の徹底のなかで、夫を家庭から遠ざけ、その家庭における存在感を弱めるなかで、家庭役割を担う母親が家族の中心としてきわだつ、という状況である。家族の領域に関して、家事や育児などその仕事を一手に引き受けた妻の手腕の見事さを、〈プロフェッショナル・ハウスワイフ〉と呼んで論じている。役割行動の側面だけでなく、意思決定の側面でも、夫の権威（prestige）は残っているが、実質的な日常的権力（power）＝〈差配〉は妻が握っている、という事態に注目する。彼女にとって、日本の専業主婦は、自国の主婦たち以上に魅力的に映ったのである。

　スーザン・ヴォーゲルが取り上げた3人の女性は、その後50年にわたってそれぞれの人生と家族の変化を経験する。家族のライフステージの移行、子どもたちの離家と独立、夫の退職や死亡、など、種々のライフイベントを経由するなかで専業主婦として担う役割や行使しうる権力の内容の変化を経験する。子どもたちとの葛藤も味わう。家庭役割が豊

富にあり、それに応える体力や能力に満ちていた時期との落差を噛み締める場面もある。自身の衰えも知る。〈プロフェッショナル・ハウスワイフ〉は、一つの時代を画す現象であったことを伝えているのである。

3．1959年の「日本の希望」

　50年代後半の日本社会は、戦後の復興期から成長期への移行過程にあった。1959（昭和34）年1月の読売新聞の新年特集では、「日本の希望」というコラムシリーズ企画があった。経済学者の中山伊知郎が「賃金2倍論」を提起し、池田勇人首相の〈所得倍増論〉の契機となったコラム（1959.1.3）が、そのひとつに含まれる[3]。コラムは、分野ごとに、「日本の希望」が述べられるのであるが、「家庭」は、我妻栄が担当している（1959.1.9「日本の希望 ⑧」）。我妻は、戦後民法改正に関わった民法学の代表的な研究者である。

　我妻は、「夫婦や親子の関係を定める法律が、戦後の民法改正によってすっかり改められてから、十年以上の月日がたった。その間にわれわれの家庭生活は、果たして改善されたであろうか。」と書き始める。そして、さまざまな混乱に対して、権威による秩序の回復を目指す家族制度復活論と、混乱は新民法浸透の学習段階のためであって家族制度復活は阻止しなければならないという両論の対立という当時の状況を描きだす。当時は、そのような復活論と復活阻止論が相対立する時代だったことが伺われる。〈家族の民主化〉への足踏みが伝わる文章である。

　我妻は当然ながら、復活阻止の立場から新民法の浸透のために、家庭での教育に期待し、「われわれの第1になすべきことは、われわれの家庭生活のあり方を変えて、わが国の民主化を担当する能力のある子弟を教育することだといわねばならない。……家族員の一人一人を、自分の判断と責任において行動し得る能力のある者に育て上げなければならな

い。」と述べる。コラムは、「家庭生活のあり方を変えようではないか。家族制度の下で善良な夫であり親であった人々にとっては、必ずしも難しいことではない。私は、そこに、わが国の社会の民主化の望みを託している」という文章で終わる。〈民主化〉は現実のものというより、「希望」でしかなかった、と読むことができる。まだまだ道遠しという現状の日本社会全体の民主化を、家族の民主化とそこにおける教育に託そうという主旨である。このコラムには、〈相互尊重の教育を："権威"の伝統すてよう〉という見出しが付けられている[4]。

　日本社会が、〈所得倍増〉の経済の時代に離陸しようとするそのとき、足下では、民主化に向けた格闘が続いていたのであるが、戦後の家族を表す概念のなかで、もっとも一般に流布したのは〈核家族；nuclear family〉という言葉である。それが定着するのは、1960年代後半になってからのことである。核家族という言葉は、家族形態のひとつの類型として、〈拡大家族（extended family）〉などとともに用いられる。

　1958年に刊行された社会学辞典（有斐閣）では、"nuclear family"には、〈核家族〉ではなく、〈核心家族〉という訳語があてられている（同辞典、89頁）。その項目を執筆した松原治郎による『核家族時代』（NHK出版）の刊行が、この言葉の社会的な浸透におおいに寄与するのであるが、それは1969年のことであった。「戦後経済の最大のコピーが〈所得倍増〉である」（沢木、2006）なら、戦後家族の最大のコピーは〈核家族〉ではなかろうか。〈核家族〉は、家族形態の1類型を指す用語であるとともに、戦後家族の理念としての位置を獲得していったように思う。

　ところで、我妻の当時の時代認識、および民主化という理想は首肯するとして、その手法、すなわち家庭教育に期待することについては留保が必要になるだろう。あらためて議論する必要がある。

4．1959年にはじまった〈もうひとつの希望〉

　2012年に公開された映画『かぞくのくに』（ヤン・ヨンヒ監督）は、国内と海外の両方で多くの賞を獲得して話題となった。この映画は、在日コリアンであるヤン・ヨンヒ監督自身の家族の経験に基づいている。彼女は、大阪に生まれ、そこで育つ。両親と兄3人の家族。兄3人は、1959年に始まる北朝鮮への帰国事業に加わり、1971-72年に北朝鮮のピョンヤンに渡っていまに至る。1959年12月にはじまり1984年に終わるこの帰国事業によって、9万3340人の在日コリアン（中に、配偶者および扶養家族として6730人の日本人、7人の中国人を含む）が北朝鮮に渡った（モーリス-スズキ、2007, 25）。〈帰国〉事業であるが、大半は南を故郷とする人たちであった。ヤン監督の父親も朝鮮半島の南の済州島の出身である。しかし、その息子たちは、一度も訪れたことのない〈祖国〉北朝鮮に〈帰国〉したのである。

　なぜ、このような事業が開始されたのだろうか。当時、日本社会全体が貧しかったが、なかでも在日コリアンはより貧しく、また差別も強かった。進学や就職におけるハードルは高かった。学びたいことも学べない。希望する仕事に就けない。彼らが深い閉塞感を抱いていたとしても不思議ではない。さらに政治的には、アメリカ合衆国を中心とする資本主義圏とソビエト連邦や中国などの共産主義圏とが激しく対立する時代情勢にあった。在日コリアンのなかでも、北朝鮮を支持する〈総連（在日本朝鮮人総聯合会）〉系と、南の韓国を支持する〈民団（在日本大韓民国民団）〉系に分かれて激しく対立していた。また、韓国の経済成長は遅れ、なおかつ政治は軍事政権（パク・チョンヒ大統領の在任期間は、1963年から1979年。現在のパク大統領の父親）の支配下にあった。他方で、北朝鮮は資源を有する工業国であり、計画経済のもと国力は総体的に南を上回ると評価された（筆者自身、当時の小中学校の社会科で、

そう教えられた)。

　ヤン監督の両親は、〈総連〉系の熱心なメンバーであり、父親はその幹部であった。息子たちは、自ら希望し、あるいは指名されて〈帰国〉したのである。北朝鮮に渡ることによって、息子たちの希望はかなえることができたのだろうか。日本ではなれないと思った職業に就くことができたのだろうか。帰国事業は、人々の希望に応えたのだろうか。個々の情報は少ないが、それらは否定的な情報がほとんどで、肯定的な評価は決してできないだろう。

　この映画の原作となった著書(ヤン・ヨンヒ、2012)や、ヤン監督がこの映画の前に発表した2本のドキュメンタリー映画も是非、参照すべきである。ピョンヤンに住む兄たちを撮った『Dear Pyongyang』(2005)と兄の娘ソナを撮った『愛しきソナ』(2009)である。これらもそれぞれ海外で賞を獲得し高い評価を得ている。自由に会うことのできない家族、自由に話すことのできない家族を描いている。希望はかなったとはいえないだろう。基本的人権さえ確保できていないかもしれない。希望を紡ごうとして紡げなかったときにスタート地点(＝日本)に容易には戻ってこられないのが、彼ら／彼女らの現状である。〈帰国同胞〉として、北朝鮮において差別され過酷な境遇にある人々も多いと推測される(ヤン、前掲書)。帰国者の希望のゆくえを追跡できないのが、最大の問題であり、それゆえに、ひとつの事例にすぎないけれども、ヤン監督の家族の物語は貴重なのである。

　1959年に開始された帰国事業は、総じて希望の成就をもたらさなかった。グローバリゼーションのなかで、政治的に不安定な地域は多い。紛争地から他国に逃れてきた政治難民にとっても、在日コリアンの帰国事業と同様、祖国に残した家族とは自由に会うことが出来ない。現在のグローバリゼーションは、一方で、国境を越えて自由に行き来する家族を可能にし、国境を越えたサポートネットワークを基盤に、多様でより充

実した資源を享受しうるトランスナショナルファミリィ（transnational family）[5]を現出しているが、他方で、在日コリアンの〈帰国〉した家族や難民の離散家族（あるいは南北朝鮮の離散家族）のように、家族が自由に交流するという基本的な資源（＝人権）さえ奪われた家族が存在していることを忘れることはできない。

　北朝鮮帰国者は、祖国を追われて離散する〈ディアスポラ〉ではなく、〈幻想の祖国〉に幽閉された〈ディアスポラ〉ということができるだろうか。家族と国家の関係が重要な論点になる。家族の希望が、国家により、そして国家間の関係により、そして総体としての世界情勢により規定されていることを鮮明に浮かび上がらせているのである[6]。北朝鮮帰国者についての文献は多くないが、「……帰国者の物語を探求する旅」として書かれたテッサ・モーリス-スズキ（2007、p24）、資料に基づく共同研究の成果としての高崎・朴（2005）、関係資料集である金英達・高柳俊男（1995）などが参考になる。

5．戦後家族のゆくえ；希望の帰結

　1959年にはじまる家族のふたつの希望を見て来た。我妻栄の希望した民主的な家族は実現しただろうか。判断は難しいが、家族と社会との関係を見れば、家族の閉鎖性が進行して、家族が民主的社会の核となっているという見方は弱い。〈マイホーム主義〉いう言葉にあるように、自分の家族に閉じこもり、その利害を優先することに固執してきたという側面が強い。意識調査をすれば、大切なものとして〈家族〉は最も多く選ばれる選択肢であるが、それが社会をよりよくするという意識につながっているとはいえない。

　他方で、すでに述べたように、日本型近代家族としての戦後家族の大衆的定着は、1970年代半ばを持ってピークを迎えた。1975年に有配偶

者に占める専業主婦割合が最大となり、それ以降、その割合は停滞あるいは低下していく。夫婦と未婚の子どもによって構成される核家族的世帯の割合も、それ以降、徐々に低下していく。樺光子・美智子の性別分業型核家族は、1980年代以降、モデルとしての役割を終えたと言ってよいだろう。また、〈マイホーム主義〉を支える家族形態が変化し空洞化さえ起こしている。単身者世帯の増加である。社会とつながらない閉鎖的家族という状況のなかで、家族のなかのみで家族成員の基本的ニーズを充足することが不可能になっているのである。〈タコツボの空洞化〉である。その突出した現象が無縁社会の孤独死問題であろう。

　我妻栄の息子である我妻洋は、優れた社会心理学者として、日米両国で活躍した。『社会心理学諸説案内』（1981、一粒社）は当時の傑出した入門書であり、『性の実験：変動するアメリカの文化』（1980、文芸春秋）、『家族の崩壊』（1985、文芸春秋）は、70年代から80年代にかけてのアメリカの多様な家族のかたちを興味深く報告している。ここで「崩壊」したのは、1950年代アメリカミドルクラスの性別分業型核家族というモデルであり、家族のすべてが崩壊したという意味ではない。ひとつの個別家族の終わりを示す離婚も、あらたなよりよい再婚家族の成立のためであって、家族そのものはかたちを変えて続いていくということを意味していた。離婚の増加による家族の変化や再婚により増加する義理の親子関係（ステップ・ファミリィ）にどのように対処するかが社会の課題となっていったのである。60年代後半から70年代を通じて見られたコミューンや集団婚（group marriage）などの新たなライフスタイルは長続きせず、まさに「実験」に終わったと評価していいのではないだろうか。

　こうしたアメリカの家族の動向は、80年代の日本に盛んに紹介され、70年代半ば以降の日本型近代家族＝戦後家族の揺らぎのなかにある人々の関心を集めた。たとえば、離婚しないことがアプリオリによいと

いうことではなく、それが当事者のニーズの充足にどのように関わるのか、という意識が強くなってきた。結婚すること・子どもを持つことなどの家族関連の出来ごとが宿命ではなく選択としてみる見方が家族の領域に浸透してきたのである。家族的経験を選ぶこと、家族的経験は選ぶものなのだ、という意識の発見は大きいだろう[7]。

　多様化が選択肢の増大を意味するなら、それは家族の民主化のひとつの指標になりうる。それは、我妻栄の希望の予期せぬ実現であったかもしれない。我妻栄の希望は、戦後核家族モデルの安定のもとでの民主化の実現であったが、息子の我妻洋が描いたように、民主化への前進があったとすれば、それは家族の変化や不安定化によるものであった。ただし、アメリカ社会にしろ、日本社会にしろ、たとえば、シングルマザーや非婚シングルなどの多様な家族のかたちが、自律的な選択ではなく、経済的な要因（貧困）やジェンダー的な要因、あるいは在日コリアンを含めてエスニックな要因（差別）に関わって、構造的な制約のもとで生起しているとすれば、多様化が民主化の前進であると無条件にいうことはできないだろう。まして、帰国事業に参加した在日コリアンにとってはより一層選択不能な状態が続いているのである。

　21世紀の最初の10年を終えて、2011年の東日本大震災を経たいま、1959年のふたつの希望を省みて、どのような家族を構想できるだろうか。我妻栄は、自律的な人間形成とそれを踏まえた民主的社会の形成のために家庭教育に期待したが、それを支える現代家族の構造は不安定さを増し、また単純化している。我妻洋が述べるように、家族の構造は、ひとり親家族など単純化している場合や、離婚と再婚を繰り返す不安定な場合が多い。十分な家庭教育には、そうした単純で流動的な家族をサポートする社会的なネットワークがより一層必要となっている。子どもたちは、家族とともに社会とのつながりのなかで、人間形成のプロセス

を経ることがより重要になったと考えられる。我妻栄の希望は、戦後核家族の安定を前提としていた。しかし、社会の民主化という希望は多様で流動的な現代家族のみに依存していては不可能であろう。東日本大震災が教えていることは、危機にある家族と社会とがつながること、家族の境界を柔軟に変化させてネットワークを結び支援し合うことであった。〈帰国事業〉に参加した在日コリアンの家族と国家（北朝鮮・日本・韓国）との困難な問題を踏まえても、社会全体の構造と仕組みの問題として、社会と家族の開放的な関係を構想する先に、家族の希望の成就を探るしか道はないのではなかろうか。

【注】
(1) 夫婦間勢力関係については、ブラッドらの研究を参照（Blood, R. O., and D. M. Wolfe, 1960）。同じ専業主婦でも、その内容は、当然ことなっている。その違いが、専業主婦の自己評価にも関わってくるであろう。家族における意思決定の様相と変化は、権威主義的家族や民主的家族の趨勢を探る重要な研究テーマである。当時の日米の家族の総体的な比較としては、増田光吉（1969）がおもしろい。
(2) スーザン・ヴォーゲルは、この書の出版直前に亡くなられた。長年ハーヴァード大学で、日本人研究者や留学生家族（＝妻）の相談相手となり、サポートを続けた。
(3) このコラムの存在は、沢木耕太郎（2008）に拠る。「戦後最大のコピー」と言われる〈所得倍増〉の萌芽が、このときの中山伊知郎の〈賃金2倍〉にあるという指摘のなかで、ほかのコラムとして我妻栄が紹介されている。
(4) 戦後の家族の民主化、さらには家族の権威と情緒との関係については、阪井裕一郎（2012）、および本多真隆（2013）を参照のこと。
(5) トランスナショナルファミリィ（transnational family）については、たとえば、Goulbourne, H. et al. (2010)を参照のこと。
(6) 私は、2006年夏に済州島で開催された「青少年の社会化」をテーマとする国際会議で、韓国系アメリカ人研究者と出会ったが、彼は「私は三つの名前を持っている。ひとつは韓国の名前、もうひとつは、植民地時代の日本の名前。そして現在のアメリカでのアルファベットの名前」と話した。
(7) 紙幅の関係で詳述できないが、家族関連についての継続的な意識調査結果の変化を見ればわかる。見合いから恋愛への変化はひとつの例である。また、70年代からのフェミニズムのインパクトも大きいだろう。

【文献】
- Blood, R. O., and D. M. Wolfe, 1960, *Husbands and Wives*, Free Press.
- Friedan, B.,1970, *The Feminine Mystique*（三浦富美子訳『新しい女性の創造』改訂版, 大和書房, 2004）
- Goulbourne, H., T. Reynolds, J. Solomos and E. Zontini, 2010, *Transnational Families; ethnicities, identities and social capital*, Routledge.
- 本多真隆「戦後民主化と家族の情緒——『家族制度』と『民主主義的家族』の対比を中心に——」,『家族社会学研究』25-1, 2013近刊
- 樺美智子『人知れず微笑まん　樺美智子遺稿集』三一書房, 1960
- 金英達・高柳俊男 編『北朝鮮帰国事業関係資料集』新幹社, 1995
- 増田光吉『アメリカの家族・日本の家族』NHKブックス, 1969
- 松原治郎『核家族時代』NHKブックス, 1969
- モーリス－スズキ テッサ『北朝鮮へのエクソダス；「帰国事業」の影をたどる』朝日新聞社, 2007
- 中野収『戦後の世相を読む』岩波セミナーブックス 64, 岩波書店, 1997
- 落合恵美子『21世紀家族へ　第3版』有斐閣, 2004
- 阪井裕一郎「家族の民主化——戦後家族社会学の〈未完のプロジェクト〉」『社会学評論』63-1: 36-52, 2012
- 沢木耕太郎『危機の宰相』文春文庫, 2008
- 高崎宗司・朴ジョンジン編著『帰国運動とはなんだったのか；封印された日朝関係史』平凡社, 2005
- Vogel E., 1963, *Japan's New Middle Class; the salary man and his family in a Tokyo suburb*, （佐々木徹郎編訳『日本の新中間階級；サラリーマンとその家族』誠信書房, 1968）
- Vogel, S., 西島実里訳『変わりゆく日本の家族；〈ザ・プロフェッショナル・ハウスワイフ〉から見た50年』ミネルヴァ書房, 2012（未刊行の英文原稿から翻訳刊行）
- 渡辺秀樹「多様性の時代と家族社会学」『家族社会学研究』25-1, 2013近刊
- ヤン・ヨンヒ『兄；かぞくのくに』小学館, 2012

【ブックガイド】
①ヤン・ヨンヒ『兄；かぞくのくに』小学館, 2012
　ここに描かれる個人と家族と国家の関係は困難を極める。しかし、希望がないのではない。映画やドキュメント製作、そして執筆活動といったヤン・ヨンヒの行動それ自体が希望であり、それにどう関われるかが課題である。
②岩上真珠・鈴木岩弓・森謙二・渡辺秀樹『いま、この日本の家族；絆のゆくえ』弘文堂, 2010
　団塊の世代の執筆者たちが、家族と関わる現代日本社会の諸状況を議論している。渡辺は、映画『誰も知らない』を取り上げ、子どもと家族と社会との関係を、われわれ自身の問題として論じている。

③渡辺秀樹「多様性の時代と家族社会学」『家族社会学研究』25-1, 2013
　本稿をよりよく理解するためにこの論文を薦める。現在の多様性の時代に至る戦後の家族の変容と、それに対する家族社会学の課題を論じている。また、現代家族の計量的な把握は、日本家族社会学会による〈全国家族調査（NFRJ）〉の分析報告を参照するのがよい。それは、本誌およびそのバックナンバーのなかに、いくつも見出すことができる。

第6章 無印化する都市空間

近森　高明

【キーワード】
都市、コンビニエンス・ストア、ショッピングモール、消費、ネットワーク、グローバリゼーション

1．無印化する都市空間

増殖する複製的な消費装置

　近年、快適で便利な消費装置が都市空間に増殖している。コンビニエンス・ストア（以下「コンビニ」と表記）やカフェやドラッグストア、ファミリーレストラン（以下「ファミレス」と表記）やファストフードなどは、わたしたちの都市的な生活環境にもはや欠かせない要素となった。それらはどこの街にもあり、いつでもどこでも同質のモノやサーヴィスを手に入れることができる。同様に、ショッピングモールやそれに類した商業施設も増えている。以前には都心から離れた郊外の、だだっ広い土地に建設されていたモールが、近年、稠密な都心の空間に侵

入してきている。再開発による複合商業施設に組み込まれたり、駅チカや駅ナカというかたちで既存の交通施設と融合したりしているのだ（東編2011；速水2012）。通勤や通学などルーティン的移動の途中に、休日に街に出たときに、わたしたちはモールに類する施設に触れる機会が格段に増えた。そんなモールもまた、おなじみのテナントが入る均質的な消費環境である。大都市であろうが地方都市であろうが、全国どこでも同じショップの商品を入手することができるのだ。

　そうした消費装置は、どれも一様に明るく、朗らかに、楽しげにわたしたちを迎えてくれる。その明るさは、それら消費装置の、異様な生命力のようなものに照らすと、少々不気味な感じもする。何しろそれらは都市空間のあらゆる隙間という隙間に割り込み、あるいは既存の施設に融合し、根を張り、ひたすら増殖してゆくのだ。その力は、あらゆる差異を均等にならしながら、あらゆる隙間を埋めつくさんとする、グローバルな資本の威力と重なり合う。コンビニにせよカフェにせよファミレスにせよ、あるいは無印良品やユニクロなど、モールに類した施設に入っているテナントにせよ、いずれも巨大な資本と結びついたチェーンやフランチャイズの店舗に違いないからだ。それらは、わたしたちの生活環境に張りめぐらされ、個々人にぴったり絡みつき、もれなくお金を搾りとる、巨大資本の触手のネットワークにもみえてくる。

　ともあれ、都市空間は、どこにでもある複製的な消費装置の増殖によって、ますます快適で便利になっている。逆にいえばわたしたちは、そうして快適で便利になる都市空間にますます深く埋め込まれるようになっている。ではこのように大小の均質的な消費装置があちこちに蔓延しつつある状況について、わたしたちは、どのような社会学的な問いかけをすべきだろうか？

無印化する都市空間への問い

　従来、社会学およびその周辺領域では、チェーンやフランチャイズの店舗群、ないしはショッピングモールのような巨大商業施設は、もっぱら批判の対象となってきた。たとえばそうした消費装置は、それぞれの地域の固有性を消し去ってしまい、どこでも同じかたちで風景を画一化してしまうという批判。あるいは生活環境を均質化することで、地域の伝統的なコミュニティを解体してしまい、さまざまな問題の温床を生みだしてしまうという批判。そしてまた、降ってわいたように出現したモールが周辺地域の顧客をまるごと吸いあげることで、それまで地域と有機的なかかわりをもっていた地元商店街を廃れさせてしまう、という批判。

　こうした批判の仕方には、なるほど一定の説得力がある。そしてこの批判の延長上にある実践的課題、つまり、地域の固有性を守ること、個人経営の商店や地元の商店街を守ること、生活環境の多様性を保持すること、等々は、いずれもたしかに重要な課題であるだろう。けれども同時に、この批判には、やや一面的な見方が隠れているようにも感じられる。なぜならここでは、チェーンやフランチャイズの装置がつくりだす空間が、もっぱらその外部の視点から、何やら自分の生活には関連の薄い、異質な空間として扱われているからだ。だが考えてもみよう。いまの若い世代からすれば、これらの装置は異質であるどころか、自分の生活に密着した、慣れ親しんだ環境である。だとすればそんな環境について、内側からの、いってみればネイティヴの視点からの問いかけをする余地も、十分にありうるだろう。何気なく立ち寄り、それなりに満足してしまえる複製的な消費装置。そこに人びとが、ある種の親しみや愛着を感じているのだとすれば、その親しみや愛着のありようの分析をつうじて、都市空間の現在を社会学的に問うてみることも、十分に可能なのではないだろうか？

　建築家のレム・コールハース（R.Koolhaas）は、グローバリゼーショ

ンを背景に世界中に出現している、無個性的でアイデンティティを欠如させた都市を「ジェネリック・シティ」と呼んでいる（Koolhaas 1997）。ジェネリックには、包括的な、とか、一般的な、という意味のほかにノーブランドの、という意味合いがあり、日本語では「無印都市」と訳すことができる。興味深いのは、コールハースがジェネリックという言葉を使うとき、アイデンティティを欠き無印であることに、とくに価値判断をくわえていない点だ。ジェネリックだからダメ、というわけではない。コールハースはただニュートラルに、事態がそうなっていることを淡々と叙述しているだけである。このクールな立場をここでも見習ってみたい。つまり個性がなくなり「無印化」しつつある現在の都市空間について、あえて価値判断を留保したうえで、その経験の特徴をとりだしてみるのだ。のっぺりとして、個性がなく、どこも同じような表情をしている街が、若い世代にそれなりに愛着をもたれているとすれば、それはどういう次元においてなのだろうか？

　以下では三つの順序で話をすすめたい。第一に、コンビニを典型的事例として、無印都市の基本ユニットをなすチェーンやフランチャイズの消費装置が、どのような仕方で、独特の愛着を引き出しているのかを検討する。第二に、そこで導き出した論点を手がかりに議論を展開し、都市空間の構成にかかわる消費のあり方が、どのように転換してきたのかを考察する。そして第三に、無印化する現在の都市空間が総体として、消費者としてのわたしたちにとって、どのような特性をもつものであるのかをとらえ返す。

2．コンビニをめぐる習慣性と安心感

都市空間の基本ユニット

　店舗数は約4万店。年間総売上高は約7兆5000億円。一日あたりの利

用者数は3400万人。これを一人あたりに換算すると、年間に100回利用し、5万9千円の買い物をしていることになる──（鷲巣 2008）。この数字をみても、いかにコンビニがわたしたちの日常生活に深く浸透しているかがわかるだろう。コンビニは、ドラッグストア、ファミレス、ファストフード、TSUTAYA、等々、都市空間のなかで増殖しつつある消費装置の原型といってよい。都市空間が、複製的な消費装置の集積体へと変容しつつある以上、コンビニはもはや、無印化した都市の基本ユニットとなりつつある。ということはつまり、コンビニのあり方を分析すれば、無印化する都市空間の特性（少なくともその一面）が理解できる、というわけだ。

　コンビニの空間を、ユーザーとのかかわりを軸に分析するうえで注目すべき点を、二つあげておこう。ひとつは、習慣的ないしは無意識的な購買行動であり、もうひとつは、装置の利用にまつわる独特の安心感である。いずれもわたしたちの身体性、あるいは身体がもつ惰性にかかわる論点だ。

習慣性と安心感

　まずは、習慣的ないしは無意識的な購買行動について。これはさらに二つの水準にわけられる。ひとつは、店舗へのアクセスの仕方。もうひとつは、店舗内での購買行動のあり方。まずコンビニは、通勤や通学の途中などに何気なく「立ち寄る」場所である。この点が、コンビニという装置を考えるうえでとても重要な意味をもつ。それは、たとえばスーパーなどとは対照的である。スーパーの場合、日用品や食事の材料などを、意識的に「買い物に行く」という構えがあるのに対して、コンビニには、そうした目的意識や構えをもつことなく、行きがかりに、用事の合間に、わたしたちはふと立ち寄る。立ち寄ってから店内をうろうろして、必要なもの、欲しいもの、気になるものを探すのだ。コンビニでの

買い物は、それゆえ、買い物という意識的な行動の手前にある、習慣的で無意識的な行動になっている。そしてまた、店内に入ると、わたしたちは思考のスイッチを切って、ぼんやりと脱力し、弛緩しながら、漫然と店内をうろうろする。それがコンビニという空間の基本的な経験のモードだが、そのとき、わたしたちの身体性、ないしは身体の惰性が主要な働きをこなす。店をどう回れば何が手に入るかを、わたしたちの身体は知らずしらず記憶している。身体の惰性がもつ記憶に引っ張られて、わたしたちは無意識的に店内をめぐるのだ。

　つぎに、独特の安心感について。不慣れな土地でコンビニを見つけると、わたしたちは思わず安心してしまう。やや大げさにいえば、これで生きていける、という心強ささえ覚える。この安心感もまた、コンビニという装置を考えるうえで重要なヒントになる。それは、携帯電話やネット環境が手放せなくなった世代にすれば、おなじみのあの感覚、外出時に、電源やネットにつながったときの安心感と同質のものだ。わたしたちは電池が切れかかった携帯電話を手にしながら、あるいは電波を見失ったノートＰＣを抱えながら、コンセントを探したり、無線LANスポットを探したりして、おろおろと放浪する。そうして無事に充電が始まり、ネット接続が始まると、やれやれと胸をなでおろす。ここでの安心感は、詳しくみれば二つの要素に下位区分できるだろう。ひとつは「いつものネットワーク」につながっているという「接続」の安心。そしてもうひとつは、「いつものユーザーインターフェイス」に触れているという「接触」の安心。ネットにつながったことが認知できるのは、ＰＣであれば、ブラウザのホームページに設定している画面が立ちあがったときだ。旅先などで、いつものホームページが無事に表示されると、わたしたちはほっとする（アットホームに感じる）。コンビニが与えてくれるのもやはり、これら二重の安心感だろう。知らない土地で出会うコンビニは、「いつもの商品世界」につながるという接続の安心と、

「いつもの店舗形態」に触れているという接触の安心を、同時に与えてくれるのだ（なお、コンビニをネットワーク論的な視角から論じた田中大介（2006）は、ここでいう「接続」の安心感を「ネットワーク的安心」と呼んでいる）。

都市探索の基本ユニット

わたしたちはコンビニに慣れている。そうしてコンビニに安心感を覚えている。さきにコンビニがもはや都市空間の基本ユニットとなりつつある、と指摘したが、わたしたちが見知らぬ都市空間を探索するさいにも、コンビニはその探索行動のベースとなる基本ユニットを構成している（同じことは、カフェやファミレスやファストフードについてもいえるだろう）。わたしたちは不慣れな土地で、コンビニをまず探す。そうしてそこに軸足を置いてから、おそるおそる見知らぬ空間を探索してみる。何か不安があれば、いつでもすぐにベースとなるユニットに戻ればよい。コンビニ（やカフェ、ファミレス、ファストフード、等々）は遍在する、親しみある既知の環境である。そうした既知のスポットをつなぎあわせることで、わたしたちは、未知の環境としての都市空間を飼い慣らそうとする。既知のスポットを線的に、また面的につなぎ、広げてゆくことで、見知らぬ都市空間を、既知の環境へと繰り込んでゆくのである。

コンビニは、街の様子をつかむ手がかりにもなる。たとえば地図を眺めながら、知らない街のレストランに向かうとき。このセブンイレブンを右手にみてまっすぐ。このファミリーマートが出てきたらそこを左折。そしてこのローソンの少し手前に、お目当てのレストランがある。こんな風に地図上のコンビニのマークをじっさいの街のコンビニと照らし合わせながら、わたしたちは街を読み解く。つまりコンビニは街の読解のコードになっているのだ。同じ操作は、銀行や郵便局などでも可能だが、

ほかの施設であれば、地図とじっさいの施設を照らし合わせるのに、もう少し手間がかかる。これだけまんべんなく全国に散らばっていて、かつ、読み取りやすいロゴと看板をしつらえて街中に立っている施設など、ほかにはない。コンビニを基準にすれば、街は容易に読み取れる。そういう意味でもコンビニは、わたしたちが都市空間を探索する際の基本ユニットになっている。無印ならぬ目印としてのコンビニ、である。

3．ネットワークと工学的調整

コンビニを支える流通・情報ネットワーク

　コンビニをめぐる習慣性と安心感は、それぞれ、二つの水準から構成されていた。習慣性については、何となく「立ち寄る」店舗アクセスの習慣性と、思考のスイッチを切ってうろつく店内行動の習慣性。そして安心感については、いつもの商品環境につながる「接続」の安心と、いつもの店舗環境に触れている「接触」の安心。ここでもう少し考えてみると、それぞれは対の関係になっていることがわかる。つまり一方で、コンビニに何気なく「立ち寄る」習慣性と「接続」の安心感は結びついているし、また他方、コンビニのなかでぼんやり歩き回る習慣性と「接触」の安心感は結びついている。ではこれら二重のセットになっている習慣性と安心感は、それぞれコンビニのどのような特性に由来しているのだろうか？

　まずアクセスの習慣性と「接続」の安心感についていえば、そこには、高度な情報・流通ネットワークに支えられ発達した消費装置としてのコンビニの性格が関与している。流通産業としてのコンビニは、POS（販売時情報管理）システムによって画期的な成功をえたといわれる（松原 2000; 鷲巣 2008）。POSシステムとは、「いつ・誰が・何を・どれだけ買ったか」という情報をネットワークを用いて収集し、全店舗の販売動

向を分析したうえで、「いつ・どこに・何を・どれだけ置くか」という情報を、各店舗に送り返す仕組みである。またその情報を流通面でじっさいに活用する仕組みとして、独自の配送システムも重要だ。共同配送（複数の生産業者の商品を同じ配送車で配送する）や温度帯別配送や小口配送という、従来にはなかった、効率性と機能性をとことんまで追求した流通の仕組みである。要するにコンビニは、事実上、コンピュータに類比しうるような情報・流通ネットワークに支えられることで、いつでもどこでも均質なモノとサーヴィスを提供できる、複製的な消費装置となりえている。何気なく「立ち寄る」ことができるのは、ネットワークによる遍在性のおかげであり、それによって「接続」の安心も生じている。とすれば、コンビニをめぐる習慣性と安心感のありようを語るのに、PCや携帯型端末の比喩がよくあてはまるのも無理はない。田中大介（2006）の言葉を借りれば、「消費のネットワーク」として存立しているコンビニの消費は、「ネットワークの消費」として特徴づけられるのだ。

店内空間の工学的調整

つぎに、店内行動の習慣性と「接触」の安心感についていえば、そこには、コンビニの店内空間の統一レイアウトと、デザインや配置にほどこされた人間工学的な調整が関与している（以下、コンビニの店内の工夫については鷲巣（2008）を参照）。たとえば店内レイアウト。米飯類（おにぎり）や弁当など売れ行きのよい「マグネット商品」は、店内に入って正面つきあたりのゴンドラに配置されている。入ってきた顧客はまず、そこまで誘導されるわけだ。つづけて飲み物が必要になるが、それらは壁ぞいにすすんだ、つきあたりの壁ゴンドラに置いてある。そこは店内のもっとも奥にあたる場所だ。要は、ぼんやりと店内に入り、必要なものを連鎖的に手にしているうちに、知らずしらずのうちに顧客は、

店の最深部まで連れてこられるのである。そうして、レジに向かうまでに店内をひとめぐりするうちに、必要なものや気になるものが自然と目にとまり、いわゆる「ついで買い」がうながされることになるのだ。あるいはゴンドラの商品配置。床から約85〜125センチの位置がもっともよく目が届く「ゴールデンライン」と呼ばれ、そこに売れ筋の商品が配置される。さらに人間の目は、横に移動するときはたいてい左から右へと動くことから、同じ高さの棚でも左側が優先される。つまり、ゴールデンラインの左端がベストな位置とされている。こうした具合に、コンビニの店内には、隅々まで人間工学的な調整がほどこされているのである。

　コンビニのレイアウトとデザインと配置は、精妙な仕組みとして、わたしたちの身体の惰性にほどよく働きかけ、ストレスのない購買行動を誘導してくれる。思考のスイッチを切って、ぼんやりと店内空間に身を浸していれば、自動的にこちらのニーズが拾われ、すぐさまニーズを埋めるモノやサーヴィスを、こちらに差し出してくれるのだ——。となると、ここで、はたと考えてみたくなる。いったいコンビニにおける購買の主体は誰なのだろうか？　わたし、というよりも、わたし自身は思考のスイッチを切って漫然としている以上、わたしの身体だろうか？　あるいは、その身体に有効に働きかけるコンビニの優秀な仕組みこそが、身体をつうじてわたしを操る、ほんとうの主体なのだろうか？　はたまたコンビニの仕組みと身体が組み合わさった、アレンジメント状の何かしらが、購買をつかさどっているのだろうか？

　こんなことを考えるとき、思い起こされるのは、アフォーダンスの議論である。コンビニの店内の人間工学的な調整は、アフォーダンスの巧妙な調整といってもよい。これは知覚心理学の用語で、アフォードには「（機会を）提供する」という意味合いがあるが、モノや環境が、ユーザーの側に特定の行動を誘発するような特性をもつとき、それをア

フォーダンスと呼ぶ（佐々木 2008）。たとえば温泉の露天風呂で、適度な位置に置いてある大きめの石は、踏み台になったり腰掛けになったりするが、そのとき石の側がユーザーの側に踏み台にすることをアフォードし、腰をかけることをアフォードしている、といえる。コンビニの店内空間もそれと同じように、購買行動を誘発するアフォーダンスを、こと細かに計算して調整しているのだ。顧客は誘発されるまま、店内をうろうろとめぐっていればよい。そしてこの、コンビニ特有のアフォーダンスの感触こそが、コンビニの店内行動の習慣性と「接触」の安心感の、根っこにあるのだと思われる。それはPCや携帯型端末の比喩に引きつけていうなら、いわばインターフェイスがもたらす習慣性と安心感である。コンビニが優秀な「消費のインターフェイス」であるとすれば、それを求めてコンビニを訪れる消費のあり方は「インターフェイスの消費」であるといえる。

4．課金型環境としての無印都市

欲望の時代

　以上、コンビニの空間を、ユーザーとのかかわりを軸に分析してきた。ここから導き出した論点を手がかりに、さらに議論をより一般的な水準で展開し、都市空間の構成にかかわる消費のあり方が、どのように転換してきたのかを概観してみたい。その転換はさしあたり、魅力的なモノを志向する「欲望」から、快適な環境を志向する「習慣」へ、というかたちで整理することができる。

　まずは「欲望」について。かつて、消費というものを語るうえでは「欲望」という言葉が欠かせなかった。あるモノがどうしても欲しくてたまらないという、人びとを消費に駆り立てる強烈な心的ドライブを、どうやって効果的に引き起こすか。それが古典的な消費装置の課題だっ

た。そうした欲望喚起装置の古典的モデルとなったのが、19世紀中頃にヨーロッパで誕生した百貨店である（鹿島 1991）。欲望を引き起こすうえでポイントになるのは、視覚の力であり、まなざしの力である。販売スタイルという面で、百貨店という装置が画期的だったのは、いわゆる「陳列販売方式」を取り入れたことである（初田 1999）。それまでの店舗が商品を倉庫に秘蔵し、いい商品ほどなかなか顧客に見せなかったのに対して、百貨店では商品を店頭にずらっと並べてみせ、むしろ積極的に顧客に比較させたのだ。ショーウィンドウやディスプレイに力を入れ、モノの魅力を視覚的にアピールすることで、百貨店は顧客の欲望をかきたてる。

　欲望はまた、他者をまなざし、他者からまなざされる、視線の交錯からも生じる。人びとは一方で、いま流行りのモノが欲しくなったり、他人がもっているモノを羨ましく感じて、自分でも欲しくなったりする。つまり欲望は、他者への視線から生み出される。あるいは人びとはまた、流行りのモノを手に入れて見せびらかせば、他者から賞賛と嫉妬のまなざしを浴びるに違いないと思い、そうしたモノが欲しくなったりする。そこでは他者からの視線が、欲望の生成にかかわっている。いずれにしても欲望が生まれるには、他者をまなざし、他者からまなざされる、視線の交錯が必要不可欠となる。だから百貨店は、こうした視線の交錯を生みだすステージとしても、おおいに機能する。流行のアイテムを身につけた者同士が、お互いにアイテムを見せびらかしあい、ちょっとした差異に優越感を覚えたり、劣等感を覚えたりしながら、お互いの欲望をさらにかき立て合うようなステージである。

欲望とは別のフェイズへ

　視覚に訴え、視線を交錯させるステージを仕立てるという、百貨店がつくりだしたパラダイムは、長いあいだ、消費装置の規範的な形態

となってきた。「欲望」をいかに喚起するかをめぐって、多彩なヴァリエーションを生みだしてきたのである。けれども、近年に増殖している複製的な消費装置は、そうしたパラダイムとは少しずれたところで進化を遂げているように思われる。それらがもたらす消費のあり方を考えるとき、「欲望」という言葉は少し強すぎる。コンビニやTSUTAYAやショッピングモールといった、何気なく立ち寄る消費装置のなかで、どうしてもこれが欲しい、などと、切実に思う機会はあまりないだろう。それらは、ほどほどの品物がほどほどにそろう、便利で快適な環境である。何かを買おうという目的意識や強い主体性は必要なく、ただぼんやりと脱力しながら、受け身の状態で店内を物色していればいい。

　店内空間という面でも、ディスプレイに凝ったりして、もっぱら視覚に訴えるというよりは、消費者の全身体的な習慣をこそ馴致しようとしている。個別のモノを欲望させるというよりも、店内のレイアウトや配置やデザインなどの工学的な調整によって、快適な消費環境を仕立て、その快適な環境を知らずしらず選好させる、身体化された習慣を形成しようとしているのだ。ここには、魅力的なモノと、それを志向する欲望のセットから、快適な環境と、それを志向する習慣のセットへの移行がみられる。また、視線が交錯するステージを組み立てるというよりは、互いの視線をキャンセルする、円滑なすれ違いを実現することに力を注いでいる。じっさいコンビニやTSUTAYAやモールで、他者の身につけているものが気になったり、自分がどう見られているかを意識したりする機会など、めったにないだろう。

　したがって、複製的な消費装置について考えることは、そのまま、「欲望」とは別のフェイズに入り込んだ消費のありようを考えることでもある。それは、個々のモノやサーヴィスというよりも、そうしたモノやサーヴィスが提供される環境自体を志向する消費形態である。

環境を消費させる課金型都市

　消費にかかわる選好が、モノというよりも環境、欲望というよりも習慣の問題になっている以上、わたしたちがお金を払う対象もまた、モノやサーヴィスというよりも、使い勝手のよい環境へのアクセス権へと移行してきている。課金型の消費装置、というものがある。ネットカフェなどが典型的だが、便利で快適な環境を提供するかわりに、滞在時間におうじて料金が発生するという仕組みである。コンビニやTSUTAYA、ショッピングモールなどもまた、それらが提供するモノというよりも、環境の快適さのために選好されている以上、直接はそう呼ばれないにしても、課金型の消費装置としての側面をもっている。モノやサーヴィスの購入をつうじて、わたしたちは間接的に、環境へのアクセス権を維持するためにお金を支払っているのだ。とするなら、そんな消費装置が集積してできあがっている現在の都市空間は、いってみれば課金型の都市とでも呼べそうである。快適な環境にアクセスできる一方、そこに滞在するかぎり、誰もが気づかないあいだに少しずつお金を吸いあげられる、巨大な課金型装置の集合体としての都市である。

　わたしたち消費者は、店舗が提供する商品群の良し悪しというよりも、それらが提供する、使い慣れたインターフェイスと快適な環境を求めて、コンビニやTSUTAYA、ショッピングモールを利用する。地元商店街の商店でなく使い慣れたコンビニを選択するとき、あるいは、個人商店のレンタルDVD屋でなくTSUTAYAを選択するとき、わたしたちがおこなっているのは、何を消費するかというモノの選択の手前にある環境の選択である。ちょうどPCで慣れ親しんだブラウザ（Internet ExplorerとかGoogle ChromeとかFirefoxとか）を何気なく開いてみる動作が、何かを調べる、という具体的な探査行動の手前にある選択であるように。

　使い慣れたユーザーインターフェイスは、端的に心地よい。いつもの

画面に、いつものアイコンが並ぶ。何をどうすればどういった結果が得られるかが、すっかり身体に染みついている。デザインや配置やレイアウトが統一された、チェーンやフランチャイズの店舗もそれと同じことだ。どの棚をどう回れば、自分が必要なモノが手に入るかがあらかじめわかっており、それをなかば無意識的にこなすことができる。何が得られるかという点よりも、いかにストレスなく得られるか、という点が重視されるとき、わたしたちは複製的な店舗を、何も考えずに選好するようになる。そうしてスムーズに結果を得られる、そのスムーズさの分だけ、わたしたちはますます課金型環境としての無印都市から離れがたくなる――。

　以上、本章では、消費者としてのわたしたちにとって、複製的な消費装置が増殖する都市空間が、どのような特性をもつ環境であるのかを検討してきた。以上でおこなった考察は、しかし、限定的なトピックをあつかった、ごく簡潔な端緒にすぎない。快適で便利な消費装置が増殖している――これはまちがいない。都市空間はますます快適になり、そうして快適になる都市空間に、わたしたちはますます深く埋め込まれている――これもまちがいない。だが、このような状況がいったい何を意味し、わたしたちが棲まう都市空間がどのように変容しつつあるのかは、さらなる探究によって、見定めていかなければならない。無印化する都市空間は、何をもたらし、何を消し去り、何を困難にし、何を可能にしているのか。そうして、それによってわたしたちの生が営まれる環境の条件が、どのように変容しつつあるのか。それらは今後とも引き続き、問われるべき課題である。

【文献】
- 東浩紀編『思想地図β 特集 ショッピング／パターン』コンテクチュアズ, 2011
- 近森高明「無印都市とは何か？」近森高明・工藤保則編『無印都市の社会学——どこにでもある日常空間をフィールドワークする』法律文化社, 2013（刊行予定）
- 初田亨『百貨店の誕生——都市文化の近代』筑摩書房, 1999
- 速水健朗『都市と消費とディズニーの夢——ショッピングモーライゼーションの時代』角川書店, 2012
- Judy Chung, Chuihua, Jeffrey Inaba, Rem Koolhaas and Sze Tsung Leong eds., *The Harvard Design School Guide to Shopping*, Köln; Tokyo: Taschen GmbH. 2001
- 鹿島茂『デパートを発明した夫婦』講談社, 1991
- Koolhaas, Rem, 'Generic City', Office for Metropolitan Architecture, Rem Koolhaas and Bruce Mau, *S, M, L, XL*, Benedikt Taschen Verlag. 1997
- 松原隆一郎『消費資本主義のゆくえ——コンビニから見た日本経済』筑摩書房, 2000
- 佐々木正人『アフォーダンス入門——知性はどこに生まれるか』講談社, 2008
- 田中大介「コンビニの誕生——1990年代における消費空間のCMC的構造転換」『年報社会学論集』19, 201-211, 2006
- 鷲巣力『公共空間としてのコンビニ——進化するシステム24時間365日』朝日新聞出版, 2008

【ブックガイド】
①速水健朗『都市と消費とディズニーの夢——ショッピングモーライゼーションの時代』角川書店, 2012
　ショッピングモールの出自と系譜を押さえながら、モール化する現在の都市空間のありようを読み解いている。
②東浩紀編『思想地図β 特集 ショッピング／パターン』コンテクチュアズ, 2011
　現代社会を読み解く鍵をショッピングモールに求めて考察する、さまざまな分野からの論考が集められている。
③近森高明・工藤保則編『無印都市の社会学——どこにでもある日常空間をフィールドワークする』法律文化社, 2013（刊行予定）
　チェーン店舗が増殖する都市状況を「無印都市」と名づけ、その特徴と享受のあり方を多角的に考察している。

第7章 仕事と企業組織の変貌

鈴木　秀一

【キーワード】

日本経済、雇用、組織、ライフスタイル、価値観、組織人、フリーエージェント社会

はじめに

　「われわれはどこから来たのか、われわれは何者か、われわれはどこへ行くのか」。これは最も根源的な文明論的課題である。まずこの問いそのものについて考えてみよう。

　第1に、この問いは、現在の状況に満ち足りていれば提起されなかった問いである。現在「ここにいる」自分には満足できず、批判的で、時には不安さえ覚えていて、しかもその状況は個としての自分だけではなく、同時代人の「われわれ」がいっしょに巻き込まれていることがこの問いの前提にある。

　第2に、「われわれ」は同じようなライフスタイルと価値観を共有し、

同じような目的に向かって、同じような手段を選択して生きている。たとえば、「われわれ」は皆、同じように貨幣を必要とし、同じように地位を求めて生きている。こうした生き方は、個人としては逆らうことが難しいトレンドのようなものであり、大きなトレンドに乗って利を得る者もいれば、その波から落とされてしまう者もいる。

　そういう状況を時代から一歩離れて眺めると、「われわれ」のレゾンデートルに関する問いが成立する。本章では、企業と仕事という分野に即して、この問いに答える。

1．「われわれ」はどこにいるか

　本章では、「われわれ」とは働いている同時代人を意味する。われわれは、日々の職業労働を経済的および自己認識上の基盤にして一生を過ごす。職業労働がライフスタイルの中心に置かれるようになったのは近代資本主義社会以降である。とりわけ、今日の「われわれ」と呼ぶべき労働パターンが成立したのは20世紀の企業社会においてである。「われわれ」はかつてのように独立自営の個人事業主ではなく、株式会社に雇用されて働く組織人である。20世紀半ばのビッグビジネスの時代には、管理（マネジメント）のみを職務とする人々が組織の中に出現し、彼らが階層的な大組織を管理するようになった。すなわち、マネジメント層という組織資本主義の新たな担い手の誕生である。自営業者は自分も店で働きながら、従業員を管理した。今や、部下や業務を管理するだけの新しい職務が生まれたのである。組織資本主義は管理する層と管理される層から構成される。階層制度によってがっちりと構成された大企業は、官僚制組織そのものであり、小さな自営業の店と異なりその担い手がいなくなっても組織は継続される。こういう企業を事業継続体（going concern）と呼ぶ。われわれの時代にはゴーイング・コンサーンとして

の企業は、個人を超越した社会的基盤となった。これについて、著名な経営史の古典には次のような印象的な描写がある。

> 「階層制組織は、そこで働く個人あるいは個人の集団の寿命を超越した永続性を有していた。ある管理者が、死去、引退、昇進、あるいは辞職した場合、そのための準備と訓練をうけた者が直ちにその地位を引き継いだ。人は来りそして去った。しかし、制度と施設は存続したのである。」（チャンドラー、1985、上、pp.13-15）

この文明論的な一節は、まさに「われわれ」が今どこにいるか、誰なのかを経営史の視点から詩的に描いている。このようなヒエラルキー型の企業は、大量生産技術の成立によって必要になった組織構造であり、組織資本主義はそれまでと異なる組織人（organization man）としての働き方を「われわれ」に強いるようになった。

3つの生産方式と労働

「われわれ」の過去と未来の見取り図として図1を見てほしい。20世紀は、初めて中間大衆が中心になる社会が生まれた時代である。米国に、1910年代に成立した大量生産システム（図1右上）は、ブルーカラーを

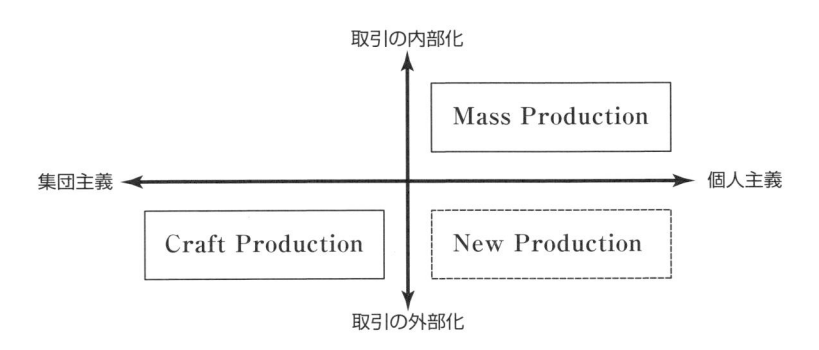

図1　3つの生産方式と労働

含む「豊かな社会」の経済的基盤となった。大量生産システムは、様々な問題を含んでいたとはいえ、それまでの文明が持ち得なかった巨大な生産力の基盤であると同時に、中間層を国家の重要な利害関係者として全面に押し出す技術的な基盤でもあった。

大量生産とクラフト生産

大量生産方式は、それ以前のクラフト生産（図1左下）に対比される伝統的な生産システムである。クラフト生産システムの例はバイオリンや伝統工芸の生産である。その道で名をあげたマイスターが少人数の弟子を雇い、製品企画、製造、販売、修理まで一貫して手掛ける生産方式は、洋の東西を問わず近代以前にはどこにでも見出せた。この類型は以下のような特徴を持っている。

①少数の熟練工と汎用機械を中心とする、②市場のニーズに柔軟に適合できる多様な製品を注文生産する、③注文生産なので当然ながら、需要の変化には迅速に対応できる、さらに④自社（自分の工房）が小規模である場合は地域コミュニティ全体で統合化された生産の場とする（ピオリとセーブル、1985）。

ピオリとセーブルは、自動車や家電製品などの大量生産が規模の経済性を活かせる業界では、クラフト生産方式は駆逐されたが、これが生き残った地域や産業では20世紀後半にデトロイト型の大量生産システムを超える効率性を持った、と述べて、フレキシブルな専門性の由来を検証した。しかし本章の論点はむしろ大量生産システムの組織と労働にある。ピオリとセーブルを援用すれば、大量生産システムは次のように定義される。

①大量の未熟練工と単用機械（1つの部品だけを作るための工作機械）を中心とする、②想定した大量販売市場に対して製品をプロダクトアウトする大量生産による硬直性、③需要の変化には迅速に対

応できない生産の画一性があり、④大規模な初期投資を行い、規模の経済を活かせるだけの生産量を確保できるような大規模工場を設立し、自社単体で生産を行う。

　こういう大量生産システムが20世紀の豊かさの基盤となったことは、経営学・社会学的にはどのような意味があるのだろうか。第1に、ピオリとセーブルも指摘しているように、企業に対する地域コミュニティの位置づけの問題がある。今日なら、中国における鴻海の数万人規模の大量生産工場が有名であるが、ある時点で、こういう企業城下町が成立すると、この工場の雇用が地域にとって不可欠の経済基盤となる。数万人もの雇用から、その何倍もの人数の生活が潤う。しかし経済に景気循環はつきものである。ある日、工場が地域から撤退する。その結果がシャッター商店街、若者人口の急減、過疎化という、この「失われた20年間」に日本でよく見られる光景である。工場という経済単位が地域コミュニティから独立しているからこそ、このような問題が発生する。別の角度から見ると、第2に、大量生産システムが市場のニーズにきめ細かく対応できない画一性と硬直性を持っているために、大量生産企業は市場をコントロールする必要が出てくる。これが「顧客創造論」(ドラッカー)の前提にある問題であり、「テクノストラクチャー論」(ガルブレイス)の言う依存効果(depend effect)である。大量生産企業では、製造機能とならんでマーケティング機能が重要になる。これは、成熟市場においては、実際にはまだ使える製品を顧客に買い換えさせる機能と言える。そのため、現代企業にとっては、市場分析や消費者行動分析の能力は不可欠となり、近年、この能力はますます高度化している。「経営」ではなく「社会」の観点から見ると、この能力のために社会は不要なコストを払うことになり、不要な廃棄物も増える。大量生産システムには、エコの観点からもデメリットが大きい。

　第3に、労働の面では、労働は集団主義(共同主義)的な協働から個

人主義的な労働へシフトした。クラフト生産のように、マイスターの技能を弟子たちが学びあう集団主義的な現場は、近代工場では一本のベルトコンベアによって分断された。広大な工場に設置された長いベルトコンベアにそって、ばらばらに配置された従業員たちは、お互いに話すこともできずに単純作業を繰り返すようになった。テイラー主義が「計画と実行の分離」によって、業務を考えたり計画したりする職務と単なる実行労働に分離した結果、工場全体の能率は高くなった。その反面で、労働の「熟練の解体」が起こった。もはや職人的な経験と勘が不要になった大量生産の現場では、少数の計画者と多数の実行者がピラミッド型階層制組織の中に組みこまれるようになったのである。換言すれば、それまでは外部の市場取引に依存していたプロセスを、企業は組織内部に取りこんだ。これが資材、部品、労働（従業員、管理者）などの「内部化」と呼ばれる現象である。

　こうした状況が「われわれ」が今、いる状況である。この構造は、「われわれ」の労働スタイルだけでなく、人生の価値観、目的と手段などに強く影響を与えてきた。その証拠に、今日でも日本の若者層は大企業志向と終身雇用志向が強いことがアンケートから知られている。できるだけ安定した組織の中に入ること、そこで一生を組織人として過ごすことが、今日でも「われわれ」の価値観とライフスタイルの基底にある。しかし、それは永遠に続くライフスタイルではない。次のステップとして、新しい生産方式に適合した組織構造と雇用スタイルがわれわれを待ち受けている。

2．「われわれ」はどこへ行くか

　ミクロな企業行動や個人のワークスタイルは、マクロな経済動向に左右される。個人や個別企業はマクロなトレンドに逆らうことはできない。

第 7 章　仕事と企業組織の変貌

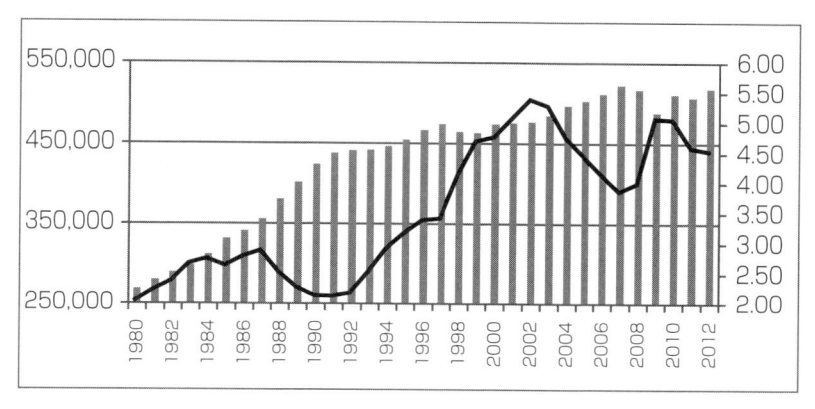

図2　日本のGDPと失業率（1980-2012）（十億円〔左軸〕、%〔右軸〕）
　　　（IMF, World Economic Outlook, October 2012より作成）

したがって「われわれ」がどこへ行くのかを知るためには、日本に焦点を当てて基本的なマクロデータを見る必要がある。ここからは少しデータを見ながら、「われわれ」が生きている日本の組織資本主義の過去と未来を観察することにしよう。

日本経済の変貌

1980年、日本のGDP（図2左軸）は269.8兆円、失業率（図2右軸）は2.0%だった。同年、米国のGDPは5兆8,339億ドル、失業率は7.2%である。日本のGDPは1997年、474.8兆円（失業率、3.8%）まで増大を続けた。ちなみに厚労省によれば日本の世帯所得もこのころ、1994年、664万円が最高となり、直近の2010年は538万円という1987年水準まで落ち込んでいる。ここには、1985年のプラザ合意、その後数年間続いたバブル経済、1991年のバブル崩壊という背景がある。

1990年代は、日本型の経営スタイルや雇用慣行に大きな揺らぎが入った時期だった。1997年には北海道拓殖銀行、日本長期信用銀行、日本

137

債券信用銀行、山一証券など金融の大型倒産が続いた。

　失業率は、1991年の2.09%を底に、1990年代前半上昇し続けた。1997年（失業率、3.38%）からその上昇カーブはきつくなり、2002年の5.36%まで一直線に上昇した。ITバブルを乗りこえた日本企業が、電気や自動車を中心に復活したのが2000年代前半である。2007年、日本のGDPは523.6兆円のピークをつけ、失業率は3.83%まで戻した。グラフではこの時期に失業率の谷が表れている。楽観的な雰囲気が日本にまた漂い始めた。その時、日本経済にリーマン・ショックが襲った。2009年、失業率は一気に5.05%まで上昇した。谷深ければ山高し、という景気格言そのもののように、失業率グラフの谷は一瞬でもとに戻った。

　この時期は失業率のデータのみならず、雇用者の中身も変わったことも見逃せない。日本企業は伝統的に「終身雇用」政策を採用してきたが、非正規雇用（パートタイマー、派遣社員、契約社員、嘱託など）に転換してきたのである（図3）。1980年代末までは20.0%未満だった非正規雇用率は、グラフに示したように、1990年代から2000年代にかけて急激に増加した。1999年（2月値）には24.9%、2003年には30.4%、2011年

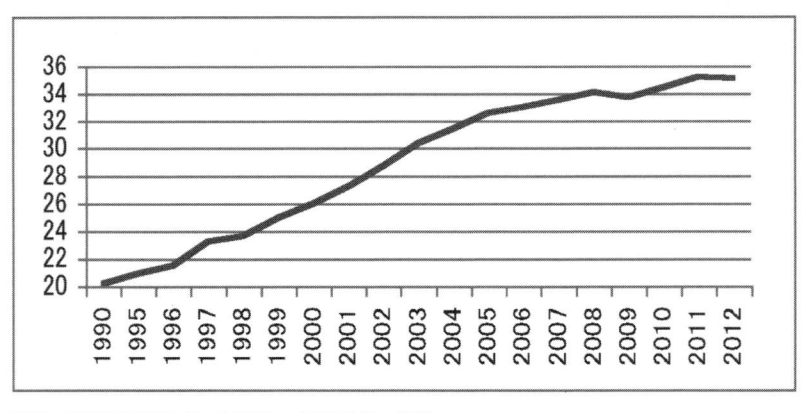

図3　非正規雇用比率　1990－2012年　（%）
　　　（総務省「労働力調査」長期時系列表および平成24年2月速報より作成）

（平均値）には35.2%と5%づつの上昇テンポも速い。ここから、1990年代後半以降、日本の「仕事と会社」モデルの実体が転換した様子がみてとれる。

　終身雇用の崩壊は、「良い大学、良い会社、良い人生」という「われわれ」の通念のうちで中心となる「良い会社」の観念を揺るがした。1980年代までの「良い会社」とは日本人の人生設計の基盤だった。それは厳しい入試競争を勝ち抜いた少数者の特権でなければならず、倒産せず、解雇もせず、どのような状況下でも競争優位を保持している組織のはずであった。20世紀前半に米国の一部大企業で見られた「雇用官僚制」のように、日本の「良い会社」も福利厚生が手厚く、退職後も社員の生活の面倒を見る企業であった。だからこそ「良い会社」に入る条件となる「良い大学」も社会的威厳を持ち、子供時代から始まる過酷な受験競争にも耐える価値があるとみなされた。

雇用の変化

　しかし、近年の雇用システムは、1980年代までの日本的経営システムとは構造的に異なる。「失われた10年」は2回繰り返され、デフレ下の日本にマクロな経済成長は望むべくもない。グローバル化が進み、競合他社が外国の大手になった今は、日本国内で「大企業」と言っても世界では厳しい競争に曝されるため、倒産の危機はある。組織の内部を見れば、従業員の雇用は3分の1以上が非正規になった。かつては専業主婦層のパートタイマーないし景気のバッファだった非正規雇用は現在では常用的に使われ、近年では男性の非正規雇用率も増えた。労働力調査によれば、男性の非正規雇用者の割合は、1980年で7.4%、1997年には10.5%、直近の2012年（1月～9月までの平均値）は19.5%と急増している。この非正規化傾向はとくに男子若者層に著しく、彼らの雇用の不安定化は低所得化をまねき、ひいては結婚年齢を押し上げ、それが少

子化をもたらし、先進国の中でもとくに急速に進む高齢化のなかで人口ボーナス（人口構造に由来する経済的便益）から人口オーナス（ボーナスの反対）への転換が現実のものとなった。これが近年の日本経済のマクロ動向である。

　以上の考察を踏まえて、「われわれはどこへ行くのか」という問いに本章の観点から答えるとすれば、米国の経験が参考になる。米国でも、長期雇用、内部人材育成、従業員の企業への忠誠心を特徴とする組織マネジメントの時代があった。しかし米国では、こういう「オールドディール」と呼ばれる企業制度は30年ほどしか続かなかった（キャペリ、2001、p.32）。

　1980年代後半から今日に至るまで、オールドディールの雇用を壊した要因は、何よりもグローバル化による競争の激化であろう。世界で最も豊かだった米国市場をターゲットに、ヨーロッパや日本あるいは新興国の企業が、まったく異なるコスト構造（人件費に代表される）と独自の技術力を武器に参入した。その結果、米国の既存企業は従来のビジネスモデルを改めざるを得なくなった。製品の企画開発にかける時間を短縮し、研究投資を増やして、技術革新のスピードを上げる必要がでてきた。当然、所有している設備、技術、人材の陳腐化する期間は短くなり、従来のような固定資本への余裕のある投資計画は難しくなった。企業は設備、技術だけでなく従業員や事業部組織もアウトソーシング（内部化の反対。外注を意味する）して、コスト競争に生き残ろうとした。金融市場では、従来の個人投資家ではなく機関投資家が積極的に経営に参加するようになり、企業のガバナンス構造にも変化が見られるようになった。こうした変化を支えたのが情報通信技術、いわゆるITである。長期雇用関係の時代には、中間管理職の職務だった組織内部の調整や管理はITによって代替され、ミドル層は「中抜き」されるようになった。かつての米国では景気変動のバッファはブルーカラー層だったが、1980

年代からはホワイトカラー層、しかも中間管理職層の大量レイオフが始まった。このダウンサイジングは、雇用の「ニューディール」（キャペリ、2001）の象徴である。印象的な定義を引用しよう。

> 「かりに旧来の終身雇用に基づく関係が結婚だとすれば、新しい雇用関係は離婚と再婚を生涯繰り返すようなものだ（中略）……新しい雇用関係とは、オープン型の雇用関係と労働需要がぎこちなくダンスをしていて、双方が終始コミットメントについて再交渉しているようなものである……労働市場が社員の行動を規定するようになった今では、勝者と敗者の新たな組み合わせが誕生した。」（キャペリ、2001、pp.17-18）

現在、日本企業の雇用スタイルも、少なくとも部分的にはこれと同じような変化をとげようとしている。「われわれ」はもはや「組織の中の人間」ではなく、非正規雇用のフリーエージェント（FA）として生き抜く覚悟が必要なのかも知れない。ゼネラリストとしての中間管理職が一般的な大卒者のゴールであった時代は終わり、専門能力が求められるようになった。そうであれば、「エンプロイアビリティ」と呼ばれている雇用されるために必要な能力を、われわれは各自、いくつになっても自分で育成しなければならないだろう。新しい時代には、日本社会にも新しい「勝者と敗者」ができつつある。これを「格差社会」と呼ぶことは、大きなトレンドとミクロな競争が重層的に組み合わさった一連のプロセスの結果の総称であり、むしろ新しい時代の新しい問題を見えにくくしてしまうと私は考えている。それよりも、どのような要因が、新しい勝者と敗者を作るようになるのか、新たな条件下で機会の公平と結果の平等をどの程度まで市場競争に加味するのかといった具体的な分析と提案が必要になっている。

本章の考察から言えることは、新しい雇用関係やワークスタイルは、図1の右下の象限にあるような、組織から外部化された個人主義的なも

のになるだろうということである。それは厳しい市場競争に、「われわれ」が個人として曝されることを意味する。組織の部品となって、忠誠心と保障を交換すればキャリアを全うできた時代とは違う環境に曝されれば、当然、新しいワーカーたちの神経面での負担は、かつての「組織人」ワーカーとは比べものにならないほど大きくなるだろう。実際、フリーエージェント社会の雇用を分析したダニエル・ピンク（2002）は、1990年代後半以降、米国社会ではビジネス・エグゼクティブ・コーチという職業が流行して、2000年ごろには1万もの業者が登録されていると述べている。いわば会社幹部の心の相談業者である。組織論の視点から見れば、フレキシブルで迅速な戦略実行を、グローバル化して何倍にも広がった守備範囲の中で行うために、企業の組織構造も複雑になり、組織内の権限関係もデリケートなものに変わってきた。かつての組織が、素朴なアナログ機械だったとすれば、これからの企業は壊れやすく、柔軟で、つねにファインチューニングを施す必要がある構造になりつつある。ここで働く人々には心の負担は増大するばかりであろう。新しい時代の新しい企業組織と雇用はこれから何度もイノベーションを経て、新しい「われわれ」の生き方が定着していくことだろう。

【文献】
- チャンドラー，A・D・『経営者の時代』鳥羽欣一郎・小林袈裟治訳，東洋経済新報社，1985
- マイケル・J・ピオリ，C・F・セーブル『第二の産業分水嶺』山之内靖他訳，筑摩書房，1990
- ピーター・キャペリ『雇用の未来』若山由美訳，日経新聞社，2001
- ダニエル・ピンク『フリーエージェント社会の到来』池村千秋訳，ダイヤモンド社，2002
- Paul Osterman "How Common Is Workplace Transformation and Who Adopts IT?" *Industrial and Labor Relations Review*, Vol.47, No.2, pp.173-188, 1994

【ブックガイド】
①C. M.クリステンセン他『明日は誰のものか』宮本喜一訳（ランダムハウス講談社，2005）。この本は広く読まれたクリステンセンの『イノベーションのジレンマ』の2冊目の続編である。組織とイノベーション現象を考えるためには不可欠の文献となっている。
②S. L. ハート『未来をつくる資本主義』石原薫訳（英治出版，2008）。原題「岐路に立つ資本主義」が示すように、本書は企業が社会問題をどう解決すべきかを考察した、海外ではよく知られている文献。
③佐藤郁哉、山田真茂留『制度と文化』（日本経済新聞社，2004）。本書は新制度派の考え方を具体的にわかりやすく解説しており、企業だけでなく組織一般を理論的に分析する使いやすい手引きとなる好著。

第8章

メディアとモビリティ
―― 移動社会としての現代

田中　大介

【キーワード】
モビリティ、メディア、声の文化・文字の文化・電子の文化、旅・観光、時間・空間

1．メディアとモビリティ

メディアからみえる「世界」

　いまからどこかに行こう。そう考えたとする。さて、どこがいいだろう。昨日テレビでやっていた新しい観光スポットは魅力的だった。誰かを誘ってみるか。SNSで時間のあう人を探してみよう。ひさしぶりにあの人にメールで聞いてもいいかもしれない。どうやって行こうか。電車で行くなら、乗換案内と時刻表を検索して確認しておこう。ドライブも悪くないし、レンタカーを電話で予約してもいいかもしれない。ルートもシミュレーションしたほうがいいかもしれないけれど、ナビに目的地を入れてしまえば最短ルートはすぐにでてくるだろう。途中でなにか食べるにしても、コンビニのATMでお金をおろして、移動しながらケータイでお店を検索すればいい。いや、いっそクレジットカードを使って

ツアーに申し込んで、海外旅行にしてしまおうか…。

　私たちは、このようにして世界についての想像力を広げていくことができるし、それほど入念な準備もなく——さまざまなメディアやテクノロジーが可能にする「環境」をあてにしながら——実際に行動に移すことができる。

　しかし、ケータイが壊れたり、パソコンのデータを紛失したり、ネットに接続できなかったらどうだろう。あるいは電車が運休になる、免許をもっていない、そもそもお金がなかったら…？　そのとたん、私たちの時間と空間、自己と他者の関係をめぐる想像力は一時停止してしまい、世界はしぼみ、とても「貧しい」ものに思えるかもしれない。

　それだけではない。たとえばケータイやパソコンにストレージされた写真・動画、メール、親しい人たちの連絡先が失われてしまえば、過去から現在を貫き、自己を自己たらしめている——「自己同一性identity」を担保してくれているかのような記憶／記録を喪失した気になるかもしれない。使い慣れたカスタマイズ、お気に入りの音楽や装飾が失われてしまえば、「私らしさ」のようなものはどうなってしまうのだろう。

　たとえば、アーリ（J.Urry）とエリオット（A.Elliott）は、現代の移動生活におけるパラドクスを「個人的な創造性とシステムへの依存性、能動性と受動性、主観的なものと客観的なもののあいだにおけるアイデンティティの分断」（2010: 14）と位置付けている。

　　　人びとはインターネットを使い、車や電車で日々移動し、国際線を利用し、モバイルメディアでメールを送り、グローバルな電子データベースを検索し、世界中から家の前までジャストインタイムで届く物財を受けとっている。人間主体と個人生活の社会構造は、本質的に、ますます移動（movements）のシステムを通して構成

されている (2010: 14)。

　私たちの自己—他者の関係や世界の動き (movements) は、このように現代社会の多様なメディアやテクノロジーを媒介にしながら、複合的・重層的に成立している。

メディアとはなにか

　メディアとは、自己と他者、および世界を特定のパターンにおいて関係付ける媒体としてとらえることができる。ただし、それは、マスコミやネット、あるいは特定の物体や人工物に限らない。ルーマン (N.Luhmann1984=1993-1995) が、真理、愛、貨幣、権力を、それぞれ科学、家族、経済、政治というシステムを作動させるメディアと考えたように、意味や観念もコミュニケーションを特定のパターンとして成立させる形式、すなわちコミュニケーション・メディアととらえることができる。

　たとえば、近代以降の社会においてもっとも重要なメディアのひとつは、貨幣だろう。現代における世界の広がりは、紙幣や硬貨などの物体であれ、電子マネーのような情報であれ、お金がなければ購入できないものがほとんどである。G・ジンメル (Simmel1900=1997) が指摘したように、貨幣は多様な事物を価格として数量的に換算し、比較し、交換できる商品として対象化する。私たちは、お金をたくさんもてば多くを「商品」として購入できるが、それは貨幣を通して「消費者」として世界を欲望することを強いられるということでもある。すべてを価格という均質的な尺度で並列する貨幣がなければ、そもそもそれらの対象を欲しいとも思わなかったかもしれない。貨幣は——実体はなくてもそれへの信頼がともなえば——人間と世界を消費主体と商品世界の関係として水路付け、対象への欲望や他者とのコミュニケーションを「買う—売

る」というパターンのなかで開いていくメディアなのである。そして市場経済とは、さまざまなものごとを貨幣で「売買」できる商品にする社会を指している。

　近代社会は、貨幣を通して市場経済という世界を開きながら、さらに新しいテクノロジーを生み出し、その多くを商品として普及させた。鉄道や自動車といった交通テクノロジーは、私たちが人間の「脚」で移動・活動しうる領域を拡張する。文字や印刷技術、ラジオ、テレビ、インターネットなどの通信テクノロジーも人間の「口と耳」で伝達し、「脳」で蓄積しうる領域を拡張した（McLuhan1964=1987）。これらのテクノロジーもまた、時間と空間、あるいは自己や他者に対する感覚や想像力を変容させ、世界との新たな関係を開くメディアなのである。その結果、私たちは、いつでもどこでもコミュニケーションでき、移動しうるかのような——M・マクルーハンであれば「地球村」とよぶだろう〈移動的な社会〉を生きている。ただし、「お金さえ払えば」——という限定がついているのが現代のグローバリゼーションではあるのだが。

　このようなテクノロジー化されたメディアをめぐる「期待の地平」を幾重にも積み上げて、私たちは生きている。多様なメディアをシステム化した環境は、「第二の自然」（内田隆三）、「技術的無意識」（N.Thrift）と表現されるほど自明な存在となっている。そのため、現在、ケータイやネットなどのメディアや鉄道や自動車などのテクノロジーを失えば、自己―他者の関係や世界が崩落してしまうような体験をもたらすかもしれない。2011年3月11日の東日本大震災とそれに続く原発事故は、物理的環境の損失・危機を意味するだけではなく、「電力」というテクノロジーをもとにして複合的・重層的にメディア化された環境を生きる自己―他者の関係、そしてそのなかで働きかけ（られ）うる世界の前提が崩落するかもしれないという不安の体験ではなかったか。3.11とは、現代社会の「期待の地平」となったこれらのメディアへと私たちを解放し

ながら、そのメディアから疎外するという二重化された「貧しさ」の体験——後述するようにベンヤミン（W.Benjamin）であれば「経験の貧困」とよぶような体験だったといえよう。

しかし、私たちはそうした世界の崩落(カタストロフィー)の不安を抱きながら、いまもなお複合的・重層的にメディア化された環境をつなぎあわせて生活している。本章では、社会的・文化的に構成され、メディアに媒介されて現れる時間と空間を具体的な実践のなかで経験させる移動（mobility）に着目し、現代の〈移動的な社会〉(mobile society)の特徴を、声、文字、電子というメディアの変容のなかで考察する。

2．メディアとしての場所——チュリンガとソングライン

「大地」というメディア
——身体化された環境／環境化された身体

複合的・重層的にテクノロジー化されたメディア環境の歴史は浅い。しかし、人びとは、人類史を通じてつねになんらかのかたちでコミュニケーションし、移動している。では、このようなメディア環境がない場合、私たちはいかにして世界とコミュニケーションし、移動するのだろうか。

人間以外の生物も、活発に移動している。エラード（C.Ellard）によれば、微生物は光や熱源をさぐりながら移動する。伝書鳩が地球を横断するほどの距離を迷わずに移動できるのは、磁気や磁場を感知しながら、現在位置と移動方向を決定しているためだという。これらの生物・動物は、感覚できる独自の情報源として、光、熱、磁気の強さ、そしてある種の化学物質の濃度などを把握しながら、身体と環境の関係を位置付け、移動する方向を探知するメカニズムをもつ。特定の環境は、それぞれの生物に必要な感覚器官を構成し、それぞれの生物は、そのように

して構成された感覚器官をメディアにしながら活動しうる環境を認識して、移動する。このようにそれぞれの生物に特有のコミュニケーションのなかで現れる環境のことを「勾配地図」（gradient map）とよぶ（Ellard2009=2010）。

　伝統的生活のなかで生きる人びとも、その集団・組織に特有の「勾配地図」をもつ。群島を移動しながら生活するポリネシアの人びとは、雨風のような天候、天体の配置と運行、波と潮、船の揺らぎ、鳥の飛行を五感や平衡感覚によって把握しながら経路を探索している。また、イヌイットの人びとは、風の方向や強さ、あるいは雪の特徴を視覚と皮膚感覚によって把握することで、方向感覚を見失いやすい一面の雪世界を移動できる。

　それぞれの民族は、その集団・組織が置かれた状況に応じて「環境」を構成し、独自の生活様式を組み立て、そこで認識された「環境」を手掛かりにして——つまり、身体感覚と自然環境の直接的なコミュニケーションを媒介にしながら、自己や他者の位置や方向、あるいは移動しうる範囲や経路を探索できる。たとえばその環境を構成する獲物の足跡・臭跡、水路、果実、食用の昆虫、有用な植物などを、五感を通じて認識し、それらに働きかけながら空間を把握する。「移動者の動き——その方向とペースは、その道行に沿って現れる環境の認知的なモニタリングへの持続的な反応である。彼は移動しながら観察し、聴取し、感覚しており、彼の存在は、その身のこなしにきわめて微細な調整を促す数えきれないきっかけに注意を払っている」（Ingold2007: 78）。こうして、それぞれの集団・組織の人びとの身体感覚には、それぞれの生活様式のなかで培われ、絶えず働きかけることで明らかになる自然環境の「勾配地図」が埋め込まれていく。逆にいえば、イヌイットのような狩猟採集の生活は、そのようにたえず「旅をしながら生きる」（Aporta2004: 15→Ingold2007: 76）ことなのである。

動物と人間を隔てているのは、人間が言語的なコミュニケーションにおいて蓄積した「文化」をもとにして「勾配地図」を経験として継承している点だろう。

　たとえば、イヌイットの人びとの言語は、事物の位置と方向が文法的構造のなかに組み込まれ、「雪」を表現する語彙を多様にもつという。この言語を用いることで、短いことばで身体や物体の置かれた位置・空間・方向を効率よく表現・理解できる。そして、夜、火のそばに座って、あるいは昼、狩猟をしながら自分や一族について子どもたちに語り、名前の付けられたランドマークを物語のなかに織り込み、空間把握に長けた言語を伝達し、環境の認識を継承していく。

　身体と大地の関係を言語によって媒介し、集団・組織で共有し、継承することで、神話や伝承といった文化を形作る。伝統的な生活様式を生きる人びとは、このような身体と言語の経験として構成された文化を手掛かりにしながら環境を認識し、迷うことなく移動できる。

　　昔の人間はその観察スキルに加え、土地についての知識を織り込んだ天地創造の物語や、精神性や、神々の生活についての物語を口承で受け継ぐ豊かな伝統を発達させた。ランドマークがちりばめられた、周辺地域の細かな地図を維持するためには、とてつもない記憶容量が必要だ。すくなくともこうした口承による言い伝えが、記憶の負担を軽くする役に立っているのはまちがいない（Ellard2009=2010: 55）。

　このような伝統的な生活様式では、身体と環境が言語を介して交差し、関係付けられる「大地」という場所そのものがメディアとして作用しているといえよう。

声の地図——口承文化における徒歩移動

「声の文化」では、「メディアとしての場所」を記憶し、伝達していくために、音声を用いたコミュニケーションに依存せざるをえない。しかし、オング（W.J.Ong）も述べるように、音は消えようとするときにしか存在しない本質的に消えゆくものである（Ong1982=1991: 73）。したがって、格言やことわざなどの「決まり文句」を特定のリズムをもつ韻律・音律にしたがい、ときに身ぶりをともないながらくりかえし発声・聴取して、記憶を助ける必要がある。こうした記憶は、その時・その場の状況にあわせた即興的・個別的なパフォーマンスにより維持されるため、必ずしも正確ではなく、バリエーションを生む。

では、「声の文化」に生きる人びとは、そのようなかならずしも正確さをもとめない幅のあるコミュニケーションのなかで、どのように世界を把握し、移動するのだろうか。

たとえば、狩猟採集によってオーストラリアの広大な大地を遊動しながら生活していたアボリジニの人びとには、ドリームタイムとよばれる時代を語った口承神話がある。これらの神話は、世界の起源を説き、天地創造の日々を表現している。ただし、ドリームタイムは、過ぎ去った時間＝過去ではない。現在の日常生活においてくりかえし参照され、再生され、祖先とのつながり——集団的アイデンティティを確認できる「生きられる過去」である。そのため、この神話は日常生活の認識枠組になる。たとえば、狩猟採集民であるアボリジニが移動するときに参照することばのなかに「ソングライン」とよばれる歌がある。

> それぞれのトーテムの先祖がこの国を旅しながら、どのようにその足跡に沿って詩と旋律の道を残したとされているか。そうした"ソングライン"がどのようにして定着し、遠方の部族との交流手段となっていったのか。「**歌は地図であり、方向探知**

機でもあった。歌を知っていれば、国じゅうどこへでも行けた」（Chatwin1987=2009: 27）。

　少なくとも理論のうえでは、オーストラリア全土を楽譜として読み取ることができた。聖地とはエピソードであり、二つの聖地のあいだの距離は歌の長さで測れる（Chatwin1987=2009: 28-29）。
　詩の内容には関係なく、メロディーの輪郭は通過する土地の特徴を表していると思われる。（中略）特定のフレーズや、特定の音の組み合わせは、先祖の足の動きを表すと考えられている。あるフレーズは"塩湖"を、また別のフレーズは"川床"や"スピニフェックス"や"砂丘"や"マルガの茂み"や"岩壁"を表すといったように。**熟練したソングマンはそうしたフレーズの順序を聞きとることで、先祖がいくつの川を渡り、いくつの屋根をのぼったかを数え、自分がソングラインのどの地点まで来ているのかを割り出す**（Chatwin1987=2009: 177）。

　アボリジニの人びとにとって、歌うことは大地に名前を与え、世界に現わすことでもある。そのため、歌われない土地は、死んだ土地になる。土地の所有は、道を通行する権利を意味しており、それは歌を歌える権利として表現され、祖先から受け継がれる。また、歌のメロディーには同じ部分があり、それが一致すると仲良くなり、互いの権利を認め、通行できた。歌を歌うことができれば——かつて旅をした祖先とともにさまざまな場所に行けるようになるのである。また、彼らの一部は、このような先祖の体、身ぶり、事績を表し、記憶のよすがとなるチュリンガとよばれる物体を持っている。「チュリンガは石やマルガの木を削って作った、多くは楕円形の飾り板で、所有者の先祖がドリームタイムに旅した道筋が表面に刻まれている」（Chatwin1987=2009: 73）。

ソングラインという歌謡やチュリンガのような彫物は、芸術というより、大地で生活するなかで形作られ、継承されてきた「声の地図」である。節回し、リズム、抑揚を繰り返し耳で聴き、声に出すことで、その音の連なりは経路として記憶され、それらを象徴するチュリンガが継承される。そして、それを継承する人びとは、自らそれを口ずさみ、チュリンガの手入れをし、ドリームタイムという「生きられる過去」をたどって移動する。

3．場所としてのメディア——ネットワークとケータイ

紙の地図——文字文化における機械移動

　文字を用いる私たちは、「声の文化」を生きる人びとのようには移動しない。五感を用いた自然環境の微細な認識がなくても、標識や地図のように「書かれたもの」を見ることができれば、黙っていても移動できる。

　では、文字やそれを広範に広めた印刷の進展——聴覚優位の「声の文化」から視覚優位の「文字の文化」へのメディア変容は、世界の経験にどのような影響を与えたのか。オングによれば「印刷は、ことばを引き離し、それを視覚的な平面に決定的に帰属させ、知識の管理のために視覚的な空間を違ったやりかたで活用しはじめた」（Ong1982=1991: 270）。

　書かれたものは、視覚化された平面のなかで時間の流れをリストやチャートとして表現する。音のような連続体ではなく、分割され、計測される視覚化された時間は、印刷によって大量に複製され、カレンダーや時計の文字盤として普及し、空間化された時間を生んだ。また、幾何学的に測量され、直線的な線分によって書かれ、大量に複製印刷された近代地図もまた、視覚化された平面的な空間のなかに世界を閉じ込める。

　これ以降、「正確に再現された抽象的な平面地図の空間」と「数量的

に計測される均質的な時計の時間」を見ながらの移動が広がる。インゴールド（T.Ingold）によれば、成熟した「文字の文化」の移動は、事前に計画された直線的なプロットの視覚的なナビゲーションになり、目的地への到達を先取りした俯瞰的・固定的な再現になる。

　正確な記録をもたない「声の文化」の移動は、所属集団の仲間の足跡を彼らが歩いたように——あるいは歌い、語り、聴いたようにその時・その場において即興的に再構成する「徒歩探索（wayfaring）」であった。そのため移動は、移動の成否がその都度明らかになるような持続的・動態的なパフォーマンスとなる（Ingold2007：15-16）。徒歩探索者は、目的地と出発点として分割され、数量的な時間として計測される通路（route）をただ移行しているのではない。むしろ、所属集団において継承されるアイデンティティの起源（root）——「生きられる過去」を追跡している（Ingold2007: 76）。

　たとえば、イヌイットの人びとは、人や獲物を見つけるためにその痕跡を探しながら移動するが、その人の移動そのものも経路として上書きされる。つまり、旅人とその経路は同じものであり、移動は点と点の接続ではなく、旅人が誰なのかをそのたびに同定することでもある。また、アボリジニにとっての人生は、大地に跡付けられる軌跡のまとまりであり、その移動のトータルな刻印であるとされる。「声の文化」に生きる人びとの土地は、どんなところでも共通の経度や緯度によって測量できる平面的で等価な「点と線」（network）としてではなく、属人的・特殊的ないくつもの経路の痕跡が編みこまれた立体的で、不規則な「網の目」（meshwork）として認識される（Ingold2007: 76-82）。

　「声の文化」の移動は、「口と耳」によって伝承されたふるまいの記憶を立体的・流動的な過程として再演する。しかし、「文字の文化」における移動は、「点と線」として記録された経路を平面的・直線的な関係として「目」で認識し、再現する。徒歩（walk）のような持続的ふる

まいと対比される、このような「分割・連結assembly」としての移動は、ダイアグラムとして組まれた時刻表と路線図にしたがう、より機械化された鉄道、船舶、飛行機などの近代的な輸送交通（transport）として結実する（Ingold2007: 74-75）。私たちは、みずからの「脚」で生きられる過去の痕跡を探りながら移動するのではない。むしろ、数量化された時間と空間で構成され、すでに決定しているルートを合理化された速度として生産し、貨幣を用いてそれを消費する。このとき私たちの身体は、近代的な工場におけるライン生産のように運搬される客体になる。

以上のような印刷物を大量に複製し流通させる出版資本主義と機械化・合理化された速度を生みだす近代高速交通によって、近代の国民国家は、ローカルな文脈を越えた、等質的な領土空間と均質的な時間感覚で構成された「想像の共同体」となる（Anderson2006=2007）。

ローカルな時間─空間（生きられる過去が埋め込まれた大地）を離れ、「書かれたもの」という視覚化された抽象平面にもとづいて、時計時間と近代地図というユニヴァーサルな時間と空間として世界が認識されるモダニティの過程は、「脱─埋め込み」（Giddens1991=1993）とよばれる。

電子の地図──情報化時代におけるモバイルライフ

現在、自然環境の変化を微細に読み取る身体感覚の大半は失われており、そのような技能・技法を「歴史」や「伝統」として継承・伝承する機会も多くはない。ベンヤミンのいう「経験の貧困」とは、そのような事態を指している。「速度」という観点からすれば、これらは「遅いもの」、「遅れたもの」にすぎない。また、近代社会における産業化・都市化は、かつての自然環境とは異なる新しい環境を作り上げる。そのため、輸送交通、舗装道路、標識・案内、建築施設などで埋め尽くされた都市環境では、自然環境ではなく、人工物を頼りにそれらを視覚的・記号的に理解して移動しなければならない。

自然の中で自分のいる場所を知ることが生きるか死ぬかの問題に
　　なると（中略）人間も周囲のわずかなシグナルを感知できるように
　　なると思える。それは可能かもしれないが現代人はほぼこうした
　　スキルを失ってしまっている。この種の能力を失った代償のひとつ
　　は、標識、誘導ロープ、踏み分け道、舗装された道路などの助け
　　がないと迷ってしまうということだ。（中略）今日の私たちはウェ
　　イ・ファインディングのスキルを失い、危険な潮流はさらに助長さ
　　れ、自然環境とのつながりは断ち切られた。この断絶は、私たちの
　　自然への愛着から、私たちが住んでいる家と都市、それを私たちが
　　どう感じるかまで、すべてに関わっている（Ellard2009=2010: 101）。

　さらに現代の電子メディアは、均質的・等質的な領域として分割・連結された直線的な時間と空間の近代的秩序を変容させた。とくに電信・電話、ラジオ、テレビなどの電子メディアは、情報の流れと場所の移動を分離し、広域と局在を混在させる。そのため、印刷メディアが作り出す公と私の関係、官僚制的な垂直構造、直線的な社会化過程に含まれる境界は曖昧になる。

　　　電子メディアが、以前は明確に区別されていたさまざまな広域
　　を融合させ、私的行動と公的行動との分岐線をぼやけさせ、物理
　　的場所と社会的「場所」の伝統的結合を切断したため、私たちは
　　集団的アイデンティティの結果的拡散、社会化のさまざまな段階
　　の融合、そしてヒエラルヒーの平板化を目撃することになった
　　（Meyrowitz1985=2003: 37）。

　一方で、現代に生きる人びとは、人工物として構成された都市環境のなかで「歴史」や「伝統」に裏付けられた場所の経験を失った代わりに、

情報化された電子メディアを頼りに移動している。現在では、標識・案内だけではなく、ケータイを通して検索できるGPS機能を搭載した「電子の地図」も日常生活の一部である。

　「紙の地図」の場合、地図のなかに自己と他者、世界の関係を位置付けて移動する。つまり、地図における現在地を自分で把握し、目的地や周辺環境の関係を全体化して理解する必要がある。しかし、Google mapに代表されるGPS機能を用いた「電子の地図」の場合、現在地が自動的に表示され、地図のほうが移動に合わせて動いてくれる。そのため、現在地をみずから位置付ける必要はないし、全体化された空間的関係を把握せずに経路案内によって移動できる。全体化された地図が個人化された地図になることで、自己と地図の関係は、「地図のなかの自己」から「自己から広がる地図」に反転する。環境をモニタリングし、絶えず働きかけるのは、電子化されたネットワークとデータベースであり、人間はディスプレイだけを眺めて移動することも不可能ではないかもしれない。私たちは、自然環境とコミュニケーションするのではなく、テクノロジー化されたメディア環境とコミュニケーションしながら移動するのである。

　本論のはじめにのべたように、繰り返し使いながら馴染み、「お気に入り」をカスタマイズすることで、パーソナルメディアは自己の「居場所」のようなものになる。ソングラインとチュリンガのように私たちのよりどころとなっているネットワークとケータイ。しかし、すでに私たちは、大地のような「メディアとしての場所」として世界を経験し、動いてはいない。むしろ「私らしさ」や「アイデンティティ」をテクノロジー化されたメディア環境にふたたび「埋め込む」ことによって現れる、個人化した「場所としてのメディア」（Moore2012）を携帯しながら世界を認識し、移動している。パーソナルな領域を持ち運ぶことで、それまで徴付けられていた境界は曖昧になり、再設定する必要にせまられる。

私たちは、祖先とのつながりや大地などの世界に包まれる自己と他者を生きるのではなく、パーソナル化されたモバイルメディアを用いて自己に包まれる世界を作り、他者との新たな関係を紡ぎだしている。

4．移動的な社会とはなにか

アボリジニの人びとは、声のコミュニケーションのなかで「大地の旋律」を学習し、社会的に成長し、「伝統」を継承する。つまり、ある種の通過儀礼や呪術的儀式を通じて移動していた。そのため世界の移動は、宗教的に境界付けられた聖なる世界への移行の経験を表現している。しかし、私たちの移動は、ドリームタイムのような生きられる過去を埋め込んだ大地、すなわち神聖な時間―空間への移行の経験をともなっていない。

若林幹夫も指摘するように、「大地こそがまず社会的な世界が形づくられるための基盤であると同時に媒体であり、その媒体の上でなされ、継承、伝承されてきた振る舞いの形が、「歴史」や「伝統」として人間的な世界の基盤となる」（若林2012: 206）。しかし、近代・現代社会における「情報化」、「メディア社会化」は、こうした大地を中心とする「歴史」や「伝統」の連関から人びとを解き放つ。私たちは、そのような連関の文脈から切り離された情報とイメージを流通させ、消費することを共通の地平とするような時間と空間を生きている（若林2012: 207-208）。

とりわけ私たちの移動は、テクノロジー化したメディア環境を視覚的に認識し、情報化された記号やイメージを消費する時間と空間の体験になっている。ブーアスティン（D.Booastin）が指摘したように、かつての旅人（traveler）は、交通・通信などのテクノロジー化したメディアの近代的変容により「疑似環境」となった世界を移動す

る旅行者（tourist）になる。つまり、苦難の旅（travel）は、「疑似イベント」として視覚的に楽しまれる観光（sight-seeing）に転換する（Booastin1962=1974）。

　さらに、バウマン（Z.Bauman）によれば、現代の移動は消費者としての移動になる（1998=2010）。消費者は、貨幣・交通・通信などのメディアを通じてローカルな「伝統」や「自然」から解放され、記号化・イメージ化された「新しさ」や「珍しさ」の魅力を絶えず求めて消費する。その際、観光化された模造のような自然や伝統が創りだされることもすくなくない。また、消費者は日常生活の外部を観光するだけではない。日常生活の内部を旅行者や放浪者のようにまなざし、生活そのものを、ローカルな文脈から遊離した憧れの「○○風」の「新しい／珍しい」、「私らしい」スタイルとして消費することで、定住領域を〈移動的なもの〉におきかえている。

　高速交通や通信機器などの技術的な「進歩」を達成し、それらを貨幣によって購入できることをもって、現代の移動社会を「豊かな社会」とよぶこともできよう。ただし、それはたとえばソングラインやチュリンガに表現されていた「伝統」とよばれる経験や「自然」という世界の〈豊かさ〉の記憶を忘却したうえで成立している。とはいえ、テクノロジーとして高度化したメディアによって享受しうる「豊かさ」は、声、あるいは大地というプリミティブなメディアによって開かれうる世界との関係の〈豊かさ〉をかならずしも駆逐するわけではない。また、現代的なメディアは「疑似的なもの」として一方的に批判することもできないような「場所」としてのリアリティを備えている。メディア論とは、私たちを幾重にも取り巻いている「メディア」の手触りを確認し、その自明性の被膜を一枚一枚引きはがしながら、そこに潜んでいるありえたかもしれないコミュニケーションの〈豊かさ〉を想像するための思考の作法ではないだろうか。

【文献】

- Anderson, Benedict, 2006, *Imagined Community* [New Edition] （＝白石隆・白石さや『定本想像の共同体』書籍工房早山, 2007）
- Bauman, Zygmund, 1998, *Globalization*, Columbia University Press. （＝澤田眞治・中井愛子『グローバリゼーション』法政大学出版局, 2010）
- Benjamin, Walter, 1933, "Erfahrung und Armut". （＝「経験と貧困」『ベンヤミン・コレクション2』ちくま学芸文庫, 1996）
- Boorstin, J.Daniel, 1962, *The Image* （＝後藤和彦・星野郁美訳『イメージの時代』東京創元社, 1962）
- Chatwin, Bruce, 1987, *Songline*, Viking Adult. （＝石川直樹訳『ソングライン』英知出版, 2009）
- Ellard, Colin, 2009, *Where Am I ?*, Hayakawa. （＝渡会圭子訳『イマココ』早川書房, 2010）
- Elliott, Anthony and Urry, John, 2010, *Mobile Lives*, Routledge.
- Giddens, Anthony, 1991, *The Consequence of Modernity*, Polity. （＝松尾精文・小幡正敏訳『近代とはいかなる時代か？』而立書房, 1993）
- Ingold, Tim, 2007, *Lines*, Routledge.
- Luhmann, Niklas, 1984, *Soziale Systeme*,Suhrkamp （＝『社会システム理論（上・下）恒星社厚生閣, 1993.1995）
- McLuhan, Marshall, 1964, *Understanding Media*, McGraw-Hill. （＝栗原裕・河本仲聖訳『メディア論』みすず書房, 1987）
- Meyrowitz, Joshua, 1985, *No Sense of Place*, Oxford University Press. （＝安川一ほか訳『場所感の喪失』新曜社, 2003）
- Moores, Shaun, 2012, *Media, Place & Mobility*, Palgrave.
- Ong, Walter, 1982, *Orality and Literacy*, Routledge. （＝桜井直文ほか訳『声の文化と文字の文化』藤原書店, 1991）
- Simmel, George, 1900, *Philosophie Des Geldes* （＝居安正訳『貨幣の哲学』白水社, 1999）
- Thrift, Nigel, 2004 "Remembering the Technological Unconscious by Foregrounding Knowledges of Position". Enviroment and Planning D. Society and Space, 22 175-190.
- 内田隆三『生きられる社会』新書館, 1999
- 若林幹夫『〈時と場〉の変容』NTT出版, 2010

【ブックガイド】

① Ellard, Colin, 2009, *Where Am I ?*, Hayakawa. （＝渡会圭子訳『イマココ』早川書房, 2010）
　認知心理学の観点から、生物・動物・人間がどのように地図を認識し、経路を探索するかが興味深く論じられている。

②Ong, Walter, 1982, *Orality and Literacy*, Routledge.（＝桜井直文ほか訳『声の文化と文字の文化』藤原書店, 1991）

無文字社会のような一次的な「声の文化」と文字や印刷物を用いる「文字の文化」のコミュニケーションや〈知〉のかたちを比較したメディア論の古典的著作。

③Meyrowitz, Joshua, 1985, *No Sense of Place*, Oxford University Press.（＝安川一ほか訳『場所感の喪失（上）』新曜社, 2003）

電子メディアが文字の文化にもたらした影響を「場所性」の解体というテーマで論じる。「場所性」の喪失という論点には批判も多く、ケータイ、インターネットが普及する以前の著作だが、興味深い論点をいくつも提出している。

第9章

災害
―― 東日本大震災の復興に向けて

干川　剛史

【キーワード】
阪神・淡路大震災、東日本大震災、霧島連山新燃岳噴火災害、顔の見える信頼関係、南三陸町、灰干し、復興

はじめに

　この章では、まず、1．阪神・淡路大震災から東日本大震災までの主要な災害への著者の関わりについて紹介し、次に、2．商店街の活性化と災害相互支援を目的に展開された「ぼうさい朝市ネットワーク」をとりあげ、東日本大震災の被災地復興へとつながる「顔の見える信頼関係」の形成過程を明らかにし、そして、東日本大震災の被災地の南三陸町での3．「南三陸町福興市」を中心とした復興支援の実態を示し、最後に、特産品「灰干し」を媒介にした被災地の相互連携による、4．「灰干しがつなぐ被災地復興ネットワーク」構築に向けての展望を模索する。

1. 阪神・淡路大震災から東日本大震災へ

阪神・淡路大震災以来の災害への関わり

　1995年1月17日に発生した「阪神・淡路大震災」をきっかけとして、著者は、主に情報通信技術を活用した被災地の支援活動に携わることになった。

　東日本大震災までの著者の関わった災害を示せば、表1の通りである。

　まず、阪神・淡路大震災では、淡路島の災害ボランティアセンターからパソコン通信サービスNIFTY-Serveを通じて現地のボランティア活動の情報を発信する「情報ボランティア」として活動を行った（金子・VCOM編集チーム　1996: 241-260）。

　それ以降の災害での著者の情報通信技術を活用した支援活動を一般化すると以下のような3つの段階（「発災直後初動期」・「災害対応期」・「復旧・復興期」）の活動内容になる（干川　2006: 113-114）。

　まず、被災地での警察・消防・自衛隊を中心とした被災者救援・生存者救出活動が行われる「発災直後初動期（災害発生～3日）」においては、被災自治体（都道府県・市区町村）、政府機関、メディア（新聞

表1　著者の関わった阪神・淡路大震災から東日本大震災までの災害

1995	阪神・淡路大震災
1997	日本海重油災害（ナホトカ号重油流出事故）
1998	栃木・福島水害、高知水害
1999	広島水害、トルコ大地震、台湾大地震
2000	有珠山火山災害、**三宅島火山災害**
2004	新潟県中越地震
2005	福岡県西方沖地震
2007	能登半島地震、新潟県中越沖地震
2008	岩手・宮城内陸地震
2009	静岡県駿河湾地震
2009	台風9号兵庫県佐用町水害
2010	台風9号静岡県小山町水害、奄美豪雨水害
2011	**霧島連山新燃岳噴火災害、東日本大震災**

（太字は、著者が、現在も継続して支援活動に関わっている災害）

社・放送局)、ライフライン(情報通信・電力・水道・ガス)、交通機関(鉄道・道路)のWebサイト上の情報の収集、著者が加入している災害関連ML(メーリングリスト)を通じて得られる情報を収集し、Webサイト上にリンク集を作成したり、災害関連MLへ情報の提供を行いながら、被災地での支援活動に備えて態勢を整えることが行われる。

次に、被災地で都道府県・市区町村の社会福祉協議会を中心として災害ボランティアセンターが設置・運営され、被災地内外でボランティアや多様な団体が支援活動を展開する「災害対応期(3日〜3か月)」においては、災害ボランティアセンターで情報通信機器や回線を設置して運用体制を構築し、Webサイトやメールを通じて情報収集・発信を行ったり、現地の人びとが情報ボランティアとして支援活動を行っている場合は、情報通信機器・回線・システムの提供や助言を行い、その活動を支援したり、現地の被害や支援活動について調査し、そこから得られた情報をWebサイト・災害関連ML・メールを通じて提供したり、被災自治体や政府機関等のWebサイトの情報を集約した情報紙を作成し被災者や支援者に配布したりする活動が行われる。

そして、避難所から応急仮設住宅への被災者の移転・入居が終了し、被災地の建造物の復旧作業が行われ、地域経済や生活の再建への取り組みが行われる「復旧・復興期(3か月以降)」においては、被災地で様々な形で復興に取り組む住民や団体に対して、情報通信機器・回線・システムの開発・提供・設置・保守管理・改良や活用方法の助言を行い、復興を支援する活動が行われる。

なお、上記の3つの各段階の期間は、地震災害を前提としており、水害の場合は、「災害対応期」は、約1か月と短くなり、また、火山噴火災害の場合は、半年から数年となる。

このような活動を通じて、著者は、阪神・淡路大震災以来、次の災害での迅速かつ効果的な支援者・支援団体との連携行動に備えて「顔の見え

る信頼関係」づくりを行い、東日本大震災での支援活動へと至っている。

東日本大震災における支援活動

　東日本大震災発生後、著者は、「独立行政法人　防災科学技術研究所」（以下、「防災科研」）が募集していた「災害情報ボランティア」に応募し、2011年4月6日～10日、16・17日、5月1・2日の三回にわたり、宮城県内各地の社会福祉協議会によって設置・運営されていた災害ボランティアセンターの支援活動に参加した。

　ちなみに、「防災科研」が構築・運営する「ALL311：東日本大震災協働情報プラットフォーム」（以下、「ALL311」）の「災害情報ボランティア募集のお知らせ」によれば、防災科研では、「東日本大災害の被災地の情報支援を目的として、県社会福祉協議会及び市町村社会福祉協議会、ＮＰＯほかと協働して、被災地各地の災害ボランティアセンターの活動を情報面で支援する取組を行って」いる。「具体的には、被災地の災害ボランティアセンター内にて、ボランティアの方々が収集した被害状況や復旧状況、避難所等の被災者の支援ニーズなどの信頼できるフレッシュな情報を、インターネットに接続されたパソコンから入力し、公開用ホームページやインターネットの地図システムを用いてわかりやすく整理し、被災地内外に情報発信を行って」いる（防災科研　2011: http://all311.ecom-plat.jp/group.php?gid=10121）。

　そこで、著者は、防災科研の情報支援チームの災害情報ボランティアの一員として、宮城県自治会館2階に「宮城県社会福祉協議会」が開設・運営していた「宮城県災害ボランティアセンター」（以下、「ＶＣ」）を主な拠点として、宮城県内の山元町・亘理町・利府町・東松島市・石巻市・女川町・南三陸町・気仙沼市の各ＶＣを情報支援チームの運営スタッフや災害情報ボランティアと一緒に回り、各ＶＣの事務局スタッフの話を聞いて状況を把握しながら、防災科研の情報支援チームとして支

写真1　南三陸町災害ボランティアセンターでの「eコミマップ」の利用指導の様子
（2011年4月7日　著者撮影）

援可能なメニューを提示し、各ＶＣの要望にしたがって、地図情報の提供や情報通信環境の整備、「eコミプラットフォーム」及び「eコミマップ」の利用指導を中心とした支援活動に参加した（写真1）。

　この活動を通じて、著者の経験に基づいて明らかになったのは、各ＶＣによって活動環境や状況が大きく異なっているため、それに応じて、防災科研の情報支援チームは、各ＶＣの事務局スタッフときめ細かく意思疎通を図りながら要望を把握し、適時・的確に支援活動を展開して行くことが必要であるということである。

　また、防災科研の「ALL311」の災害情報ボランティアとして応募し活動に参加している様々な職業や経歴をもつ人たちに対しては、彼ら／彼女らの参加動機や目的意識、専門的知識・技術を把握しながら、防災科研の情報支援チームの運営スタッフが活動に必要な的確な指示・助言を与えることが不可欠である。

　これらのことが可能になるためには、運営スタッフが、相互に意思疎通を行いつつ、各ＶＣを回りながら、阪神・淡路大震災以来の災害時に情報支援活動を積み重ねてきた経験者と意思疎通を図り助言を受けなが

写真2　著者が、南三陸町福興市で販売している「熟成たかはる灰干し」炭火焼き真空パック（左から、イノシシ、豚ロース、天然シカ肉、鶏もも）
（2012年11月25日著者撮影）

ら、経験を積んでいくことが求められる。

　以上が、著者が、東日本大震災発生から1か月目に被災地の宮城県内で行っていた災害情報ボランティア活動の実態と課題である。

「南三陸町福興市」への参加

　著者は、震災発生から約1か月半の2011年4月29・30日に第1回が開始され、毎月末の日曜日に開催されてきた「南三陸町福興市」（2013年3月末まで毎月開催、以後不定期に開催）に初回から参加し、2011年9月から、火山灰によって肉と魚を乾燥熟成させて製造された宮崎県高原町（たかはるちょう）の「たかはる熟成灰干し」（鶏もも・鶏もつ・シカ・イノシシ・豚肉）と東京都伊豆諸島三宅島の「三宅島火山灰干し」（サメ）の宣伝普及販売を行ってきた（写真2）。

　この「灰干し」に関わるきっかけとなったのは、2000年に噴火し、島民全員が4年半にわたる島外での避難生活を余儀なくされた「三宅島噴火災害」での支援活動である。

表2　東日本大震災による南三陸町の被害状況
　　　（東日本大震災における宮城県内の被害等状況（平成24年9月30日現在 2012/10/05 16:00公表）より抜粋）

市町村	人口[国勢調査](H22.10)	人的被害							住家被害					
		死者			行方不明者	重傷	軽傷	その他	全壊	半壊	一部損壊	床上浸水	床下浸水	非住家被害
		直接死	関連死	合計										
	人	人	人	人	人	人	人	人	棟	棟	棟	棟	棟	棟
南三陸町	17,429	591	20	611	231	不明	不明	不明	3,142	174	1,209	不明	不明	234
宮城県内合計	2,348,165	9,564	802	10,366	1,359	504	3,607	29	85,315	151,736	224,262	15,475	12,894	26,603

出典：宮城県総務部危機対策課
　　　2012：http://www.pref.miyagi.jp/kikitaisaku/higasinihondaisinsai/pdf/10051600.pdf

　この経緯については、拙著『情報化とデジタル・ネットワーキングの展開』（2009年）で詳しく論じているので（干川　2009: 126-181）、ここでは、紙幅の都合上、省略したい。
　そこで、次に、福興市を中心とした南三陸町の支援活動へとつながる、商店街の活性化と災害相互支援を目的に展開された「ぼうさい朝市ネットワーク」について論じることにする。

2．「ぼうさい朝市ネットワーク」から南三陸町支援へ

「地方の元気再生事業」と「北前船ルート蔵屋敷ネットワーク」

　表2のように、東日本大震災による津波で、宮城県本吉郡南三陸町は大きな被害を受け、宮城県の発表によれば、2012年7月31日現在、人口17,429人中で、死者591人、行方不明者231人、住家被害4,525棟（全壊3,142棟、半壊174棟、一部損壊1,209棟）である（宮城県 2012: http://www.pref.miyagi.jp/kikitaisaku/higasinihondaisinsai/pdf/10051600.pdf）。
　福興市を中心とした南三陸町の支援活動に至る活動基盤となったのは、藤村望洋氏が内閣府の平成20年度・21年度「地方の元気再生事業」の

「『大阪蔵屋敷ネットワーク』による北前船ルート地域活性化ビジネスモデル構築」事業の一環として企画・実施した「ぼうさい朝市」である。

『旬刊　旅行新聞』第1419号（2011年5月21日付）の記事によれば、「『ぼうさい朝市』は08年10月内閣府の『地方の元気再生事業』を活用してスタートした。いざというとき、隣から支援できるように商店街を中心とした地域間ネットワークを構築。平時から、ヒトとモノの交流を促す」、「『全国から美味しい救援物資がやってくる』。ぼうさい朝市の告知ポスターに書かれてある通り、朝市の会場には、山形県酒田市の芋煮や、鹿児島県鹿児島市の豚汁、長野県飯山市のりんご豚まんなど、救援物資にみたてた全国各地の特産品が並ぶ。この美味しい食べ物にひかれて多くの人が集まってくる。地元商店街のメンバーが中心となり販売。町内会や、自治会なども協力する。さらにイベントの趣旨に賛同する、全国の商店街ネットワークのメンバーも参加。イベントはネットワークの商店街の持ち回りで開催し、お互いのまちを行き来しあう。イベントを通して商店街のメンバー同士が交流。顔の見える人間関係を築くことができる。平時のイベントは、各地の特産品を美味しい救援物資として提供。商品を販売するテントは災害時にも使えるもので、この設置、片付けも災害時を意識して行う」、「地域をつなぐ隣ネットワークを考えたときに、大阪・船場出身の藤村（望洋）氏は、かつて大阪を中心に栄えた北前船ルートに着目した」、「『防災には、地域と地域のつながりが大切。かつて北前船ルートで結ばれた地域間の交流を復活させたい』と、北前船ルート上の商店街に参加を呼び掛ける」、「ぼうさい朝市は08年度山形県酒田市や大阪市、岡山県笠岡市など6か所で開催。09年は、鹿児島市、宮城県南三陸町、兵庫県佐用町など8か所で開催された。2年間で延べ18万人が参加。10年度も自立した活動として継続されている。（2011年5月）現在、20市町村のネットワークに拡大する」（旅行新聞社　2011.5.21）。

このようにして、内閣府の地方の元気再生事業を契機にして全国20か所を結ぶ「ぼうさい朝市ネットワーク」が構築されていったが、それが、東日本大震災発生直後に、南三陸町に対する支援活動として、以下のように展開していく。

「ぼうさい朝市ネットワーク」から南三陸町支援へ：「隣からの支援」と「笠岡希望プロジェクト」

「3月11日、東日本を襲った大地震・津波災害。ぼうさい朝市ネットワークの1つのまち、宮城県南三陸町も壊滅的な被害を受けた。すぐに藤村氏は、ネットワークの中で南三陸町に最も近いまち、山形県酒田市に向かう。ここを拠点に全国の仲間にメールで支援を呼びかけた。ぼうさい朝市の参加者を中心にして、供給体制が立ち上がり、救援物資や義援金が続々と集まった。南三陸町に第1便の救援物資が届けられたのは、3月18日。トラックで片道6時間かかった。その後も酒田からのピストン輸送は続いている」、「被災側が求める物資は日々変わっていく。現地のニーズを迅速かつ的確に把握するのに、ぼうさい朝市で築いてきた普段からの顔の見える関係、信頼関係が活きた。最初の要望は、水や燃料、炊き出し用の大きなガスコンロ、プロパンボンベなど。日が経つにつれてストーブ、灯油、食料、消毒剤、下着などへと変わっていった」（旅行新聞社2011.5.21）。

その一方で、ぼうさい朝市ネットワークの構成団体の「特定非営利活動法人　かさおか島づくり海社」のメンバーの守屋基範氏によれば、「平成23年東北地方太平洋沖地震」発生の翌日の2011年3月12日に「『ぼうさい朝市』のコーディネーター・藤村望洋さんに連絡し、朝市でつながる宮城県南三陸町への支援の話がまとまった。

2002年から島の空き家対策事業に取り組んでおり、これまで32世帯

の移住者を受け入れている。大地震の翌日、高島の妹尾陌正（せのうみちまさ）さんから『島の空き家を用意するから、南三陸の漁師を迎え入れよう』という提案がされた」（農文協　2011: 10）。

「そこで、島づくり海社は3月14日に会合を開き、笠岡諸島4島（高島、北木島、白石島、真鍋島）の空き家での受け入れを決定。笠岡市の陸地部や近隣からの空き家提供の申し出もあって、約20世帯分の空き家を確保することができた」（農文協　2011: 10）。

「行政の受け入れとは異なり、島の空き家は建物だけではない。冷蔵庫や洗濯機といった生活用品がそのまま残されているので、被災者は身ひとつで来れる。また、近所のつながりも強く、移住後のきめ細かな生活サポートもできるので疎開の要件に合っていた。さらに、三陸沿岸の漁業は瀬戸内とおなじように、カキやワカメ、ホタテなどの養殖が盛んなことから、笠岡諸島での再起も呼びかけようと考えていた。こうして震災の復興支援は、『ぼうさい朝市』と『空き家活用』という2つの柱を中心に『笠岡希望プロジェクト』として動き出した」（農文協　2011: 10）。

ちなみに、「かさおか島づくり海社」の「東日本大震災支援プロジェクト（疎開プロジェクト）」Webページによれば、2011年3月23日の時点で、空き家23件（白石島11件、高島5件、真鍋島2件、笠岡市内3件、市外2件）である（特定非営利活動法人　かさおか島づくり海社　2011：https://spreadsheets.google.com/pub?key=0Aq6MzK0iEzP2dG9sNzVGaDJVMjV3czdaekFIYm4tWmc&output=html）。

「3月24日、南三陸町へ救援物資を積んで4名の支援隊が派遣された」、「笠岡市から南三陸町までは車で17時間、片道1300kmの道のり。午後2時に笠岡を出発して、4人で運転を交代しながら夜通し車を走らせ続けた。給油事情が悪いため途中でこまめに給油して、翌日朝7時ごろ現地に到着した。移動も含め現地での滞在は3日間。避難所を回って被災者

の話を聞いたり、食料や衣類などの物資の仕分け、風呂用の薪割りを手伝った」、「これまで『笠岡希望プロジェクト』で3回、南三陸町へ支援隊が派遣され」た、「笠岡諸島では現在、宮城県気仙沼市から被災家族1世帯。原発の影響で東京から被災された家族2世帯を受け入れている」（農文協　2011: 10）。

　そして、「南三陸町で4月29・30日、『福興市』が開かれた。『小さな店の商店主たちがやる気にならないとまちは復興しない、応援する気持ちを具体的に見せたい』と、ぼうさい朝市ネットワークが企画した。とはいえ地元の商店は、津波に店も工場も流され、売る商品は何もない。全国から届けられた特産品などを、南三陸町の商店の看板をテントに掲げ、全国の商店街から駆けつけた仲間たちが協力して販売した。『店が立ち直ったときは、今度は自分の商品を全国のネットワークの商店街で売ってもらえばいい』」（旅行新聞社　2011.5.21）。

　以上のような経過の中で、著者が初回から関わっている、南三陸町「福興市」は、2011年4月29・30日から2013年3月まで毎月の最終日曜日に開催されている。

3．「南三陸町福興市」の展開

　「福興市公式サイト」（図1）の「福興市とは」によれば、「南三陸町の地元商店街と町が手を取り合って再び幸せを取り戻すため」の「祈りを込めて『福が興る市』と命名して復興のシンボルとなる市」であり、「この『福興市』は単に一商店街だけの為のものではなく、行政機関である町と地元企業の方々、地元小中学校の子供たち、母親など家族、町外から応援する市町村、ＮＰＯ、ボランティアの人びとが一丸となって手をつなぎあい、創り上げているイベント」である（宮城県南三陸町福興市実行委員会　2011: http://fukkouichi-minamisanriku.jp/）。

図1　福興市公式サイト
出典：宮城県南三陸町福興市実行委員会　2012：http://fukkouichi-minamisanriku.jp/

　『日本経済新聞』　2011年4月30日付けの記事によれば、「大きな津波被害が出た宮城県南三陸町で29日、地元や全国の商店街が名産品を販売する『福興市』が開かれた。地元商店街が町民の元気を取り戻そうと企画したイベント。約5千人の町民が配られた商品券を使い、できたての食べ物を手に久々の活気を楽しんだ」、「イベントは地元商店街が、全国でつながりのあった自治体の商店会と協力して実施。避難所となっている同町の志津川中学校を使い、岡山産の牛肉、福井産のこんにゃくなど約30店が出店した。ただ南三陸町からの出店は、高台にあった弁当屋、野菜販売店など4店のみ。実行委員長の山内正文さん（62）は、『まともに商売できる店がほとんどない。参加者を募るのは難しかった』と話す。商店会加盟業者約560のうち、約8割の460事業者で事務所や工場が全半壊した」（日本経済新聞　2011.4.30）。
　このように、第1回目の福興市は、大きな困難の中から出発したが、『朝日新聞』2011年8月5日付けの「ひと」欄に掲載された記事によると、福興市が開催されるきっかけと同年7月末の第4回福興市までの様

子は、以下のようであった。

　南三陸町で福興市を開く藤村望洋氏（67）は、「『闇市をやろう』。宮城県南三陸町の避難所に、知り合いの商店主らを訪ねた。4月のことだ。店も家も失い、うちひしがれた商店主らは『残ったのは借金だけ』『自己破産しかない』。それを聞いて、日が暮れて真っ暗な体育館で叫んだ。『あなたたちが頑張る以外、町は復興しない』『闇市』は、全国の商店街が特産品を南三陸町に持ち寄り、テントで売る『福興市』。7月末に4回目を開くまで回を重ねてきた。かまぼこやウニ飯などの食料品、衣類や陶器などの生活雑貨……。初回に出店した大半は県外だったが、今や約60店の半分が地元の店に。誘われるように来場者も増え、1日で1万人を超える」（朝日新聞2011.8.5）。

　ちなみに、福興市公式サイトによれば、2011年8月28日に開催された第5回福興市の来場者は2万人弱となり、出店数は65で、そのうち地元の商店が約半分の32店を占めている（宮城県南三陸町福興市実行委員会　2011: http://fukkouichi-minamisanriku.jp/）。

　以上のように、藤村氏を中心に「ぼうさい朝市ネットワーク」を基盤にして南三陸町の「福興市」が展開してきたが、この展開を可能にしたのは、ぼうさい朝市ネットワークのメーリングリスト「kitamae ML」の中でのメールのやり取りであった。

　そして、このメーリングリストで行われたメールのやり取りを通じて、「ぼうさい朝市ネットワーク」から南三陸町「福興市」へと南三陸町の産業復興を中心とした被災地復興活動が展開していったのである。

　そこで、次は、著者が取り組んでいる「灰干しがつなぐ被災地復興ネットワーク」による被災地復興の取り組みの現状と課題について明らかにしてみたい。

4．「灰干しがつなぐ被災地復興ネットワーク」

　著者は、2000年6月下旬に発生した「平成12年三宅島火山災害」では、災害発生直後から現在に至るまで、継続して支援活動に関わってきたが、2005年2月からの三宅島への住民の帰島を契機にして、仲間たちと一緒に、魚介類と火山灰を活用した「灰干しづくり」を中心とした三宅島の被災地復興に取り組むことになった。

　そして、その成果に基づいて、2011年1月19日に発生した「平成23年霧島連山新燃岳火山災害」では、宮崎県高原町で地域づくりや被災地支援活動に取り組んでいる「特定非営利活動（NPO）法人　たかはるハートム」に、灰干しづくりを提案した。このことがきっかけとなって、このNPOが率先して肉類を食材とした灰干しづくりに取り組み、成果をあげている。

　そこで、霧島連山新燃岳噴火災害での灰干しプロジェクトの新たな展開をたどり、南三陸町を中心とする東日本大震災の被災地での灰干しプロジェクトの今後のあり方を展望する。

霧島連山新燃岳噴火災害と「たかはる熟成灰干し」

　2011年1月19日に宮崎県と鹿児島県境にある霧島連山の新燃岳が噴火を始め、同月27日には52年ぶりに爆発的噴火を起こし、噴出した火山灰などの量は、推計4千万～8千万トンとされている。

　新燃岳の麓の都城市（みやこのじょうし）や高原町などの地域では、断続的に降り注ぐ大量の火山灰の除去作業に追われ、自宅の屋根に上って作業をしていた高齢者が屋根から滑り落ちて重軽傷を負うという事故が多発していた。

　現在、霧島山麓の宮崎県高原町では、新燃岳から噴出した火山灰を利用して、食肉（鶏・豚・イノシシ・シカ）や野菜の「灰干

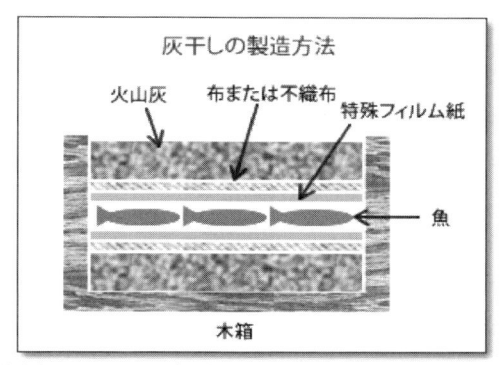

図2 「灰干しプロジェクト」Webサイトに掲載された灰干しの製造方法の模式図
出典：http://www.haiboshi.jp/group.php?gid=10013

し」づくりの取り組みが盛んに行われている。その様子は、「特定非営利活動（NPO）法人　たかはるハートム」のブログに掲載されている（特定非営利活動（NPO）法人　たかはるハートム　2012: http://kobayashitakaharuheartom.blogspot.jp/）。

　ここで、灰干しとは、図2のように、肉・魚介類・野菜などの食材を、火山灰と直接触れないように布と透水性のセロハンに包んで、火山灰で上下からサンドイッチ状に挟んで冷蔵庫で乾燥熟成させた高級干物であり、食材の臭みが取れ、味が濃縮されておいしくなる。

　その作り方については、「灰干しプロジェクト」Webサイト（http://www.haiboshi.jp/）に掲載されているが、灰干しの作り方を高原町の人たちに紹介したのは、三宅島の復興支援活動としてこのプロジェクトに取り組んできた著者である。

　その経緯は、以下のようである。著者は、まず、2011年2月5日から9日にわたって、都城市・高原町の市役所・町役場・宮崎県庁と災害ボランティアセンターを訪れ、現地調査を行いながら、これまでの災害での支援活動経験に基づく支援の申し出を行った。

そして、高原町役場の了承を得て、灰干し試作用に「霧島美化センター」に集積されていた火山灰数十kgを提供してもらい、この火山灰を石川県内で灰干しづくりに取り組んでいる星稜女子短期大学准教授の沢野伸浩氏に宅配便で送り、鶏肉の灰干しを試作してもらうことができた。
　さらに、著者は、同年3月20日～24日にかけて現地を訪れ、高原町で支援活動をしていた災害ボランティアの知り合いである「被災地NGO協働センター」のY氏から、高原町で地域づくりや被災地支援活動に取り組む「特定非営利活動（NPO）法人　たかはるハートム」を紹介してもらい、新燃岳の被災地復興のために灰干しづくりを提案し、同年同月23日に灰干しの試食会と講習会が開催された。
　そして、それが功を奏し、高原町の人たちが、前年からの口蹄疫・鳥インフルエンザ・新燃岳噴火の三重苦から脱すべく、熱心に灰干しづくりに取り組んでいる。
　その取り組みは、現地の新聞・テレビで何度も取り上げられ、宮崎県内では、日に日に灰干しに対する人びとの関心が高まっていった。
　その一方で、著者は、南三陸町を中心とする東日本大震災の被災地でも、新燃岳の火山灰と三陸の魚介類を使用した灰干しづくりを提案している。

「灰干しがつなぐ被災地復興ネットワーク」の構築に向けて

　2011年4月から毎月末に南三陸町で開催されている「福興市」で、同年9月25日に、著者が、物品販売の手伝いを毎回している「酒田市中通り商店街」の協力を得て、三宅島と高原町で作られた灰干しを試験販売することになった。
　三宅島の灰干しは、灰干しプロジェクトのメンバーである村会議員で漁師の浅沼徳廣（のりひろ）氏が、自ら漁船で獲った魚等と三宅島の火

山灰を使って製造し、三宅島漁協の鮮魚販売所「いきいきお魚センター」に卸しているもので、特に、サメの灰干しは、三宅島の人たちの間でおいしいと評判になっている（朝日新聞　2011.12.6）。

　他方で、高原町の灰干しは、上記のように、たかはるハートムが、地元の精肉店の協力を得て現地の食材（鶏・豚・シカ・イノシシ）と新燃岳の火山灰を使って生産している。

　ところで、南三陸町では、東日本大震災前に、水産加工業者が、灰干しプロジェクトのメンバーとして、サケとホタテで三宅島の火山灰を使って灰干しの試作をしていた。

　ところが、東日本大震災による津波で、それらの水産加工業者の店舗や工場ごと灰干しの試作で使用していた火山灰も道具も流された。

　南三陸町の水産加工業者は、投資会社「ミュージックセキュリティーズ株式会社」が運営する「セキュリテ被災地応援ファンド」を通じて事業再開のための出資金を募り（ミュージックセキュリティーズ株式会社　2011: http://oen.securite.jp/)、2011年8月の時点でようやく、店舗や工場を再建し営業再開できた。

　南三陸町で灰干しの試作に関わっていた水産加工業者たちは、著者の知りうる範囲ではあるが、ゆくゆくは、灰干しづくりを再びしたいという想いを抱いているようである。

　そこで、著者は、今後、福興市での灰干しの宣伝普及販売が、南三陸町の人たちの復興への励みとなり、「灰干しがつなぐ被災地復興ネットワーク」へと発展していくこと目指したい。

　そのための具体的な方策について、著者は、灰干しプロジェクトやぼうさい朝市ネットワークの関係者たちと一緒に検討していきながら、被災地の人びとのニーズと状況に応じた息の長い地道な支援を続けていきたいと考えている。

【文献】
- 朝日新聞「ひと　南三陸町で福興市を開く　藤村望洋さん（67）」2011.8.5
- 朝日新聞「三宅島『灰干し』特産に　『厄介物で』高級干物」2011.12.6（東京多摩版）
- 独立行政法人　防災科学技術研究所, 2011, ALL311東日本大震災協働プラットフォーム, http://all311.ecom-plat.jp/
- 特定非営利活動（NPO）法人かさおか島づくり海社, 2011, http://www.shimazukuri.gr.jp/
- 特定非営利活動（NPO）法人　たかはるハートム, 2012, http://kobayashitakaharuheartom.blogspot.jp/
- 金子郁容・VCOM編集チーム『つながりの大研究』NHK出版, 1996
- 日本経済新聞「宮城・南三陸町　『福興市』にぎわう」2011.4.30
- 農文協（社団法人　農村文化協会）『季刊　地域　特集 東北（ふるさと）はあきらめない！』2011 Summer No.6, 10
- 灰干しプロジェクト, 2009, http://www.haiboshi.jp/
- 干川剛史『災害とデジタル・ネットワーキング』青山社, 2006
- 干川剛史『情報化とデジタル・ネットワーキングの展開』晃洋書房, 2009
- 宮城県総務部危機対策課, 2012, http://www.pref.miyagi.jp/kikitaisaku/higasinihondaisinsai/pdf/10051600.pdf
- 宮城県南三陸町福興市実行委員会, 2011, 福興市公式サイト, http://fukkouichi-minamisanriku.jp/about/about.html
- ミュージックセキュリティーズ株式会社, 2011, http://www.musicsecurities.com/

【ブックガイド】
①金子郁容・VCOM編集チーム『つながりの大研究』NHK出版, 1996
　阪神・淡路大震災におけるコンピューター通信（パソコン通信及びインターネット）を活用した情報支援活動の実態が、事例に基づいて詳細に論じられている。
②干川剛史『情報化とデジタル・ネットワーキングの展開』晃洋書房, 2009
　阪神・淡路大震災から岩手・宮城内陸地震（2008年）までの事例に基づいて、情報通信技術を活用した被災者支援や被災地復興の実態と課題について論じられている。
③コンピューターテクノロジー編集部　編『IT時代の震災と核被害』インプレスジャパン, 2011
　東日本大震災におけるソーシャル・メディア（SNSやツイッター）や動画サイトを駆使した様々な支援活動の実態が、詳細に紹介されている。
④西條剛央『人を助けるすんごい仕組み──ボランティア経験のない僕が、日本最大級の支援組織をどうつくったのか』ダイヤモンド社, 2011
　東日本大震災において、災害ボランティア未経験者の著者が、ソーシャル・メディアを活用し数多くの人びとや企業・団体の協力を得て、大規模な支援活動を展開した奮闘記。

第10章

病いの語りと医療のまなざし
―― 「病む」という経験の社会学のために

鈴木　智之

【キーワード】
病人役割、医療化、障害の社会モデル、生命の規範、「語りの譲り渡し」と「再請求」、「病い」と「疾患」

はじめに

　病むとはどのような経験なのか。そして、社会学の視点からは、その経験をどのような形で主題化することができるのか。本章ではこれを、二つの視点の交わるところから考えていきたい。一方においては、病いを病む人の意識や感覚に現れる体験の相においてとらえること。他方においては、病いを医療のまなざしによって構成される現実として把握すること。この相異なる視角の先に見えてくる「二つの病い」は、もちろん、実際の生活の中では不可分のものとしてある。にもかかわらず、両者はしばしば微妙なずれをはらみ、時には明確に対立しあうものになる。それは奇妙なことだ、と言わなければならないだろう。「病気があって医学が生まれ、病人のために医療がある」のだとすれば、病む人の体験

から乖離してしまった時点で、もはや医療には何の正当性も有用性も認められないはずである。ところが実際には、「人が病むという事実」を「医学の型紙に合わせて裁断」し、「病人」を「病院の都合に従わせて診療する」（川喜田 2012: 18）ということがしばしば起こる。医療は、病む人の苦しみを和らげ解消するための知識や技術としてあったはずなのに、人々の経験に対して自律化し、固有の論理に従って現実を読み取り、心身の領域に介入する力となる。そして、考えようによってはこれも不思議なことなのだが、私たちが生きている社会――近代社会――においては、まったく医療とかかわることなしに病むということが、容易には許されていないのである。

　病いは、一人ひとりの身体に根ざした個人的で私的な経験である（他の誰も、私が感じているこの痛みや苦しみを代わりに体験することはできないのだから）。しかし、社会的に見れば、私が病気であるということを私自身が判断することはできないし、そうしてはならないものとされている。その人が病いに侵されているかどうか、そして何という名前の病気に罹っているのかを判断するのは医師の役割である。パーソンズ（T.Parsons）が「病人役割（sick role）」という概念によって示したように、医師から病気であると認定されることによって、人は通常の社会的義務を免除され、医療的ケアを受ける権利を得るのであり、また同時に、医療者の指示のもとで回復に努めるという新たな義務を付与されるのである（Parsons 1951=1974）。したがって、少なくとも私たちの社会においては、「病む」ということはすなわち「医療的ケア」のもとで生きるということを意味している。

　社会学では、社会生活のさまざまな側面が医療の領域に帰属させられ、医療の権威によって定義づけられ、管理されるようになることを「医療化」と呼ぶ。その是非を簡単に問うことはできないが、私たちの経験のますます多くの領域が、医療のまなざしにさらされ、医学の視点から解

釈されるようになっていることは疑いえない。私たちは今日、高度に医療化された社会に生きているのである。

　しかし、そのことは、私たちの心身に関わる経験がその隅々に至るまで医療に取り込まれ、医学的視点から解釈されるようになるということを必ずしも意味しない。局面によっては、事態はむしろ逆向きの推移を示しているようにも見える。例えば、近年ますます多くの人々が、自分自身の病いの体験を、自分自身の言葉で物語ろうとしている。フランク（A.W.Frank）によれば、こうした「語り」の湧出は、医療者に領有されていた「病い」を語る言葉を、病む人が自分自身の手に取り戻そうとする企てである。これまで人々は、自らの苦しみの経験に言葉を与える権利を医療専門職者に「譲り渡し」ていた。しかし、今や人々は、自らの病いの体験の中に医学の視点には回収しきれない意味が含まれていると感じ、「自分自身の苦しみがその個人的な個別性のうちに認識されること」を「再請求」するようになっている。フランクは、このように病む人の声が聞こえるようになった社会のあり方を「脱近代（ポストモダン）」と呼ぶ。「脱近代社会においては、ますます多くの人々が、さまざまな言語化と行動の段階において、医学が自分の苦しみを一般的で統一的な視点へと還元してしまうことへの不信を表明」しているのである（Frank 1998=2002: 29）。

　人々の体験を、ますます大きな領域にわたって医療のまなざしのもとにおさめようとする動きと、病む人々がそれぞれの苦しみを自らの言葉で語り直そうとする動き。この二つの相反する運動の交わるところに、病いの経験が立ち上がる。その経験に寄り添い、これを理解するところから、「病むということ」の社会学を始めることができるだろう。

1．「病い」の社会的構成

　ある位相において、人々が体験する身体的・心理的な状態が「病い」と呼ばれうるか否かは、強く社会的に規定されている。

　もとより、人々の身体的・心理的な状態が「苦しみ」や「困難」として現れるかどうかは、多分に社会生活の環境によって左右される。例えば、心臓に疾患を抱えて運動に制限がかかっている人であっても、自分のペースでゆっくり動いたり、自由に休んだりすることができるのであれば、それは特別につらいことでも困難な体験でもない。心疾患者が自分自身の身体的条件を「病い」や「障害」として意識せざるをえないとすれば、基本的にそれは、「他の人たちとともに、または同じペースで体を動かす」ことが求められているからである。同様に、文字を読んで理解することに困難を覚えるということは、今日では「識字障害（ディスクレシア）」と認識されるが、「文字を持たない社会」や「文字使用が日常化していない社会」にあっては、病理とも障害とも見なされなかったはずである。障害学（disability studies）が、「障害の社会モデル」という言葉によって示したように、個別の身体的条件が「障害」として経験されるかどうかは、その人をとりまく社会環境や社会関係のあり方によって変わってくるのである。

　このように生活の中で経験される困難や問題を、「疾患」または「障害」として対象化する制度として医学は存在する。先にも述べたように、その人の状態が「病気である」か否かを判定する役割は、（多くの場合に国家的な管理のもとで）医師に委ねられている。医師は制度的に統制されたガイドラインにそって「患者」の訴える症状を原因疾患に結びつけ、広く承認された「疾患カテゴリー（病名）」を適用することで診断を下す。概略的に見れば、診断に用いられうるカテゴリー群の範囲が、その社会における「病い」の範囲を定めることになる。この医学的診断

は一般的に、科学的な根拠に基づいて患者の状態を客観的にとらえ、信頼のおける分類体系のうちに配置しているのだと見なされている。しかし、ジュテル（A.G.Jutel）が論じているように、診断の内実はしばしば「流動的で、状況内在的で、社会的」（Jutel 2011: 61）なものである。

　一方において診断のあり方は、人間の身体を測定し、対象となる疾患やその原因を可視化する技術の水準とその社会的配備に依存している。例えば、現在「体重（測定値）」は人々の健康リスクを示す重要な指標として用いられており、「肥満（症）」はそれ自体において「治療」の対象にも据えられている。しかし、体重計が安価なものとなって広く普及する以前には、「太っている」ことを「病い」のしるしと見る視点そのものが一般化していなかった。ここでは、「測定」の可能性こそが、ある身体的状態（「肥満」）を「健康上の問題」として定義することを促したのである。

　他方において診断は、その社会において承認された政治的判断や道徳的期待によっても左右される。例えば「メタボリック・シンドローム」という名を与えて、「肥満」を「生活習慣病」の温床として健康問題へと押し上げていくプロセスが、増加の一途をたどる「医療費」の抑制という政治的課題と無関係であったとは考えられない。また他方で、それは、「均整のとれたスリムな体型」を理想化し、「美しい体」を維持し続けることをその人の精神的な強さのしるしと見なすモラルのあり方を反映するものでもある（Jutel 2011）。

　このように、何が「病い」であり、誰が「病人」であるのかは、社会的な文脈に依存して可変的であり、その基準は歴史的に変動する。「病い」の社会的な構成、あるいは「解釈枠組み（フレイム）」の適用過程を分析し相対化していく作業は、社会学にとって重要な課題である。

2．体験としての病い

しかしながら、「病む」とはどのような経験なのかを考えるとき、私たちはこれを、一面的に「社会的構成（social construction）」や「枠組みの適用（framing）」の問題へと回収してしまうことはできない。例えば、38度の熱がある人に、それは「体温計」という技術を用いて構成された現実に過ぎないと言うことにどれだけの意味があるだろうか。たとえ、「その程度の発熱は病気のうちに入らない」と語ることができるとしても、その人がつらい状態を感じていることに変わりはないはずである。この「つらさを感じている」という体験の相（苦しみとしての病い）を、どのように位置づければよいのだろうか。

まず、かなりの範囲の病いの経験に関して、その基底をなしている物質的過程を無視してしまうことはできないように思われる。熱を計るということが体温計の開発と普及によってはじめて可能になる社会的実践であるとしても、「38度」という数字が指し示している事実があることは否定しがたい。その意味で、「身体的現実」の「構築」は、その外部に所与としてある「何か（something）」についての解釈過程（「枠組み」の適用）であると見るのが、多くの場合に妥当な態度である。

しかしそれだけではまだ、いかようにも解釈可能な「自然」の連続体があり、「病い」とはそこから恣意的に切り取られた「社会的現実」にすぎないのだという立場をとることもできる。しかし、「病む」という経験について考えようとする時、社会的解釈に先立つ純粋に生物学的な事実があり、人々がこれを自由に解釈した結果として「健康」や「病い」の区分が生まれるのだと見なすことができるだろうか。そのように主張してしまえば、私たちが感じている「苦しみ」の内実が、すべて「病気」というラベリングの効果として生み出されていることになる。それは、私たちが実際に知っている「病い」の現実から、あまりにもか

け離れた判断ではないだろうか。

　確かに一面において、社会文化的な意味づけから完全に独立した「純粋な」身体経験を想像することは困難である。私たちが何ごとかを経験するとき、それは常に社会生活の文脈の中にあり、それまでに習得された文化的コード（例えば、言語化のコード）の影響を被っている。したがって、「病む」ということはすでに「意味」をはらんだ現実、少なくともその「意味」が問われうるような体験である。しかし、私たちが痛みや苦しみを感じる時、その体験内容のすべてが、言語的分節化や制度的枠組みの効果によって構成されているわけではない。したがって私たちは、社会文化的な「解釈」に回収されない次元で、「病む」という体験がどのように生起するのかを考えてみる必要がある。

　ここで、実際の生活場面をふりかえってみると、私たちは実にさまざまな体験を「病い」として認識していることに気づく。口内炎ができて水がしみるということも、激しい腹痛に襲われるということも、視力を失ってしまうということも、過去の記憶をほとんど呼び起こすことができないということも、すべて「病い」と表現されうる。こうした多様な体験を括ってひとつの言葉で呼ぶことを可能にしている通底的な「質」があるとすれば、それは何だろうか。

　そこにはおそらく、「生命体」としての自己存在が何らかの形で「悪しき状態」にあるという感覚が働いている。すなわち「病い」とは、この世界の中で「生きている」という事態において、自分が「好ましくない状態」にあるという評価に根ざすものである。精神医学者・木村敏の言葉を借りて、病むということは、「生きるという営みが危険な状態にある」（木村2012：5）ことだと言い換えてもよい。

　フランスの哲学者カンギレム（G.Canguilhem）は、神経病理学者ゴールドシュタインの臨床観察を参照しながら、「有機体と環境との間の規範に応じる関係」が有機体の側の変化によって「危機的」な状態にある

ことを「病理的状態」と呼んでいる。カンギレムによれば、生物が所与の環境に対応しながら選択的に行動すること（つまり生きているということ）それ自体が、固有の「規範性」を有している。所与の（ただし変動する）環境に対する調和を保ちながら、最も多くの秩序と安定を獲得し、ためらいや混乱を最小化しようとする様式を「規範」として設定する働きが、生命過程それ自体のうちにある。彼はこれを「生命の規範」と呼ぶ。「健康」と「病理」の区分は「生命」それ自体に内在するこの「規範性」との関係において判断されるものである。

　ここで大事なことは、私たちがときに「生きるという営み」の危機を感じ取り、それによって多種多様な身体的・心理的体験を「病い」というカテゴリーに結びつけていくということにある。「痛み」や「吐き気」や「だるさ」などの感覚、あるいは「腫れ」や「疱疹」のような目に見える変化を、生命体としての危機のしるしとして感受するところに「病い」の体験が生まれる。この水準において「病い」は、社会文化的な構成過程には還元されえない、したがってまた解釈枠組みの変更によって消去しつくせない根源的カテゴリーである。医学をはじめとする社会的言説実践は、その危機の体験——それ自体すでに社会生活の文脈の中で生起しているものであるが——に対する二次的な解釈として位置づけることができる。

3．「病い（illness）」と「疾患（disease）」

　生活の中で心身の次元に生じる危機的な体験を、私たちは医療の場へと持ち込み、「病気」としての承認を得ようとする。今日では人々が症状を感じる以前に病理の兆候やリスクを特定しようとする「予防」的な実践——アームストロング（D.Armstrong）が言う「監視医療（surveillance medicine）」——が定着しているので、順序としては必ず

しも病いの体験の後に診察がなされるというわけではない。しかし、基本的なプロセスとして見れば、人は自分自身の心身に生じた不快または苦痛な体験の意味を医療者に尋ねることによって「病人」になるのだと言える。

　受診とは一般に、診断を獲得するための行為である。診断とは、人々が体験している不快な状態を「症状」と見なして、それがいかなる「疾患」によるものであるのかを医師が判断する過程である。「患者は（…）不快感、咳、発疹、腫れ、痙攣などを理解したいと願って、医師による診察を受けにくる。それを医師は症状として見る。身体機能の変化が、『主観的な』経験や変化として現れたのだと見なすのである。そして今度は医師が、この病いの語り、機能不全の語りを、解釈結果へと方向づけていく。医師は患者や家族の履歴（ストーリー）を尋ね、症状があったかなかったかを質問する。それによって医師は、身体状態の評価を引き受け、患者の訴えを説明するような語り（ナラティヴ）を生みだすために、身体＝対象物——今や黙って触診され、聴診され、測定されている物——を調べていく。最後に、患者と医師はともに、X線やスキャンや血液検査や血圧測定といった検査機器がもたらすテクストに含まれている数多くの発見に同意していく」（Jutel 2011: 80）。

　この診断過程には、近代医療による「病い」の位置づけ方が顕著に示されている。ここでは、病いの体験は、その深層において特定されるべき「身体機能の変化」の「主観的」な反映として位置づけられ、患者本人には見えないその「事実」を突き止める「解読者」としての役割が医師に委ねられている。医師は、患者の過去の経験（履歴）を尋ねるとともに、患者の身体を物として対象化し、触れ、聞き、検査し、それを通じて「症状」の原因を究明しようとする。真相解明の主体は医師であり、患者はこれに協力しながら、自らの身体を彼の視線の前にさらけ出す。クラインマン（A.Kleinman）の用語法に倣えば、こうした非対称

的な協働関係の中で、「病い（illness）」は「疾患（disease）」へと変換されていくのである。

「疾患」とは、もっぱら生物医学的な視点から構成された現実を指す。病理的な現実は「生物学的な構造や機能におけるひとつの変化としてのみ再構成され」（Kleinman 1988=1996: 6）、これによって（狭義の）医学的な問題となる。これに対して、「病い」は、病者とそれを取り巻く人々が、症状や苦しみを受け止め、対処し、生きていく、その経験の総体を指している。当然のことながら、「疾患」を語る医学の言葉は「病い」の経験全体を包摂することができない。その意味で医療とは、病む人の体験を限定的な視角からとらえ返す装置である。ところが、近代的な知と技術の体制の中では、医療のまなざしが病いの経験を語る上での特権的な地位を獲得してきた。私が経験しているこの「状態」を正しく解釈し、正当に語ることができるのは医学であり医師であるという信憑が「近代医学」を支えてきたのである。

この近代医学が私たちにもたらした恩恵は計り知れない。医療技術の発展は、かつては生きながらえることのできなかった人々が長期間にわたって生存することを可能にしてきた。しかし、医学的な知や技術の自律化が、そのまなざしのもとで構成される現実と、病む人自身の体験のあいだに生じた隙間を押し広げてきたこともまた事実である。「今日の医療は、そこに認めなければならない有効性とともにではあるのだが、疾患を病者から次第に切り離すことによって基礎づけられてきた。それは、病む人が自ら示した一連の症状に従って病いを特定するのではなく、むしろ、疾患によって病者を性格づけることを教えるものである」とカンギレムは言う。「病いはますます、苦しみにではなく、医療に帰せられるものとなっている」（Canguilhem 2002: 35）のである。クラインマンは、「病い」と「疾患」の区別を立てたうえで、「治療者が病いを疾患として作り直すことによって、慢性的な病いの経験にとって本質的な何

ものかが失われ、臨床的関心の対象として正当に認められることも、治療的介入を受けることもなくなる」（Kleinman 1988=1996: 7）のだと論じる。「病いの語り（illness narrative）」に照準化したクラインマンらによる医療人類学的探究は、「病いの経験」を「ケアの本領」に位置づけ直すこと、「患者の病いの経験を正当に評価すること、つまり、その経験に権威を与え、その経験を共感をもって傾聴すること」（Kleinman 1988=1996: 21）を、医療実践の中心に呼び戻す試みでもある。

4．病む人の言葉

　病いの語りは、しばしば、医療のまなざしが構成する現実と、病む人の体験のあいだに走る亀裂をついて湧き上がる。哲学者であり、自己免疫系疾患（多発性関節炎）の当事者でもあるマラン（C.Marin）は、自らの身体が医療技術の対象として医師のまなざしにさらされることの苦痛を、厳しい口調で私たちの前にさらけ出す。彼女にとって、「患者の身体をなだめようとする医者の行為は、それによって呼び起される侮辱によって苦しみを強める」ものである。「医師の行為は、病む人をその身体に還元することによってのみ、病む人を弱っている有機体の地位に引き下げることによってのみ、病む人の痛みを和らげることができる」（Marin 2008a: 69）。「病む人の身体は、平気で何ものかが横断する場所となり」、「見知らぬもの」と化していく。その時、身体はもはや「聖域（サンクチュアリ）」ではない。「約束は破られ、身体の囲いは決定的に破られている。それはもう、開かれているというのでは済まない。それは損なわれているのである」（Marin 2008a: 73）。

　病む人々が、自分は医療者によって「物として扱われている」と語ることがある。その感覚は個々の医療者の意識や態度から生じるというよりも、医療それ自体に内在する「現実構成の様式」に由来している。医

療者は、身体の「欠落を生み出しているものに集中することで、主体としての病者がいることを忘却してしまう」(Marin 2008a: 69)。誇張を恐れずに言えば、医療は、その苦しみを生きている人（主体）がいるということを看過することによって可能となる技術である。したがって、医学の言葉は病む人の体験を語らない。それは、体験された苦しみを別の現実へと変換（翻訳）することによって、技術的な介入を可能にする。繰り返し強調するならば、その意味での医療の自律化こそが救命や延命の可能性を拡張してきた。「病い」の体験を「疾患」という現実に読み替えていく実践が、私たちの生命の延長をもたらす「希望」の源泉となってきたのである。しかし、再びマランの辛辣な表現を借りるならば、「医療のまなざしは、私たちを人間ではないものにする。それは私たちの行動を『昆虫のそれのように』観察するからである」(Marin 2008a: 77)。

　マランは、自分自身の病いの経験を、哲学的考察の対象として分析すると同時に、小説という形で言語化し、医療のまなざしに抗する語りの可能性を探求している。しかし、彼女の言葉は、自分自身が「崩壊」していく過程の証言にしかなりえない。

　　私は私自身の解体に直面する。(…) それは身体と意識のひそかな瓦解である。意識はその抗し難い進行を確認することしかできない。解体は私の生物学的機能の隠された原理である。診断がなされた時から、すべては逆流を始めた生の要求によって定義し直される。たえず自分自身を解体していくこと、どこにも支えをもたないということ。何一つ安定したものはなく、休みなく更新される疑念にさいなまれる。自分自身の存在を、絶え間なく賭け続ける。解体されざるもの、永続するものの存在をひとつも信じられない。土台としての身体も停泊すべき港も支点もない。信用しないこと。とりわけ

自分自身を。(Marin 2008b: 15-16)

『私の外で』と題されたその小さな書物には、ときに読み進めることが辛くなるほどの激しい怒りが溢れ出ている。しかし、その言葉は、自分自身の身の不運に対する嘆きや医療制度の非人間性に対する感情的な告発にとどまっているわけではない。それは、死へと向かう身体を生きること、自らを解体させていく「生の暴力」を生きることについての、あまりにも明晰な（それゆえに苦痛な）認識を示している。「病いとともに身体に対する新たな意識が現れる。より正確に言えば、痛む身体器官は、新しい形の意識、あるいは少なくとも新しい感性のごときものとなる」(Marin 2008b: 40)。病む身体は、「健康」な生活を営んでいる間は私たちの目から隠されている現実を露わにする「器官」である。

病む人の言葉、病む身体の発する声に耳を傾けることは、覚醒した「新しい形の意識」あるいは「感性」に映る生の現実を聴き取るということである。

終わりに──病いの経験を聞くということ

しかし、病む人の言葉はしばしば聴き取りがたい。病いの経験を適切に伝える言葉は、常に奪い取られている。「苦しみ」は言葉への「抵抗」を本質とするものであるとクラインマンは言う。言葉は病いの現実を包摂しようとしながら、しばしばそれに「躓く」。その時「身体」は「埋めることのできない」「縫い合わせることのできない、語りに穿たれた穴」として経験されるのだとフランクは論じる。だから、マランが言うように、病む人はいつも「言葉の皮をひっかいている」(Marin 2008b: 37) ような、下手な話し方しかできない。「どんなに努力をしても」「言葉はいつも自分の手を逃れていく」。「話すことは苦難（un calvaire）で

ある。どんな言葉を使って何を言えばいいのか分からないのだから」（Marin 2008b: 40）。

　しかし、そうであるからこそ、病いの語りを聴くことは固有の倫理性を帯びた営みとなる。それは、病いによってそれまでの経験の流れを断ち切られ、生のエネルギーを差し向けるべき方向性を見失っている人が、生きようとする力（モラル）を呼び戻すための契機となる。しかし、おそらくそれだけではない。病む身体が私たちの前に開く語りがたい現実——「混沌」とフランクは呼ぶ——は、私たちが生きようとする物語的な意味の秩序には包摂しきれない「生」のありようを露わにしている。人間は、抗い難く解体していく生を生きている。その人間に寄り添う力を見出すことにこそ、近代医学が開いたそれとはまったく別様の希望が見えてくるはずである。

【文献】
- Armstrong, David　The Rise of Surveillance Medicine, *Sociology of Health and Illness*, Vol.17, No.3. 1995.
- Canguilhem, Georges　*Le Normal et la pathologique*, Presses Universitaires de France, 1966.（滝沢武久訳『正常と病理』法政大学出版局，1987）
　――― *Écrits sur la médecine*, Seuil, 2002.
- Frank, Arthur W.　*The Wounded Storyteller, body, illness and ethics*, University of Chicago Press, 1998.（鈴木智之訳『傷ついた物語の語り手　身体・病い・倫理』ゆみる出版，2002）
- Jutel, Annemarie Goldstein　*Putting a name to it, Diagnosis in Contemporary Society*, The John Hopkins University Press, 2011.
- Kleinman, Arthur　*The Illness Narratives: Suffering, Healing, and the Human Condition*, Basic Books, 1988.（江口・五木田・上野訳『病いの語り：慢性の病いをめぐる臨床人類学』誠信書房，1996）
- 川喜田愛郎『医学概論』ちくま学芸文庫，2012
- 木村　敏『臨床哲学講義』創文社，2012
- Marin, Claire　*Violences de la maladie, violence de la vie*, Armand Colin, 2008a.
　――― *Hors de moi*, Allia, 2008b.

・Parsons, Talcott *The Social System*, Free Press, 1951.（佐藤勉訳『社会体系論』青木書店, 1974）

【ブックガイド】
①アーサー・W・フランク（鈴木智之訳）『傷ついた物語の語り手　身体・病い・倫理』ゆみる出版, 2002
　病者がその苦しみの経験を自分自身の言葉で語りだそうとする時代として「脱近代」をとらえ、人々は語ることによって何をしようとしているのか、またそれを聴くことによって何をすることができるのかを丹念に論じていく社会学の理論書。
②木村　敏『臨床哲学講義』創文社, 2012
　精神科医・木村敏が、長年の臨床経験に基づいて、「病む」とはどのようなことか、それを通じて「生きる」とはどのような営みなのかを問う。心の病いと呼ばれる現実を、生きられた経験としてとらえ直していく、透徹した思考の結晶。
③大野更紗『困ってるひと』ポプラ社, 2011（ポプラ文庫, 2012）
　ビルマ難民の研究を行っていた大学院生が「きわめて稀なる難病」にかかり、自ら「医療難民」となって「生存のたたかい」を繰り広げることになる。その一部始終をたぐい稀なる知性とユーモアをもって描き出すエッセイ。

第11章

生きられた老いの経験と語り

大出　春江

【キーワード】
ライフストーリー、語り、成熟、エイジレス・セルフ、アイデンティティ

はじめに

　老いといえば、一般的には高齢者問題として、すなわち介護、医療、居住を含む生活困難を抱えた人びとの「問題」として論じられることが多い。現代社会では、老いることはすでにマイナスの意味が与えられてしまっているようだ。しかし、考えてみれば、生きることは老いることであり、すべての生命にとって通るべき道であることは疑いようがない。
　映画監督新藤兼人は99歳まで現役で映画を制作した。彼が83歳のときに発表した『午後の遺言状』という映画がある。これは杉村春子という「すぐれた女優の最晩年の作品になるようなものをぜひ撮ってみたい」という新藤の意図から生まれた。撮影当時、杉村春子は80歳を超え、共演の乙羽信子は撮影に入る直前、がん末期にあることが判明している。

主要な出演者はいずれも70歳を超え、しかも冒頭に別荘管理人の自死というエピソードが登場し、準主役の二人は映画の後半に夫婦で心中する。全体として、明るさや娯楽性はほとんどない映画であるのに、暗さはない。老いていく日常をどう生きるか、どのように死を見据えるかがテーマになっている。新藤自身は「老い」について次のように語っている。

> 「それは生きてきた値打ちを大事にするということなのかな。突然八〇になって老人になったのではなくて、六〇、七〇、八〇というふうな、生きてきた延長でしょう。延長なら、その延長のなかでたくわえてきて消耗したものもあるけれど、逆に生きてきて蓄積されたものが出るかもわからない。消耗したからうまく残ったというものがあるでしょう」（新藤 1995: 17）。

「生きてきた延長」として老いの過程をとらえること。いいかえると、老いることを無前提に社会問題としてとらえるのではなく、生きられた老いとその意味について考えていくことにする。

1．老いと成熟

それまでできていたことができなくなったとき、走る速度が落ちたり仕事が効率的に進まなくなったとき「年をとった」という自覚が生まれるかもしれない。それは中高年に限らず、場合によって20代とか30代に経験されることもあるだろう。

アメリカ・大リーグ選手として活躍する松井秀喜とイチローが2012年末に対照的な形でメディアを通して報じられたことが思いおこされる。松井秀喜の引退会見は大きくメディアにとりあげられた。その席上で松井は、日本のプロ野球で復帰することを決断しなかった理由として「ユニフォームを着てグラウンドに立つことはできると思うが、10年前の

日本での自分の活躍を想像するファンの期待に応える自信を持てなかった」と述べている。プロ野球の現役選手として出場するには38歳という年齢が厳しいものであることを松井の引退会見は示していた。

他方、2012年10月に39歳を迎え、松井とほぼ同年のイチローは、7月にシアトル・マリナーズからニューヨーク・ヤンキースに電撃移籍をした。それを含めたここ5年間のイチローを、NHKが年末特別番組として、時間を拡大して放映した。2011年から2012年にかけ、マリナーズ時代のイチローの成績は振るわず、その理由が年齢的限界によるものという印象を与えていた。映像は黙々とトレーニング・マシーンで身体を鍛えるイチローの姿とともに、移籍先のヤンキースを優勝に導きチームに貢献するイチローの様子を映し、年齢による不振説を払拭した。

映像の中のイチローは、プロ野球の現役選手として活躍する上で、39歳は年齢の壁とは捉えていない。めざすべき地点はまだ見えない先にあるとして、イチローは自分の身体を入念にかつ慎重に鍛えていた。

40歳を迎えようとする身体に対し、プロ野球選手としての成熟期をさらに先に設定し、現役選手として挑戦を続ける。もちろん、イチローという非凡かつ努力の天才という意味で特異な野球選手のエピソードではある。その一方で、イチローの挑戦と鍛錬は、老いとは日々の身体能力の衰えであることには違いないが、視点を変えれば、老いていく身体を見据えた自分自身を統制していくという意味で成熟に向けた契機であることを教えてくれる。

2．老いと近代化──近世における「楽隠居」を通して考える

老いのとらえ方は社会のあり方とどう結びついているだろうか。社会史の視点から、「楽隠居」を手がかりに太田素子が近世の老年期がどう生きられたのか、楽隠居の主観的イメージについて、3人の在村知識人

を通して考察している（太田 1992）。近世にあって隠居が実現するためには世代を継承できる成人した子どもが必要である。すなわち40歳以上は長生きをしなければならない。太田は鬼頭宏や速水融ら人口学者の研究を援用し、近世は乳幼児死亡率が平均寿命を引き下げていたため、数字の上では30代後半という平均寿命であっても、乳幼児期を死なずに生き延びた人にとっては「五十年以上の余命が予期されて」いたと述べ、平均寿命と生活実感としての平均余命のずれを指摘している。つまり、「人生五十年」という生活感覚が、すでに近世社会において起こっていたであろうと解釈する（太田 1992: 159-162）。また17世紀末から18世紀の戯作や養生論において「もっと積極的な老境の生き方にふれる言説が多くなる」として、井原西鶴の『日本永代蔵』や『世間胸算用』を例に挙げている。

　その一方で、近世日本は「窮民御救起立（法）」ができ、「孝子節婦」の表彰が行われるようになったことをもって、太田は「救済、介護の対象としての老人の発見」を指摘する。そして、これ自体が「楽隠居や老年期固有の人生課題への関心の強まりと軌を一に」しているとし、「長寿への可能性が階層を超えて拡大した事実への対応」だと解釈する（太田 1992: 166-169）。

　太田が考察の対象とした3人の知識人はいずれも男性であり、経済的に困窮するものはいない。また老いに伴う生活上の不安も妻または子どもらの存在によって抱えていないようにみえる（この内の一人は小林一茶）。隠居について書き記した3人の男性の生き方を通して、太田は「楽隠居と勤勉モラルはどこで調整されていたのか」という問いを立てる。隠居とは、安心して継承者に任せられる状況になったとき、人生の価値を仕事（家業）の運営や生計維持、これらにともなう人間関係や社会関係から解放され、自分がしてみたかったことに存分の時間やエネルギーを費やすという考え方である。それまで人生の中核にあった「勤勉モラ

ル」は家の継承や発展に貢献することに向けられたものであった。そのため、ひとたび隠居することが可能な条件が整えば、勤勉モラルは生活を支えるための生きる中核的価値ではなくなる。

　明治日本の近代化は勤勉モラルの対象を家の発展、存続にではなく、国家に対するそれに向けさせていくことになった。その過程で、隠居のもっていた価値は、勤勉モラルとは相反する考え方として否定されることになったと太田はいう。つまり国家主導型の明治日本において、近世で発達した「楽隠居」の文化的価値は失われていくという解釈である[1]。

　かつて「老いと近代化」という論文の中で、わたしはアーヴィング・ロソウ（I. Rosow）の議論を批判的に検討しながら、近代化が老いの意味をどう変えるか、ということについて考察を加えた。表1はそれを整理したものである。

　ロソウの議論は「前工業的社会」と「近代的都市的社会」とをかなり単純化させて比較している。それによると前工業的社会における伝統的な存在としての老人は安定した位置をもっているが、近代化が進み教育、労働、知識の伝達の仕方の変化、伝統的宗教の相対的低下、社会移動や地理的移動による家族や地域の関係性の変化は老人を不安定な位置におく、とする。人類学の調査報告によれば、「前工業的社会」であっても老いや配偶者の喪失による家族内の位置の不安定は存在する。その意味で彼の説明図式は老人の位置だけを不安定にする社会の説明としては不十分である。「生産性、機能性、技術的知識もこれまでの工業化社会を支える原理であった。それによって老人より若い人を、女性より男性を、障害者より健常者を生産性または効率性の高いものと認めてきたのである」（大出 1983: 148）。ロソウの議論の批判的検討を通して得た結論は、現代社会における生産性・効率性中心主義が人間にもたらす問題であった。

　近世日本を生きた3人の「楽隠居」を通して、太田が考察した老いを

表1　老人を不安定な地位におく7つの決定要因

要因	より単純な前工業的社会	近代的都市的社会
1.財産所有権	財産を所有することにより、実質的努力が得られる。老人はこれにより安全と独立をもつ。	若い人は教育や経済の機会拡大によって、より自律的となり、また所有権と経営の分離により、努力は弱められる。
2.戦略的な知識	過去への経験が、賢者として、老人への尊敬をうんでいた。	フォーマルな教育による訓練を通じ、次々に新しい専門分野や概念が確立される。老人は今や若い人にとって古くさい存在となる。
3.生産性	低生産経済は、老人の労働機会と機能を創出する。	技術と自動化の伸びは、ある職業と専門分野を除いて、労働不足を解消。結果的に労働力の限界効用は減少し、したがって新しい技術をもたない老人を必要としない。
4.相互依存	インフォーマルな相互依存のネットワークの存在により、老人のニーズがみたされていた。	高い生産性が生活水準を向上させ、私的な資源をふやす。それにより個人意識が増大し、集団の連帯は犠牲となる。繁栄と自律性がインフォーマルな相互依存のネットワークを弱体化させる。
5.伝統と宗教	聖的 過去志向 伝統的 老人への尊敬	物質的、世俗的 未来志向 功利的 老人は歴史的連続と養うべき伝統の生きた象徴ではない。
6.親族および家族	複数世代世帯 親族ネットワーク これらは親族間の互酬的義務として、老人および彼らのニーズに関係していた。	近代の職業体系は移動性のある、より小さな家族に需要がある。したがって、異なる世代の居住上の区別がなされ、老人にとってより不利。
7.コミュニティ	安定した地方のコミュニティ構造。老人を広範囲な年齢集団に結合させていた。	職業による居住移動、それに伴う近隣関係の変化。都市環境の非人格性により、コミュニティの紐帯は弱体化。

(大出 1983: 138)

　生きる意味とは、さまざまな社会的制約や束縛からの解放であり、それゆえにこそ可能な、義務ではない任意の貢献が果たせることだといえる。しかし、明治の近代化過程においては生産性や効率性が重視された結果、近世の勤勉モラルだけが評価され、「楽隠居」の哲学は否定されていく。ロソウの図式の批判的検討は、「楽隠居」が人生の価値として認められていた近世日本を太田が考察対象とした理由とつながってくる。

老いをどうみるかは、社会のあり方に規定される。年をとることに対し、社会がどのような成長モデルを準備するかによって、老いの見方は大きく異なってくる。では「生きられた経験」としての老いはどうだろうか。太田が「楽隠居」を生きた3人の生活史に求めたように、老いることの経験の語りを通して、考えていくことにしよう。

3．現代社会における老い

『老いの発見』というシリーズが日本で出版されたのは1986年から1987年にかけてである。この時期には社会福祉士と介護福祉士が国家資格化されている。既婚女性の就労が50％を超え、日本型福祉社会論では、増える高齢者の生活支援や介護支援に対応できないという見通しが生まれていた。

シリーズを企画した編集委員らによる「まえがき」には、「老いの意味」を「老いて生きることの主体的、積極的な意味」ととらえ、その意味を問い、そして答えを得ようとすることがこの企画の目的だと記されている。この問いの背景には2つの事実があるとする。一つは「日本社会の高齢化という事実」、もう一つは「日本社会が老いの意味を見失っている事実」だとしている。すなわち「生産と生産者本位の都市化の進展は、老年の生活空間を奪い、親しい人々との人間関係を破壊し……マス・メディアにおける若者文化の支配も、老年の蔑視・無視にしばしば通じている」、そのために「これらの事態の極限として、死の意味も失われる」ことがあげられている。

1986年には、老年人口が10.5％を超えた。都市を中心に土地価格が高騰し、退職した高齢者が同居を望まない子ども夫婦への資産として残すことを選ばず、土地ごと家を売却し有料老人ホームの入居費用に充てるといったことも報道されていた。異業種の企業が有料老人ホーム建設に

次々と参入し、「シルバー産業」として脚光を浴びはじめた時期である。

人類学者プラース（D. Plath）は同シリーズの論文で、20世紀アメリカについて「老人をはっきりした人間のカテゴリーと定義した最初の例が、1912年の年金法」であり「これ以降の70年間に、米国の老人福祉計画の歴史は、…この「シニア・シチズン」のイメージをさらに広い層の人びとに拡大していく歴史」だったと要約している。1950年頃から「シニア・シチズン」の利益を代表する活動が盛んになるが、一方で「人間の能力は年をとるとともに必然的に衰退するという仮説」を強化していったとプラースはいう。1960年〜1970年代にかけて、この仮説を批判する形で「明るい積極的な老人観」「肯定的な老人観」が広がり、また黒人差別や女性差別への関心の高まりとともに、年齢差別の撤廃へとつながっていった。「老人」をめぐるアメリカ社会の扱いは19世紀から今日に至るまで変化してきたが、それにもかかわらず、アメリカ人は「産業社会における人間のライフサイクルに適用される標準的な形態に、いかなる意味でも根本的な挑戦を加えてはこなかった」。この「標準的な形態」とは、「個々人は教育をうけ、職につき、引退するという連続的な段階を『自然に』通過すべきだという仮定」のもとに「その順序通りにしかも一定の速度で通過する」というものである（Plath 1986）。こうして「年をとることの意味について…今でも中心的な解釈のわく組として」機能している「ビクトリア朝式の進歩のエートスという前提そのものを、徹底的に再考」することなしに、アメリカ社会において年寄りの居場所はないというのがプラースの結論である。

プラースは日本をフィールドとした人類学者として知られている。一人ひとりが強い個性を発揮することより、互いに配慮し合い支え合う人間関係の中において個性を発揮する日本人のあり方へのプラースの理解（Plath 1980=1985）を経由すると、彼の結論は次のことを示唆しているように読める。すなわち、19世紀以来いまも生き続けるアメリカ社

会の道徳的価値、自律的で独立独行であるべきだとするエートスが、アメリカ社会において老いることを受けいれがたくさせているのではないかということである。

　独立独行や自律性が社会的価値をもつ社会と、文脈によっては「甘えること」が信頼関係の符帳と捉えられ、人間関係の円滑剤になりうる社会とでは、依存的存在になることの意味も違ってくるだろう（Bellah, R. et al., 1985=1991; 土居 1971）。プラースの異文化理解に従えば、高齢者の生活意識を日米で比較すると、日本の高齢者の生活満足度の方が高くなるという仮説もなりたつ。しかし、マクロな社会意識のレベルで把握した老いは必ずしもそれを裏づけてはいない。

　日本、韓国、アメリカ、ドイツ、スウェーデンの高齢者の生活意識に関する国際比較調査をみてみよう。2010年に実施された第7回調査「家族生活」の章には、家族・親族の中の役割の有無についての回答結果がある。それによると、男性も女性も加齢にともなう役割の低下が起こるが、アメリカに比べて日本の男性および女性はいずれもその変化が大幅であるという結果が出ている。「特に（家族、親族の中の）役割はない」という回答に注目すると、「日本男性・女性、韓国男性・女性、ドイツ女性については、3倍以上の増加を示しており、加齢にともなう役割の変化が大きい傾向」がみられる（藤崎 2010: 34）。日本について過去20年間の時系列的変化でみるとどうだろうか。1980年（第1回）から1995年（第4回）までは5ポイント前後であったものが、2000年第5回21.7％、第6回17.0％、第7回14.0％と5回目をピークに増加している。こうした大きな増加は、日本、韓国、ドイツに共通し、アメリカやスウェーデンには見られない傾向である。この結果について、調査分析にかかわった藤崎宏子は「役割を持つことが、自らの存在感や有用感の源泉になっているとすれば、憂慮すべき現象」としている[2]。

　家庭内に役割をもつことの主観的評価が、アメリカやスウェーデンに

表2　家族・親族の中の役割（時系列）
（同居している家族がいる方に）　○付き数字は順位（複数回答）%

	日本							アメリカ						
	第1回	第2回	第3回	第4回	第5回	第6回	第7回	第1回	第2回	第3回	第4回	第5回	第6回	第7回
1 家事を担っている	36.9	37.9	43.5	43.1	40.7	45.1	① 50.2	84.8	88.0	81.6	84.1	76.9	67.0	① 71.8
2 小さな子供の世話をしている	16.1	13.6	15.0	12.5	7.8	4.9	7.8	9.2	12.5	19.8	19.6	14.8	16.7	22.2
3 家族・親族の相談相手になっている	40.8	40.7	42.8	42.5	26.0	27.1	② 32.9	72.9	80.9	69.7	74.5	49.5	52.4	② 63.1
4 家計の支え手（かせぎ手）である	26.5	26.6	28.8	29.2	26.6	23.8	③ 30.6	26.4	26.6	21.6	26.0	59.9	24.3	33.5
5 家族や親族関係の中の長（まとめ役）である	33.5	33.1	30.7	30.2	19.3	25.1	25.5	53.4	61.4	52.4	48.2	50.5	34.4	③ 39.6
6 病気や障害を持つ家族・親族の世話や介護をしている					6.4	6.5	7.8					19.9	13.0	17.8
7 その他	20.1	24.6	25.4	26.7	3.1	2.1	0.9	43.8	61.9	16.5	15.9	6.5	0.8	1.3
8 特に役割はない	6.8	7.2	4.1	4.7	21.7	17.0	14.0	-	0.7	2.3	1.0	2.9	9.9	6.3
無回答	3.3	6.0	4.9	3.3	-	-	-	1.4	0.5	1.9	3.4	0.2	-	0.6

	韓国						ドイツ					スウェーデン	
	第1回	第3回	第4回	第5回	第6回	第7回	第3回	第4回	第5回	第6回	第7回	第5回	第7回
1 家事を担っている	51.9	68.2	64.4	55.3	60.4	① 68.1	54.4	56.7	72.7	52.7	① 55.4	85.2	① 65.2
2 小さな子供の世話をしている	36.6	28.9	19.6	10.5	14.0	6.2	12.5	14.0	8.0	7.1	9.3	4.9	3.3
3 家族・親族の相談相手になっている	43.2	56.8	49.5	16.9	40.7	24.7	52.9	66.8	20.7	27.7	② 28.5	17.1	③ 20.6
4 家計の支え手（かせぎ手）である	12.7	19.9	20.3	22.3	35.8	③ 27.0	38.1	49.8	39.7	19.0	24.2	59.2	② 26.2
5 家族や親族関係の中の長（まとめ役）である	35.3	45.4	45.8	33.5	63.5	② 49.4	35.6	36.8	39.2	28.0	③ 27.1	14.7	10.9
6 病気や障害を持つ家族・親族の世話や介護をしている				5.1	5.0	4.2		13.7	15.4	18.6		8.7	8.5
7 その他	2.3	3.2	5.6	0.1	0.4	0.1	12.2	11.0	2.2	3.4	0.3	0.2	9.4
8 特に役割はない	15.2	8.6	10.0	17.5	8.2	6.7	4.9	1.6	4.5	18.6	17.9	4.2	14.8
無回答	-	2.5	1.4	-	-	-	5.1	2.8	0.3	-	0.3	-	-

（内閣府編『高齢者国際比較調査』p.28）

比べ低い結果となっている。もう一つ同調査の「総合的な生活満足の推移」をみてみる。報告書では1995年から2010年までの推移を示しているが、「満足している」人の割合の順序は1.アメリカ、2.スウェーデン、3.ドイツ、4.日本、5.韓国となっており、この順序は10年間、変化していない。また日本の割合はアメリカのほぼ1/2という結果となっている。マクロな高齢者生活意識調査からは、日本の高齢者が幸福で生活に満足しているイメージは浮かび上がってこない。

日本社会において、老いはどのように生きられているのだろうか。生物学的に不可避なプロセスを生きるという点からすれば、アメリカ人の老いも日本人の老いも共通した語りの枠組みになる可能性がある。次章では生きられた老いの語りから、老いとはどのような経験かをみていくことにしよう。

4．生きられた老いの経験と語り──日本とアメリカの比較から

　老いは人びとによってどのように経験されているのだろうか。子どもがそれぞれ独立し、前節で見たとおり退職後の家族生活や地域社会における自己の役割、あるいは老後の生活不安といったことが、アンケート調査ではその対象となる。しかし、これらの調査結果から人びとが老いをどのように生きているのかを知るのは困難である。それを知るための一つの方法は、映画や詩や小説の世界で描かれた世界を通して理解することである。もう一つの方法は現実に老いを生きる人びとの世界に参加し話を聞くことである。ここでは、老いを生きる人々の語りから経験と意味を探った研究として小倉康嗣『高齢化社会と日本人の生き方』（2006）とカウフマン（S. Kaufman）『エイジレス・セルフ』（1986＝1988）をとりあげる。

　この2つの研究は現代社会における老いの意味を個人のライフストーリーから明らかにすることを目的としている。ただしカウフマンが対象とするのは19世紀末から20世紀初頭に生まれ、2回の戦争と大恐慌を経験した人びとである。年齢は調査時に70歳以上である。小倉の対象者は50歳代で、このうち2名は戦後生まれの「団塊の世代」である[3]。両者が対象とする年齢の違いは大きい。ではなぜこの2つの研究をとりあげるのか。それは以下の3つの方法論的理由による。

　第一の理由は、老いの経験と語りだけを切り取るのではなく、個人の

人生の文脈においてその語りを理解し解釈することをめざしている。この意味で生きた延長として老いを捉える本論の視点と合致する。第二の理由として、調査から得られたインタビュー・データに対し、データ対話型理論への志向性をもつ。第三の理由は両者とも、調査のプロセスとデータの分析・解釈を読み手に開示している。つまり調査の過程の透明性を確保し、その語りがよく聞き取られている。以下では、この2つの報告をそれぞれ簡潔に紹介し、最後に両者の比較検討から生きられた経験としての老いについてまとめる。

アメリカ人の老いの語り

　カウフマンはインタビューを通して、調査協力者がそれまでの人生や将来への関心を語る際、暦年齢を体験や意味のカテゴリーとしないことに注目する。「高齢化とともに訪れる肉体的・社会的変化にかかわらず維持されるアイデンティティが前面に押し出される」ことに気づく。これを重要な発見として〈エイジレス・セルフ〉と名付けた。

　　「一般的に老年期とは、人間の一生のうちのある明確な期間を指すと考えられている。だがそうした通念とは裏腹に、老人たちは人生のさまざまな変化のなかに貫かれた〈エイジレス・セルフ〉の存在を強調する。老人たちは年をとることそのものにではなく、老年期に自分自身でありつづけることに意味を見出しているのだ」（Kaufman 1986=1988: 16-17）。

　こうしてカウフマンの問題関心は「年をとることの意味」から「老人がどのように生における連続性や意味を維持し、それを変化への対応に活かすことができるか」を探ることへと変わっていく。ギアーツの文化論、ニューガーテンらの社会老年学、エリクソンのライフサイクル論、象徴的相互作用論が批判的に摂取され、〈エイジレス・セルフ〉概念に理論的根拠を与える。

カウフマンは文化人類学の立場から、アイデンティティと文化の関係に関心を寄せる。個人が自分の人生やその背景の意味を汲みとり解釈するための枠組みを、文化によってあたえられる視点に立てば、「老人たちが人生を語るとき、……ある共通した理解の様式や象徴によって特徴づけられている」のであるから、「老年に達した個人が文化的目標や規範をどのように選んだり処理するか」を明らかにすることによって、個人のアイデンティティの固有性が説明できると考える。
　年を重ねるにつれ、職業的、家族的、身体的キャリアにおいて、さらに他の人間関係において否応なく大きな変化に直面することになる。自分自身の身体的精神的自立の困難を予期しながら、日々の出来事に対処して生きていく。それまで培ってきた経験や判断にもとづく解釈や信念はそれを乗り越える上で重要な役割を果たす。また出来事や経験に対する意味づけを変更し、新たな解釈を加えることで事態をくぐり抜ける。カウフマンはこうした個人の連続性と変化の両方を捉えようとする。

> 「〈自己〉は過去から意味をひき出し、それを解釈したり創造しなおすことによって現在を生きるための活力を得る。同時に〈自己〉は、文化の構造的・観念的側面からも意味をひき出す。したがって〈自己〉とは、体験を解釈する主体なのだ。人間はひとりひとり、自らの体験を独自のしかたで解釈する」(Kaufman 1986=1988: 17)。

　カウフマンの調査協力者はいずれもアメリカ西海岸に在住する中産階級で、思考も言語も明瞭な人びとである。その意味で、階層的地域的身体的限定性をもつ。それまで生きてきた人生を、孫娘ほどの年齢のカウフマンに自由に語ることを通して、改めて自分の人生を振り返る。その語りはカウフマンに承認され、その経験がふたたび、語り手にフィードバックされる。カウフマンは老年期の人びととの語りから〈エイジレス・セルフ〉を発見したという。他方、語り手からすれば、カウフマンに向かって人生を語り直し、生き直したともいえる。人びとが生きた時代の

文化が期待した人生コースと、戦争や不況など歴史的出来事や偶発的な事件、そして家族や職場、地域など身近な人間関係により形づくられる実人生とのずれが、語りを通して調整されたのかもしれない。
　主として登場する3名の人びとはいわゆる成功者ではないが、提示されたライフストーリーからみると、人生に対し基本的に肯定的である。ユダヤ系2世でアメリカ社会への同化をめざしたミリー、アイルランド系カトリックの両親のもとで神父になることを期待されていたベン、開拓者精神旺盛で独自に切り拓いた芸術の世界で活動するステラの3名は、それぞれ3人の夫と離死別したり、長年にわたり妻の介護をすることになったり、十代の一人娘を事故で失わなければならなかったりと、客観的条件からいえば必ずしも幸せではない老いを生きる。それでも人生を肯定することができるのは、〈テーマ〉の力だとカウフマンはいう。

　　「対象者たちのライフ・ストーリーに現れるテーマには、人間が生涯抱き続けた価値を組み直す能力をもつことが具体的に示されている。こうして価値は、老年期にそれまでなかった新たな意味を帯び、その人間が自己の連続性を維持することを助けたり、一生を特徴のある統合された形で語ることを可能にしたりするのである」
　　（Kaufman 1986=1988: 183）。

　ここでいう〈テーマ〉とはその個人にとって重要な関心事であり、人生を通してある程度、長期にわたって追求される目標をいう。したがって自己の評価もしくは準拠点となる。その意味で、その人らしさの根拠ともいえるだろう[4]。カウフマンはこの〈テーマ〉の存在によって、個人の人生がばらばらにならず、連続性が維持され、統合した自己像が提示されるという。カウフマンはミリー、ベン、ステラを通して、「人間いかに生くべきかをめぐる文化的期待と自らの生き方に折り合いをつけることによって、自己を創造する」その能力の発揮を、とりわけこの3人の語りの中に見出したのである。

日本人の老いの語り

　カウフマンと小倉の研究上の共通性はすでに述べた通りであるが、両者のインタビュー調査の方法には決定的な違いがある。インタビュー調査に関する桜井厚の分類を用いるなら、カウフマンは解釈的客観主義、小倉は対話的構築主義に近い（桜井 2002）。カウフマンはアメリカ社会が期待する人間モデルや生き方がその社会を生きた人びとにどう内面化されているかを探りつつ、その個人が人生で遭遇する出来事、戦争、災害や、身近な人間関係によってどのように影響を受け、個人がそれに働きかけることによってその人自身が形成されていくのか、というところに関心をもつ。老いのプロセスを当事者の言葉で捉えようとする点で、小倉と比較して相対的に対象者を客観的に捉えようとする視点をもつ。

　対照的に小倉は、調査協力者との出会いに先立ち、小倉自身の問題関心に応答してくれることを期待した相手を選ぶ方法をとっている。その方法とは『「ご隠居」という生き方』（1999）読者カードを返信してきた人びとを対象に調査協力を募り、調査協力の承諾があった人を対象とする方法である。このうち3人に対し、3年後に再調査を実施している。この方法について、小倉自身も「本書でとりあげられるライフストーリーの選定においては、調査研究者である私の意図が働いていることは言うまでもない。つまり、〈ラディカル・エイジング〉という視角から意味を担っていると思われるライフストーリーを意図的に選択したことになる」と述べる。その選択は「例外事象を選んで、その意味の存在完成を試みる意味解釈法」に基づく（小倉 2006: 532）。

　「例外事象」というのは、まさに「一般化も普遍化もしていない存在」であるにもかかわらず、「〈ラディカル・エイジング〉の視角から、意味を担った対象」であるという小倉の判断に基づき、選ばれている。

　小倉にとって老い（aging）は次の問題関心に接続する。「〈再帰的近代としての高齢化社会〉という歴史的社会的状況のなかで、高齢化や老

いという経験を人間全体のつくり変えへの問題へと媒介したうえで、社会生成や社会構想へと架橋していく」というものだ。小倉は個人および社会のエイジングの経験を、価値の転換の契機と捉え、新たな社会のあり方を構想する。その意味で従来の価値観を何らかの理由により遵守し得なくなった人を対象とすることが、戦略的に要請されたといえる。

調査協力者の一人、阿川（男性）は52歳にして会社を早期退職し、「晴耕雨読」が人間らしい生活という考えをもって暮らす。幼少期から喘息で苦しんだ経験と親しかった友人のがん死が2回目のインタビューで語られる。50歳を目前にしていた馬場（女性）の返信カードには「（今が）最高に幸せ」と記されていた。JA生活指導員を経て、調査時は非営利ネットワーク組織を立ち上げ地域活動をおこなっていた。不本意な離職という職業キャリア上の「挫折」経験や、子どもの教育で、期待していたコースと現実の育ち方のずれという「挫折」経験が語られる。千葉（男性）は厳密にいうと機縁法によっており、小倉の最初の調査協力者となった。調査時は55歳、かつて小さな編集会社を立ち上げた後、手形保証人になった債務者の失踪により多額の借金を背負った。家族のために離婚し、その後、脳梗塞で倒れるという経験をしている。

カウフマンのインタビュー調査では、a. 人生の出来事について17項目、b. 現在について3項目、c. 人生をふり返って9項目、d. アイデンティティ6項目、e. 老いについて8項目、以上の5つの主題別43項目の「ほぼすべての質問を……順序は特に定め」ずにおこなった。老いる経験とアイデンティティという主題を明らかにしていくために、これらの問いを網羅する形で、調査協力者が答えることを期待している。

ところが小倉のインタビュー調査では、即座に回答しにくいと思われる根本的な（ラディカルな）問いが定型的ではない形でしばしば発せられる。なぜか。小倉は、先述の問題関心から現代社会において期待された人生コースや価値と距離をとる生き方、あるいはこれまで評価されて

きていない、しかしいきいきとした人びとの生き方を支える価値（それを支える感覚をも含む）をともに探し、言語化しようとする。それは手作業による鉱脈を掘り当てる共同作業にも似ている。

共同作業の結果、生まれてきたのは、小倉の言葉でいえば、「存在不可能性」をくぐりぬけた「存在可能」への道筋である。それは阿川、馬場、千葉という調査協力者を得たエイジングという視角からの社会構想である。調査協力者の一人、千葉へのインタビュー調査を、次のように小括している。

> 「「老い」の意味や価値を考えることは、いのちとは何かを考えることである。そういった観点からするならば、高齢化社会とは「社会でやっていることを、自分の利害関係なしに客観的に評価できる」隠居の眼（社会を相対化する眼）を持った人が増える社会でもあるはず。とすれば、高齢化社会とは、いのちを社会に吹き込むチャンスに富んだ社会でもあるのだ」（小倉 2006: 404）。

小倉は既存の社会学概念を摂取しつつ、共同参加型のインタビュー調査から得られた調査協力者の語りからさまざまな概念化を試みる。それらはいずれも「既成の人間形成観」からの離脱であり、距離のとり方であり、「〈経験〉の相互的コミュニケーションから生成していく人間と社会」にかかわる。その経験を見据え、他者にその経験を語ること、こうした〈経験〉の相互的コミュニケーションによる「世代の継承」が新たな「社会化」モデルを生み出す契機と捉えられる。

3人の調査協力者それぞれの「葛藤経験や挫折経験、病いや身体のままならなさの経験」は、「それまでの自己にとっては異質な経験であり、ゆらぎ」であるが、それを「新たな自己の源泉として捉えていくような生の営み」だと小倉はとらえる。それは「首尾一貫性というよりも、ゆらぎの連続性によって、「生成」していく人間形成のありよう」だと解釈するのである（小倉 2006: 460）。

調査協力者の「葛藤経験や挫折経験、病いや身体のままならなさの経験」は淡々と語られている。これらの諸経験は語り手のアイデンティティをある時点で大きく舵を切るような形として語られるというより、連続しつつ変更を加え堆積していく、というイメージである。調査協力者たちは経済的にも、また社会的地位という意味で、ある種の自由を獲得した立場から、自分の満足する人びととのつながり方の実践を語る。それは上記の諸経験があってこそ獲得された「意味地平」である。

5．老いを語ることと聴く力

　カウフマンが注目したのは語る行為が自己の連続性を創造することだった。生きられた経験としての老いの語りを通して、カウフマンは自己のアイデンティティの一貫性を強調した。他方、小倉は「一貫性というよりもゆらぎの連続性」を強調する。個人のアイデンティティの表出の仕方に対する日米の文化的期待の違いかもしれない。しかし、両者に共通する点に着目すると、次のことがいえるだろう。それは、人生の文脈のなかで老いを語る機会が与えられることによって、聴き手となる他者とのコミュニケーションを支えに、変化する身体と精神の現在を、しっかり見据えることができるということだ。

　それぞれの個性をもつ日米の調査からは語ることと語りを聴く関係性の存在が、老いを見据えることと、老いる経験の再解釈と意味の創造にとって重要であることを教えてくれる。

　鶴見俊輔は「人間一代の終わりを身近にみる」ことの大切さを述べている[5]。生きられた経験としての老いを語り、その語りを聴くことは、身体経験と時間感覚に対しアクチュアルな想像力を与えてくれる。それこそが、生の〈いま〉この時を生きることの重要性の気づきにつながるはずである。

【注】
(1) 中野新之祐によると戦前国定教科書において、伝統技術の必要な職人の世界や農林漁業の世界では働く老人の姿が描かれる一方、修身書に登場する老人は依存的存在として介護・扶養の対象として記述されているとし、その分析から近代公教育は「老い」を否定していったと述べる。その意味で石牟礼道子『椿の海の記』(1970) や宮本常一『家郷の訓』(1967) の中に描かれていた伝統社会の「老人」像と1960年以降のそれとは隔絶していくことになる（中野 1992）。
(2) ただし、第5回（2000年）からは質問の表現（ワーディング）を変えているという事情を考慮する必要がある。
(3) 小倉が対象としたうちの一人は「隠居研究会」主催者太田空真から紹介を受け、他の二人は『「ご隠居」という生き方』(1999) の読書カードを通じている。カウフマンは調査に先立ち2年間にわたる高齢者施設や高齢者のグループを訪問し、その交流を通じて出会った人びとの中から選んだと記している。
(4) カウフマンのいう＜テーマ＞は価値とよく似ている。ここでは議論を簡略化するために、カウフマンが価値としてとりあげたものを引用しておくにとどめる。「ここでとりあげる価値とは、達成、成功、生産性、仕事、進歩、社会への奉仕、自立、自力本願、そして個人的イニシアティヴである」(Kaufman 1986=1988: 143)。
(5) 老いていく人の身近に生きる経験の重要性について、天野正子も宮本常一の記す祖父とのかかわりや井上靖の自伝的小説を用いて述べている（天野1999）。

【文献】
・天野正子『老いの近代』岩波書店, 1999
・Bellah, R., et al.『心の習慣－アメリカ個人主義のゆくえ』島薗進, 中村圭志訳, 筑摩書房, 1991
・土居健郎『甘えの構造』弘文堂, 1971
・藤崎宏子「家族生活（第3章）」内閣府編『高齢者国際比較調査』2010, http://www8.cao.go.jp/kourei/ishiki/h22/kiso/zentai/index.html
・石牟礼道子『椿の海の記』朝日新聞社, 1976
・伊藤光晴・河合隼雄・副田義也・鶴見俊輔・日野原重明『老いの発見1～5』岩波書店, 1986-1987
・Kaufman, S.『エイジレス・セルフ―老いの自己発見』幾島幸子訳, 筑摩書房, 1988
・宮本常一『宮本常一著作集6 家郷の訓』未来社, 1967
・中野新之祐「教科書にみる「老人」の社会史」中村桂子・宮田登編『老いと「生い」―隔離と再生』藤原書店, 1992
・大出春江「老いと近代化」『上智大学社会学論集 6・7』上智大学社会学科, 1983
・小倉康嗣『高齢化社会と日本人の生き方―岐路に立つ現代中年のライフストーリー』慶應義塾大学出版会, 2006

- 太田空真・隠居研究会『「ご隠居」という生き方』飛鳥新社，1999
- 太田素子「老年期の誕生―十九世紀前期農村の「楽隠居」を手がかりに―」中村桂子・宮田登編『老いと「生い」―隔離と再生』藤原書店，1992
- Plath, D.「米国における老年―恥ではないがしかし……」加地永都子訳，伊藤光晴・河合隼雄・副田義也・鶴見俊輔・日野原重明編『老いの発見1　老いの人類史』岩波書店，1986
- Plath, D.『日本人の生き方―現代における成熟のドラマ』井上俊，杉野目康子訳，岩波書店，1985
- 桜井　厚『インタビューの社会学―ライフストーリーの聞き方』せりか書房，2002
- 新藤兼人『午後の遺言状』岩波書店，1995
- 鶴見俊輔「生き方としての老い」伊藤光晴・河合隼雄・副田義也・鶴見俊輔・日野原重明編『老いの発見3　老いの思想』岩波書店，1987

【ブックガイド】
①天野正子『老いの近代』岩波書店，1999
②伊藤光晴・河合隼雄・副田義也・鶴見俊輔・日野原重明編『シリーズ　老いの発見』岩波書店，1986〜1987
③大井　玄『「痴呆老人」は何を見ているか』新潮社，2008

第12章

死の社会的変容
——伝統・管理・自己決定を越えて

澤井　敦

【キーワード】
先祖祭祀、死の高齢偏在化、医療化、死のタブー化、自己決定

1．「千の風」になる意味

　2007年、「千の風になって」（訳詞・作曲　新井満／歌唱　秋川雅史）という曲が年間ヒットチャートの1位（オリコン調べ）となった。ヒット曲としては、この曲は、歌い手がオペラ歌手であるなど、様々な点で例外的である。とりわけその内容が、死や死別という重いテーマをあつかったものである点が特異であろう。さらに言えば、私はお墓にはいない、千の風になって吹き渡っている、という歌詞の内容は、墓にまつわる従来の伝統的慣習にそぐわないものでもある。NHK放送文化研究所の調査によると、2008年の段階でも、約7割の人が「年に1、2回程度は墓参りをしている」と答えている。墓参りは、宗教的行動（それをする本人にその行為が宗教的なものであるという意識があるかないかという問題はあるとしても、少なくともかたちとしては宗教的なものと見な

される行動）としては、初詣とならんで最も一般的に行われている習慣のひとつである。この歌は、そのお墓には故人はおらず、その前で泣かないでください、と歌いかける。

　このように、従来の慣習に一見すると反したものに見える歌に、多くの人の支持が集まった。この曲に多くの人びとが共感したという事実は、はっきりと意識的にではなくとも人びとが抱いている死や死別のイメージに生じている変化を象徴するものと言えるだろう。では、それはどのような変化だろうか。

　以下では、20世紀前半から現在にいたる日本の死のあり方の変遷を、その時々の社会のあり方と関連づけながら概観する。そしてその上で、最後に、あらためてこの問いに立ち返ることにしたい。

2．伝統的な死のかたち

家墓と先祖祭祀

　現在、墓参りの対象となる墓の多くは、「○○家の墓」「○○家先祖代々の墓」といったように、家を単位としたいわゆる家墓である。こうした墓のあり方と深く結びついているのが、かつての家族制度である家制度である。家制度は、1898年に施行された民法により公的に導入された。家制度下では、家長が家族の成員の婚姻や転居を許可する権利を有している。それだけでなく、家長は、家督相続により、先代の家長から家屋や土地などの財産を単独で相続する。家長から家長へと家の資産や家業が継承されていくことで、家がとだえることなく存続していく点にこの制度の大きな特徴がある。多くの場合、継承者となるのは長男であったが、男の子がいなければ養子をとることによって家の存続がはかられた。そして、このように代々継承されるもののひとつとして、先に述べた家墓がある。代々の家長が家墓を継承していくことで、墓を守

人が常に確保され、その家の先祖、あるいは亡くなった代々の人びとが、死後長くにわたって子孫により守られていくことが可能となる。

そして、このような家墓をめぐる慣習には、ある種の死生観が付随していたものと考えられる。1946年に刊行された『先祖の話』のなかで、民俗学者、柳田國男がそのいくつかの特徴をあげている。まず、人びとは、死者の魂は死んでも地域の共同体を離れず、近隣の山や森など自然のなかにとどまり、子孫を見守っていると考えていた。さらにそうした死者の霊は、盆、正月など毎年日を定めて、子孫の家に行き通うものと考えられていた。さらに、死後、多くは三十三年供養（弔い上げ）すると、死者の霊はその個性を失いひとつの集合的な先祖の霊に融け込むものとされていた。死者を祀る多くの儀礼は仏教的な形式をとるものが多いが、以上のような死生観は必ずしも仏教の教えに一致するものではない。柳田はむしろ、こうした信仰を仏教伝来以前から存在する日本固有のものと考えていた。もちろんこうした柳田の説には異論が多々ある。ただ、20世紀前半の日本社会において、人びとが、亡くなった家族や先祖など死者の存在をより身近なものと感じていたこと、そして、そうした感覚を支える儀礼や制度もまたより身近なものであったことは疑いない。

時間的・空間的な死の身近さ

死者を身近に感じるということと関連して、ここでは当時、死そのものも人びとの身近に存在するものであったという点を述べておきたい。「人口動態統計」（厚生労働省）によると、1930年の1年間に亡くなった者を年齢階級別に見ると、0〜4歳が全体の34.5%、5〜19歳が9.1%、20〜39歳が13.4%、40〜64歳が19.8%、65歳〜74歳が11.9%、75歳以上が11.2%を占めている。言い換えれば、当時、周囲で誰かが亡くなったという時、3人に1人は4歳以下の子どもであり、4割強は19歳以下の

未成年だったということである。これは主たる死因が結核のような呼吸器系の、あるいは消化器系の感染症であったことに原因がある。病原体には、年齢に関係なく感染する可能性がある。そしていったん感染してしまえば免疫力の弱い子どもがその犠牲となりやすい。こうした傾向は、抗生物質がひろく普及する1950年代まで継続する。1950年の時点でも、年齢階級別の死亡者の割合は、0～4歳が全体の24.6％、5～19歳が5.7％、20～39歳が13.6％、40～64歳が23.6％、65歳～74歳が17.7％、75歳以上が14.8％であり、亡くなる人の4人に1人が4歳以下の子どもであり、3割強は19歳以下の未成年であった。

　このように見ると、20世紀前半には、「老いて死ぬ」という移り行きが必ずしも自明なものではなかったことがわかるだろう。むしろ、死は年齢にかかわらず、いつ自分に襲いかかってくるかわからないものであった。この意味で、死は人びとの身近にあった。当時、出生率が現在より高く、兄弟の数も多く、5人以上の兄弟がいることも珍しくはなかったことを考え合わせると、兄弟のうちの誰かを幼くして亡くすという経験も、けっして例外的なものではなかった。またこのように、死がいつ訪れるかという、時間という観点からみた身近さだけではなく、死がどこで訪れるかという、空間という観点から見ても、死は身近なものであった。当時、多くの人びとは病院などの施設ではなく、自分の家で亡くなっていた。「人口動態統計」によると、1951年の時点でも、病院や診療所などの施設内で亡くなった者は全体の11.6％に過ぎず、82.5％の者が自分の家で亡くなっていた。人びとは住み慣れた家の、使い慣れた布団の上で死んでいった。言い換えれば、隣人が生活を営む同じ地域で、家族が生活を営む同じ家で、つまり、日常生活が営まれているのと同じ空間で亡くなっていった。この意味でも、死は人びとの身近にあった。

3．近代的な死のかたち

近代化と家意識の変容

　さて、『先祖の話』が刊行された翌年の1947年には、民法が改正され、結果として家制度も廃止されることになる。新民法によって、家督相続に代わり均分相続が一般化する。跡継ぎである長男が代々家を継いでいくという観念は法的な支えを失い、希薄化していくことになる。こうした制度面での変化に加えて、先祖祭祀的な観念の希薄化に影響したと考えられるのが、経済面での変化である。第二次大戦後、それまで就業人口の約半数を占めていた第一次産業の就業者は激減し、第二次産業、とりわけ第三次産業へと労働力が移動した。こうした変化はまた、農林水産業や自営業などの家業を営む人口が減少し、企業に雇用される労働者が増大するという過程と連動するものだった。このような産業構造の変化にともなう労働環境の変化によって、同じ家業を共同で営み、それを代々継承していくという、それまで家を支えていた慣行が、大きく揺らぐことになる。こうした制度・経済の両面での変化をつうじて、跡継ぎが家の墓を代々引き継ぎ、先祖祭祀の慣行を継承していくという観念もまた希薄化していくことになる。家意識の変化にともない、子ども、とりわけ長男が老親と同居し扶養するという、拡大家族型の世帯が全体において占める比率は減少し、代わって核家族型世帯あるいは単独世帯の占める比率が増大してきた。墓についても、継承者がおらず荒廃する無縁墓が徐々に問題視されるようになる。死生観についても、以上のように、社会的な基盤が失われることによって、変化が生じる。たしかに墓参りやお盆の慣行はいまだに一般的なものではあるが、多くの場合それらは形式的なものとなっており、少なくともそれが20世紀の前半に持っていたような死生観上の意味は薄れている。子孫の家に帰ってくるとされる先祖、死者の存在も、かつてのように身近なものとは感じられてお

らず、むしろ、そうしたストーリー自体、多くの場合、言い伝えられた昔話のようなものとしてしか感受されていないだろう。

死の高齢偏在化

　死者の存在が身近なものと感じられる度合いが減少したことと共に、死そのものも人びとの身近に存在するものではなくなってくる。先に20世紀前半の主たる死因が感染症であったと述べたが、抗生物質の普及以降、死因は感染症からいわゆる成人病（生活習慣病）へと変化する。「人口動態統計」によると1950年には死因の1位は結核であったが、1960年には1位が脳血管疾患、2位が悪性新生物（がん）、3位が心疾患となっている。こうした死因の変化にともなって、死がいつ起こるか、という時間という観点からみた死の様相も変化する。いわゆる成人病は、字義通り、加齢と共に罹患する確率が増す病である。「人口動態統計」によると1960年の1年間に亡くなった者のうち、19歳以下の未成年が占める割合は12.5%まで低下し、代わって、65歳以上の者が全体の52.1%を占めるにいたっている。この傾向はその後も継続し、2000年には、19歳以下の未成年の死者は全体の0.9%を占めるにすぎず、代わって、65歳以上の者が全体の78.8%を占め、とりわけ75歳以上の者のみで全体の57.4%を占めるにいたっている。こうして、人生という時間軸上で、死は高齢期に偏在するものとなった。ここにきて「老い」と「死」は社会的にも結びつけて考えられるようになった。

　このような死の高齢偏在化によって、年齢が若ければ若いほど、死は身近なものではなくなった。若い者にとって、死は、人生のまだまだずっと先の遠い彼方にある。死はいつ何時襲ってくるかわからないものというよりは、人生のはるか先に、あるのかないのかさえはっきりとわからないような朧気な姿で存在するものとなった。死は、若ければ若いほど、とりあえず、自分とは関係のないこと、とりあえず考えなくても

よく、忘れておいていられるものとなった。また高齢期に死が偏在することは、言い換えれば、子育てや仕事の場が、親や同僚の死によって影響を被る度合いが少なくなることをも意味している。多くの場合、亡くなるのは、退職し、また子育ても終わり、その意味で仕事・家庭生活の第一線から退いた高齢者たちである。逆に言えば、死によって、社会活動が全体として影響を受けることはなく、むしろ社会生活の舞台裏で、死は生起するものとなる。

医療化と管理化

そしてまた、死がどこで起こるか、という空間という観点からみた死の様相も変化することになる。先に述べたように、20世紀の前半では大半の人びとが自分の家で亡くなっていた。しかしながら「人口動態統計」によると、1975年には、病院や診療所など施設内で亡くなった者の全体に占める割合は46.7%となり、自分の家で亡くなった者の割合、47.7%とほぼ同数となる。2000年には、施設内での死が81.0%、自宅での死は13.9%となる。このように20世紀の後半において、死の場所は自宅から病院へと変化した。この変化については、医療技術の進歩、病院・病床数の増大、健康保険制度の整備など、さまざまな要因が考えられる。また多くの意識調査で示されているように、実際には、病院ではなく在宅死を望む人の数も多い。ただ、核家族化や単独世帯の増大のなかで、実際いざという時に看護者を自宅で確保できるのか、など問題も多い。結局、在宅死が望ましいと思う人も含めて、大半の者が病院で最期を迎えざるをえないのが現状である。

さて、このように病院死が増大することは、同時に、死や死にゆく過程が、医療スタッフという専門職によって管理されるという傾向が強まることをも意味する。医療の目的は治療であり、したがって一分一秒でも長く生命を保護し守ることがその責務となる。こうした「延命至上主

義」は、少なくとも1980年代まで、支配的な言説としてあった。命を守ることはもちろん原則であるが、そのなかで時として、機械によってむりやり生かされているような状態が生じてくる。それに対して、たとえば、さまざまなチューブにつながれむりやり生命を維持されている状態が、比喩的に、「スパゲッティ症候群」という言葉で批判された。あるいは、患者自身の意志が尊重されず、流れ作業的に管理されることが問題視されたりした。

　専門職により死が管理されるというこうした事態は、死にゆく過程や死のみならず、死後に関してもあらわれてくる。20世紀前半では、葬儀は、「葬式組」などと呼ばれる近隣の住民によって、相互扶助的に営まれることが多かった。しかし、戦後の高度経済成長期を経て、葬儀は、都市部のみならず全国的に、葬祭業者という専門職が主体となって管理されるものとなる。

　ただ、このように死が管理されることは、同時に、死に新しい意味づけがなされることを意味するものではなかった。伝統的な死のかたちにおいては存在しえた死の意味づけ（たとえば、死んだらどうなるのかを教示すること）は近代化・世俗化と共に失われていく。こうした過程、すなわち死の意味喪失の過程が進行するのと同時に、専門職の手によって死を、科学的・合理的に効率よく管理する過程が進行したと言えるだろう。

死のタブー化

　以上のように、死者の存在や死そのものが身近なものではなくなっていくこと、さらに言えば、死が隠蔽され、日常生活の場から排除・隔離されるような傾向を、「死のタブー化」と呼ぶことがある。これは、死に意味づけできないことが、結果として、できる限り死について見たり考えたりせず、死にふれることをタブー（禁忌）とする、さらには死そ

のものを抑圧し否認しようとする傾向へと通じていく、という主張である。日本社会についても20世紀半ば以降、こうした傾向が見られたと言ってよいだろう。さらに、死のタブー化は、日本のみならず、欧米社会を含めた近代化が進行する諸社会に、20世紀以降、共通してあらわれてくる現象としてとらえられている。

　たとえば、フランスの社会史家、フィリップ・アリエスは、1970年代に公刊された著書で、死が病院で生起するものとなり、さらに病院では、死を公然と認め口にすることが回避され、患者は「死なないふりをする瀕死者」という役割を演じなければならなくなっているという状況について指摘している。アリエスによれば、「人はもはや、わが家で、家族の者たちのまん中で死んではいかず、病院で、しかもひとりで死ぬのです」（アリエス 1983: 71）。

　また、イギリスの社会学・人類学者、ジェフェリー・ゴーラーは、1960年代に親しい者を亡くした遺族にインタビュー調査を行い、その結果、一定期間、喪服・喪章を身につけたり、娯楽を慎んだりといった服喪儀礼が衰退し、死別の悲しみを公然と表出することが病的な、不健全なことと見なされるようになっているという傾向を見いだした。人々は、表面的にはあたかも何事もなかったかのようにふるまうようになった。ゴーラーによれば、「だから人々は、他人の心を害さないために、脱衣や排泄の時と同じように、一人きりで嘆き悲しむのである」（ゴーラー 1986: 178）。

　さらに、ドイツの社会学者、ノルベルト・エリアスは、死をタブー視する現代社会において死にゆく人びとが経験することになる孤独について論じた。「死を間近にひかえた人間が——まだ生きているのに——周囲の人々にとって自分はもはやほとんど何の意味ももっていないのだ、と感じなければならないような事態に身を置くとき、その人間は真に孤独である」（エリアス 1990: 96）。ここでエリアスが述べている孤独は、

人はいずれ、他者には代わってもらうことのできない死に一人きりで直面せねばならないという意味での孤独ではない。そうではなく、エリアスが示唆しているのは、死をタブー視する社会において、死にゆく人びとが、「まだ生きている」のに、死にゆくという烙印を身に帯びることによって、生きている者たちの関係から締め出されていると感じざるをえない場合の孤独である。エリアスに言わせれば、このような状況においてこそ、ひとは「真に孤独」なのである。

　現代の日本社会のなかにも、以上のような傾向を見いだすことはいまだに可能であろう。死にゆく人びとであれ、死別の悲しみに浸る人であれ、私たちはそうした人びとが抱いているだろう恐れや悲嘆の感情をわかちあうことを、時として回避してしまう。それは、多くの場合、悪意があってのことではなく、むしろ何をしてあげたら、話してあげたらよいかわからない、何かしてもかえってその人を傷つけてしまうかもしれないという当惑感や迷いによるものである。結果として私たちは、むしろ「そっとしておく」ことで彼らから遠ざかったり、あるいは「気晴らしをさせてあげる」ことで、悲嘆の感情そのものから顔を逸らしたりしてしまう。死を身に帯びた者との関係性を回避するこうした態度には、死のタブー化という社会的傾向のあらわれを見てとることができるだろう。

4．後期近代の死のかたち

死の自己決定

　近代化が進行し高度化すると社会に質的変化が起こるとする議論がある。そこでは、たとえば、後期近代、再帰的近代、第二の近代、ポストモダン、リキッドモダンなど、さまざまな概念が用いられる。それぞれが示唆するところは異なるものの、あえて共通点を探すとすれば、それ

は、近代化の過程をつうじて形づくられた社会の構造や制度が流動化し、人びとの存在様式が多様化するという指摘である。その結果、個々人は自分自身のあり方をより自由に、自分自身で決定できるようになると同時に、その決定の責任をもまた自ら負うことになる（こうした傾向は、「個人化」とも呼ばれる）。

　死に関しても、同様の傾向が起こってくる。つまり、専門職に管理されるのではなく、自分の死に方（や死ぬまでの生き方）を自分で決めたいとする「死の自己決定」への傾向である。日本では1990年代以降こうした傾向がとりわけ顕著となった（イギリスでも同時期に同種の傾向が顕著になる。アメリカでは1970年代にすでにそうした傾向が明らかなものとなっていた）。それと同時に、メディアのなかで、死についてあつかった多様なコンテンツもまた増大していく。死はオープンに語られるものとなり、もはやタブーから解放されたとする議論も当時あらわれた。

　具体的に見ていこう。たとえば、患者の意志を明記した「リビング・ウィル」にしたがって、末期状態や植物状態での延命治療を停止するという、尊厳死という考え方がある。このリビング・ウィルを登録した「日本尊厳死協会」の会員数は、1980年代は1万人未満にとどまっていたが、1990年には1万人を超え、1992年には3万人、1994年には6万人、さらに2002年末には10万人に達している。また、がん告知についても、1980年代には告知しないという考え方が主流であったが、1990年代以降、告知を推進する風潮が高まった。たとえ告知をすることが死の宣告に等しい場合であっても、告知をしないと、真実を知らない患者は死にいたるまでの時間を、自分自身の判断で、自己決定によって生きていくことができない。そうした可能性を最初から閉ざすべきではないという考え方がひろがっていくということである。また、こうした自己決定は、死にいたる過程のみならず、死後に関しても要求されるようになる。た

とえば、1991年に、「葬送の自由をすすめる会」は、遺骨を砕いて粉状にしたものを海にかえす散骨（自然葬）をおこない、法的にもこれが容認されることとなった。こうした動きも、従来の伝統や既成宗教にとらわれることなく、自分の最後のありかたを自分で決めたいという願いのあらわれである。

　もちろんだからといって、こうした自己決定への願望がすべて満たされ、人びとがそれぞれ思い思いの死に方で旅立つようになり、死のあり方が際限なく多様化するということではない。自己決定による死も、実際上は、あらかじめ用意されているパターンにある程度従うものとなるし、場合によっては、先に近代的な死について見た時にふれたような、管理化の傾向と親和的なものともなる。たとえば、がん告知は、医療スタッフが情報を提供し患者とのあいだで治療に関する合意を形成する、いわゆるインフォームド・コンセントの一種である。ただ、こうした手続きは、時として、医療スタッフが責任を負いきれない部分（たとえば死への意味づけ）を患者に任せ、患者自身にその責任をとってもらうことで、全体の管理を維持するための手段ともなりうる。また、死にゆく者の心理を段階的にとらえたマニュアルによって、死に至るまでの患者の精神状態を管理するということも起こってくる。こうした管理は、形式的には患者の意志や感情を尊重するというかたちをとっており、その意味では、かつての管理化のなかでの死とは異なる。ただ同時に、患者をいわば自発的に動かし、管理しやすいかたちに誘導していくという側面がそこにはあり、その点でこうした傾向は、近代的な管理のより洗練された形態として理解することもできる。そこでは、人びとは、いわば自己決定をゆるやかに強いられることになるのである。

管理への対抗と関係への配慮

　以上で述べたように、時として管理化と親和的なものとなる傾向があ

るとはいえ、死の自己決定という考え方は現在でもさらなるひろがりを見せている。ただ、1990年代と比べた場合、とりわけ2000年代後半以降、一定の質的変化がそこには見られる。それは、比喩的に言えば、ハードな自己決定からソフトな自己決定への変化である。90年代において自己決定が説かれる場合、そこには、従来の病院や寺や葬祭業者といった組織による管理に対抗するものとしての性格が強く見られた。そして、場合によっては、そうした管理に対抗するために、たとえば「日本尊厳死協会」や「葬送の自由をすすめる会」などといった対抗組織がかたちづくられる。そして、逆説的なことではあるが、こうした対抗組織は、自己決定を標榜しつつも、特定の死に方、死後のあり方のパターンを唱道し、さらにはそれを支えるための法制化を求めるものである。言い換えればそこには、自己決定という名の下に、一定の死のあり方を共有し、さらには普及させようとする共同性が形づくられていると言えるだろう。このような、いわば「管理対抗的」な自己決定に対して、2000年代後半以降顕著となるのは、いわば「関係配慮」的な自己決定である。たとえば近年、「エンディング・ノート」が急速に普及している。エンディング・ノートは、文字通り、人生を終えるにあたって書き記しておく記録である。そこには多くの場合、尊厳死の「リビング・ウィル」にあたる内容も含まれているが、それにとどまらず、内容は、預貯金や保険に関する情報、親族・友人連絡先、介護・葬儀・お墓に関する希望、携帯やパソコンのデータ処理やパスワード、思い出など、多岐にわたる。また、葬儀に関しても、葬儀の小規模化（家族葬とも呼ばれる）の傾向、すなわち、家族などごく親しい者のみで葬儀を行うことを望む傾向が強くなっている。

　こうした傾向は、従来の死の自己決定への傾向の延長線上にあるものだが、管理対抗的というよりは、むしろ、これまで共に生きてきた親しい者との関係に配慮し、死という出来事に際しても、そうした関係を守

り、また、維持していこうとする希望の表れと解したほうがよりふさわしいものと言える。もちろん、親しい者への「配慮」は、「遠慮」へと転化しやすい。つまり、親しい者への思いやりが、かえって遠慮を誘い、当事者を自発的に一定方向の死のあり方へと押しやる可能性も否定できない。ただ、そうとはいえ、こうした近年の傾向には、同じ死のイメージを共有して死へと向かう共同性を形づくるというよりは、むしろ、これまで共に生きてきた者との関係性が、生死の境を隔ててもなお存続していくことを望む、そうした願いが反映されているように思う。

5．自己決定と伝統の狭間で

　冒頭で、ヒット曲「千の風になって」について述べた。この曲の歌詞は、もともとアメリカで、英語で書かれたものであり、その詩は9.11テロの第1回追悼式でも朗読され、話題を呼んだ。さて、これまで述べてきたことをふまえて、冒頭で提示した問いについて考えてみたい。まず、私はお墓にはいない、千の風となって吹きわたっている、だからお墓の前で泣かないでくださいと語りかけるその内容は、従来の墓にまとわりついている組織管理や既成宗教の拘束から逃れ、自由になるという解放感を感じさせるものである。この意味で、この歌には、死の自己決定へと向かう社会的傾向が反映されていると言えるだろう。

　ただ同時に、死者が自然のなかにいる、というイメージは、柳田國男が整理したような伝統的な死生観、すなわち、死者は死んでも地域の共同体を離れず、近隣の山や森など自然のなかにとどまっているという観念と感覚的に共鳴するものである。この点で興味深いのが、翻訳時に歌詞に加えられた変更である。オリジナルである英語の詩では、私は風、雪のきらめき、陽光、鳥、星になっていると淡々と語られている。つまり、どちらかというと死んでも自然と一体化し、自然の其処此処に存在

しているという世界観が語られている。それに対して、日本語の歌詞では、鳥になって「あなたを目覚めさせる」、星になって「あなたを見守る」といったように、むしろ遺された親しい者との関係性をより強調する文が追加されている。つまり、死者は、自然と一体化しているというよりは、むしろ、自然のなかにおり、まさしくかつての先祖の霊のように、親しかった者を見守っている存在として描かれている。

とはいえもちろん、この歌詞は、かつての先祖祭祀に直接回帰するようなものではないし、なんらかの宗教的な信仰に直結するものでもない。伝統的な死者に関するイメージの残響を感じさせつつも、むしろそれは、自己決定して生きる姿勢を前提とし、更新された、死者と生者のつながりのイメージである。そして、こうしたイメージは、先に述べた関係配慮的な自己決定というあり方を想起させるものではないだろうか。最後に付言すれば、関係配慮的な自己決定とここで呼んできたものに関わる様々な動向には、死という事象に往々にしてつきまとう暗さではなく、むしろ不思議な明るさを感じさせるものが多い。端的に言えばそれは、実のところ、これらの動向が、死ぬことに関わるものではなく、生きることに関わるものだから、さらに言えば、生死の境を越えてもこれまで生きてきた関係性が存続することを願う、「希望」に関わるものだからである。

【文献】
・P・アリエス『死と歴史—西欧中世から近代へ』みすず書房, 1983
・N・エリアス『死にゆく者の孤独』法政大学出版局, 1990
・G・ゴーラー『死と悲しみの社会学』ヨルダン社, 1986
・NHK放送文化研究所（編）『現代日本人の意識構造［第七版］』日本放送出版協会, 2010
・柳田國男『柳田國男全集　13』ちくま文庫, 1990

【ブックガイド】
①澤井敦『死と死別の社会学―社会理論からの接近』青弓社, 2005
　ウェーバー、デュルケームからエリアスやバウマンにいたる死の社会学の系譜をコンパクトにまとめた書。
②中筋由紀子『死の文化の比較社会学―「わたしの死」の成立』梓出版社, 2006
　比較社会学的な観点から、日本の死の文化の近年の変遷とその特徴を、フィールドワークの成果を交えてクリアに整理した書。
③立岩真也『良い死』筑摩書房, 2008
　死の自己決定という考え方が孕む問題性を、安楽死・尊厳死を主たる対象として、深く掘り下げて考察した書。

第13章

クロックタイムの成立と変容

浜　日出夫

【キーワード】
時間と空間、クロックタイム、瞬間的時間、積み重なる時間

1．遅刻

　あなたは今日このテキストを使った社会学の授業が行われている教室までどのようにしてたどり着いただろうか。9時からの朝1時限目の授業だとしよう。あなたは9時までに教室に入るために、駅から大学までの所要時間を考えて、ある時刻までに大学の最寄り駅に到着する電車に乗らなければならない。さらに自宅の最寄り駅から大学の最寄り駅までの所要時間を計算して、あなたの自宅の最寄り駅をある時刻に出発する電車に乗ったはずであるし、自宅から駅までの所要時間を考えて家を出たはずであるし、そのためにある時間に起きて、顔を洗い、着替え、朝食を食べたはずである。もちろん電車も時刻どおりに動いていなければならない。さらにあなただけが教室に到着しても、社会学の授業は始ま

らない。広い空間に分散して住んでいるあなた以外の学生たちも、そして教員も同じようにして9時までに教室にたどり着くことによって、ようやく社会学の授業が始まる。毎週繰り返されている見慣れた光景であるが、このような光景はいかにして可能となっているのだろうか。

　まずみんなが時計を持っていなければならないだろう。さらにそれらの時計が同じ時刻を指していなければならない。みんなが時計を持っていないとすれば、あるいは持っていたとしてもそれらがバラバラの時刻を指していたとすれば、みなが9時に同じ教室に集まるということは不可能である。またさまざまな交通機関も同じ時計にしたがって運行されていなければならないし、朝出かける前に点けたテレビも同じ時計にしたがって放送されていなければならない。

　これは社会学の授業についてのみ言えることではない。あなたの大学で行われているすべての授業についても同じであるし、さらにあなたの大学だけでなく、小学校・中学校・高校も含めて、すべての学校の授業がそのようにして行われている。また学校だけでなく、工場や会社、商店、銀行、病院、市役所、政府機関など、あらゆる組織がそのようにして動いている。わたしたちが生きているこの社会は、わたしたちの行為が時計によって計られる時間（クロックタイム）にもとづいて相互に調整されていることによって成り立っている社会である。友人との約束、さまざまな〆切、大小の会議、納品日、手形の満期日、これらはすべて、広い空間内に散在する無数の人間が同じ時刻を指す時計を持ち、その時計が指す時間にもとづいて行為することを前提としている。

　あなたはもしかしたら今日社会学の授業に遅刻したかもしれない。寝坊したためかもしれないし、電車が遅れたためかもしれない。しかしそもそもわたしたちの生きている社会がクロックタイムにもとづいて営まれている社会でなければ、あなたは遅刻することもなかったはずである。わたしたちはいつからそのような社会で暮らすようになったのであろうか。

2．不定時法

　ギデンズ（A.Giddens）は伝統的世界から近代的世界への移行の指標を「時間と空間の分離」に求めている。伝統的世界では時間と空間は場所において結びついていた。すなわち「いつ」はつねに「どこ」と結びついていたのである（ギデンズ 1993:31）。

　たとえば、日本で江戸時代に使われていた不定時法を例として考えてみるとわかりやすい。不定時法とは、夜明けを「明六つ」、日暮れを「暮六つ」とし、昼夜をそれぞれ六等分して、「九つ」「八つ」「七つ」「六つ」「五つ」「四つ」と時刻を告げる鐘の数で呼んだものである（図1）。

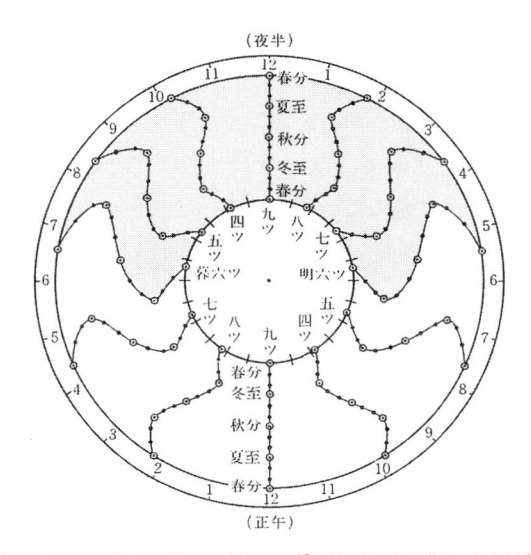

図1　不定時法と定時法の対照図（『岩波日本史辞典』：1340）

この不定時法の時間はふたつの特徴をもっている。ひとつは、太陽の動きを基準として計られる「自然の時間」であることである。このため同じ一日のうちでも、昼を六等分した一時（いっとき）と夜を六等分した一時は、（春分と秋分の時期を除けば）長さが違うし、同じ昼の一時でも季節によって長さが変化する。

　不定時法の時間はまた「ローカルな時間」である。夜明けの時間や日暮れの時間は土地土地で異なるため、明六つの鐘はおおまかに日本列島を東から西へ進みつつまちまちに鳴っていたのである。したがって、不定時法では、「明六つ」と言っただけでは、それがどこの明六つの鐘なのかわからなければ、いつのことかわからなかった。「いつ」は「どこ」と切り離せなかったのである。

　このように時間と空間が結びついていた世界はまた相互行為がローカルな世界に埋め込まれていた世界である。場所と結びついた、不定時法によって計られるローカルな時間にしたがって営まれる相互行為はまた、その時間が結びついているローカルな場所に埋め込まれていたのである。江戸時代の日本では、それぞれの藩が藩ごとにそれぞれ不定時法にもとづいて時間を計測しており、藩のなかでの相互行為はこの時間にしたがって営まれていた。城内に勤める役人＝武士たちは城内で打たれる時太鼓の音にしたがって勤務し、城下の町人や村々の農民たちは寺の時鐘にしたがって生活していた（森下 2001）。そして、相互行為が太鼓や鐘の音の聞こえる範囲で営まれているかぎり、それで支障はなかったのである。

3．クロックタイム

　だが、このような状態は明治時代に入って大きく変化する。明治新政府は1872（明治5）年11月9日の改暦詔書によって太陽暦の採用を決め、

1872年12月3日を新暦1893年1月1日に改めるとともに、この日からあらたに正式の時刻表示方法として定時法を採用した。定時法とは一日を24等分して時刻を表示する、今日私たちがよく知っている時刻表示法である。

　定時法の時間は時計によって計られる「機械の時間」(クロックタイム)である。それまでは「明六つ」「暮六つ」のように太陽の動きによって時間を計っていたのに対して、今度は逆に「日の出6時11分」「日の入り17時36分」(いずれも2013年3月1日・東京)というように、時計によって太陽の動きが計られるようになる。太陽の動きとは無関係に時計によって計られる昼の一時間と夜の一時間は同じ長さであるし、一年中その長さは変わらない。

　また太陽の動きから切り離されたことによって、定時法の時間は空間から分離する。不定時法の時間は「どこ」と切り離せないのに対して、定時法の時間は場所に関係なく「どこでも」同じである。明六つの鐘は全国まちまちに鳴っていたのに対して、定時法では日本中の時計はどこでも同じ時間を指している。

　この意味で、不定時法の時間が「ローカルな時間」であるのに対して、定時法の時間は「ナショナルな時間」である。定時法の採用にともなって生じた問題は「標準時」をどのように設定するかという問題、すなわちどこの時間を基準として全国の時間を決めるかという問題であった。当初、慣例的に旧江戸城本丸の号砲(ドン)が標準時として用いられたが、1879(明治12)年に正式に東京地方平均太陽時が標準時と定められた(中村 2001)。標準時はじっさいにはあまり地方には普及しなかったようであるが、このときから時間は全国で共通の「ナショナルな時間」となったのである。

　さらに日本は1884(明治17)年10月に開かれた国際子午線会議に参加し、イギリスのグリニッジを通る経度0度の子午線を基準とする世界

標準時を採用することを決めた。これにより、1888（明治21）年1月1日以降、東経135度の子午線が通る兵庫県明石市における地方平均太陽時を全国標準時とすることが決められた（中村 2001）。この日本標準時はグリニッジ標準時から、（サマータイムの時期をのぞいて）つねに9時間の時差がある。このときから日本の時間は「ナショナルな」時間であるだけではなく、「グローバルな」時間の体系の一部となったのである。あなたの時計は全国共通の日本標準時を指しているだけではなく、それを見れば同時に地球上のあらゆる場所の時刻もわかるのである。あなたがとっている社会学の授業が始まった午前9時は、ロンドンではみなが寝静まった夜中の0時であり、ニューヨークではそろそろ夕食が始まる午後7時である。

　そして時間が空間から分離したことによって、相互行為もまたローカルな場所から切り離される。ギデンズはこれを「脱埋め込み」と呼ぶ。脱埋め込みとは、ギデンズによれば、「社会関係を相互行為のローカルな脈絡から『引き離し』、時空間の無限の拡がりのなかに再構築すること」（ギデンズ 1993: 35-6）を意味している。相互行為は行為者の間での時間的な調整を必要とするため、不定時法の世界では、相互行為は時を告げる太鼓や鐘の音が聞こえる範囲に埋め込まれている。これに対して、場所とは無関係に機械によって時間を計る定時法の世界では、相互行為はローカルな場所から引き離され、空間を越えて、同じ場所に居合わせない行為者の間でも可能となる。大学入試センター試験は同じ時刻を指す時計にしたがって北海道から沖縄まで全国一斉に実施されるし、大晦日には全国の寺院で同時に鳴らされる除夜の鐘を次々にリレー中継するテレビの前で全国同時に新年を迎える。すでに100年以上前に、ジンメル（G.Simmel）は「ベルリンのすべての時計が突然狂って異なった方向へ進めば、たとえそれがたんに一時間だけであっても、すべての経済的その他の取引生活は、長きにわたって混乱するであろう」（ジン

メル 1998: 190-1）と述べていた。これはクロックタイムにしたがって営まれる近代的社会の出現に関する非常に早い時期に属する証言である。

そして、はじめに見たように、それから100年以上経った現在でも、わたしたちはクロックタイムにしたがって毎日の生活を営んでいる。クロックタイムなしではわたしたちの社会は成り立たない。しかし、約1世紀前にジンメルが生きていた時間・空間とわたしたちが現在生きている時間・空間はまったく同じというわけではない。

4．グローバル化

ひとつには、1世紀前と比べると、相互行為の脱埋め込み化がいっそう進んでいることである。すでに述べたように、クロックタイムは遠く離れた場所にいる行為者の間での時間的な調整を可能とし、相互行為の脱埋め込み化を推し進める。あなたが今日乗った電車の運行は空間的に離れている各列車・各駅・各部門間の相互行為が厳格に時間的に調整されることによってはじめて可能となっている（不定時法による電車の運行が可能かどうかちょっと考えてみよう）。しかし、今日わたしたちの相互行為はもはや国境の内部で完結していない。現在では地球上に隈なく張り巡らされたクロックタイムの網の目に沿って、人やモノ・カネ・情報がグローバルに移動していく。電車はナショナルな時間の内部を移動するが、国際線の航空機はいくつものナショナルな時間を横切って移動していく。クロックタイムがもともと備えていた、相互行為をローカルな場所から解き放つ潜勢力は今日では全面的に顕在化し、グローバルな相互行為のネットワークを作り出している。ベルリンのすべての時計が突然狂って異なった方向へ進めば、今日では混乱はベルリンやドイツ国内にはとどまらない。ベルリンの空港を目的地として世界中から乗客を運んでいるルフトハンザの航空機、世界中に展開しているフォルクス

ワーゲンの生産工場や販売店、ベルリンの証券取引所で取引している世界中の投資家、ベルリン・フィルのコンサートのネット中継（ベルリン・フィル・デジタル・コンサート）を聴いている世界中のクラシック・ファンへと混乱は及んでいく。もちろん東京やニューヨークの時計が狂っても同じことである。

5．瞬間的時間

　相互行為のグローバル化は、100年前にジンメルがその端緒を目撃した相互行為の脱埋め込み化という現象の延長上に生じている現象である。しかし今日、ジンメルがまったく経験しなかったような時間・空間のあり方もまたわたしたちは経験するようになっている。それは、アーリ（J.Urry）が「瞬間的時間」と呼ぶような時間の登場と関係している。それは1990年代半ばから急速に普及したインターネット空間の中でわたしたちが経験しているような時間である。アーリによれば、「瞬間的時間」とは、「第一に、完全に人間の意識を超えてしまう、想像も及ばない短い瞬間を基底とした、情報や通信の新たなテクノロジー。第二に、別々の瞬間に起こる原因と結果の時間的分離を特徴とするクロックタイムの線形的論理に代わって生まれている、社会的、技術的関係の同時的性格」（アーリ 2006: 223）を特徴とする時間である。

　あなたはもしかしたらツイッター、フェイスブックのようなSNSを利用しているかもしれない。あなたがフェイスブックに投稿した近況は、空間的に散らばっている、もしかしたら海外にいるかもしれない多くの「友達」にじっさいの空間的距離とは無関係に瞬間的・同時的に届く。そして、最初に「いいね！」を押してくれる「友達」はもしかしたら近くの「友達」ではなく、遠く海外にいる「友達」かもしれない。瞬間的時間を特徴とするインターネット空間ではじっさいの空間の中で「ど

こ」にいるかはもはや意味をもたないのである。

　インターネットはわたしたちの生活にますます深く入り込み、わたしたちの生活はインターネットなしではますます成り立たなくなっている。わたしたちは職場や自宅のパソコンの前に座っているときだけではなく、移動しているときも携帯電話やスマートフォン、タブレット端末を持ち歩き、常時インターネット空間に接続されている。しかし、わたしたちがクロックタイムを特徴とする近代的社会から瞬間的時間によって特徴づけられるポスト近代的社会に移行しつつあるのだと考えるとすれば、それは誤りだろう。わたしたちが生身の身体を失い、情報の世界だけに生きるようになるとすれば、『マトリックス』や『アバター』のようなＳＦ的世界が到来するかもしれない。しかし目下のところいくらインターネット空間で瞬間的な移動を楽しんでいても、生身の身体は空腹を訴えるし、空腹を満たすためにはなにか食料を調達しなければならないし、それは結局クロックタイムによって調整された相互行為のネットワークを通してしか調達できない。わたしたちはパソコンを開き、アマゾンに接続して、ビールでも缶詰でも瞬間的に注文することができる。しかし注文したビールや缶詰が瞬間的に目の前に現れるわけではない。それらがクロックタイムによって調整された配送ネットワークを通して配達されてくるのを待つしかない。わたしたちが電車で学校や職場に向かいつつスマートフォンでフェイスブックの「友達」の近況に「いいね！」を押すとき、わたしたちはクロックタイムと瞬間的時間というふたつの時間を同時に生きているのである。そして『マトリックス』も『アバター』も結局のところふたつの時間を同時に生きる現代人の姿を描いていたのである。

6．止まった時計――積み重なる時間

わたしたちはふつう時間を流れ去っていくものとしてとらえている。時計の針の動きは刻々と流れ去っていく時間を可視化している。わたしたちは時間の流れと競争しながら、それに追いつこうと、あるいはすこしでも先回りしようと「忙しい」「忙しい」と言いつつ、日々の生活を送っている。しかし、そのように水平に流れ去っていく時間とは別の垂直に積み重なっていく時間もある（野家 2005; 浜 2010）。

神戸市の三宮にある東遊園地には5時46分で止まったままの時計を抱いているマリーナ像がある（写真1）。それは1995年1月17日午前5時46分に発生した兵庫県南部地震（阪神淡路大震災）で倒れ、そのとき止まった時計をそのままモニュメントとしたものである。

マリーナ像が抱いている時計は5時46分を指したまま動いていない。すでに述べたように、時計は流れていく時間を刻々と表示し、人々の相互行為を調整するところにその機能がある。この意味では、マリーナ像の時計はもはや時計として機能していないように見える。しかし、マリーナ像の動かない時計は、動いている時計が刻んでいる時間とは違う時間を刻んでいるのである。

マリーナ像が置かれている東遊園地では毎年1月17日まだ暗い早朝から阪神淡路大震災の犠牲者を追悼するための「1.17の

写真1　マリーナ像（筆者撮影）

つどい」という行事が催され、マリーナ像の時計が指している地震発生時刻の午前5時46分に参加者による黙祷が行われる。そのときマリーナ像の動かない時計の針がカチリと一目盛り進み、「あれからまた1年経った」ことを告げる。わたしたちは動いている時計が刻む水平に流れ去っていく時間を生きているだけではなく、垂直に積み重なっていく時間を同時に生きている。

『つみきのいえ』という映画がある。2009年、第81回アカデミー賞短編アニメーション賞を受賞したアニメーション映画である。『つみきのいえ』は、海面の上昇にともなって積み木のように上へ上へと建て増しされていった家にひとりで暮らす老人の物語である。

ある日、老人はくわえていた愛用のパイプをうっかり水の中に落としてしまう。パイプはいまでは水中に没している下の階へと沈んでいってしまう。老人はパイプを探すためにダイビングスーツを着て階下へ潜っていく。老人がパイプを見つけ拾いあげた瞬間、いまは亡き妻の記憶が突然よみがえる。老人は床のハッチを開けてさらに下の階へと降りていく。老人はそこで打ち捨てられたベッドを目にする。それは妻が最期の日々を過ごしたベッドであった。老人はさらに次々とハッチを開けては下の階へと潜っていき、そのつど娘夫婦や孫と記念写真を撮ったソファ、娘が恋人と連れ立って入ってきた扉、娘が眠ったゆりかごなどを発見する。そしてついにかつて妻とふたりで地上に建てた最初の小さな家へと降り立つ。老人はそこに残されていた1個のワイングラスを拾いあげ、ふたたび海上の部屋へと戻っていく。この映画では時間は流れ去っていかない。積み木を積み上げるように垂直に積み重なっていく。

マリーナ像の止まった時計は止まって動かないことによって、その時計が止まった1995年1月17日午前5時46分から1年が経ち、2年が経ち、10年が経ち、そして18年が経った、その時間の経過の間に積み木のように積み重なった時間の厚みを刻んでいるのである。

わたしたちはこのほかにも、広島（8時15分）、長崎（11時2分）、両国・横網町公園（11時58分）などで、止まった時計を見ることができる。さらに2011年3月11日には多くの時計が2時46分を指して止まった。これらの止まった時計は、流れ去っていく時間を生きていると同時に、記憶の中に積み重なっていく時間を生きている人間の姿を象徴しているのである。

7．希望の灯り

　東遊園地には「1.17希望の灯り」と名づけられたモニュメントがある。2000年1月17日に点灯されて以来、ガス灯が消えることなく燈りつづけている。そして、この「1.17希望の灯り」は東日本大震災後、「3.11希望の灯り」として、岩手県陸前高田市、大槌町、福島県南相馬市、いわき市など、東北の被災地各地に分灯されている。被災地で燈りつづけるこれらの灯りが「希望の灯り」と呼ばれていることは、記憶のうちに積み重なっていく時間と希望とが一対のものであることを示しているように思われる。アメリカの都市計画家リンチ（K.Lynch）が述べているように、「郷愁は希望の道づれ」（リンチ 2010: 123）なのである。

【文献】
- ギデンズ, 松尾精文・小幡正敏訳『近代とはいかなる時代か？―モダニティの帰結―』而立書房, 1993
- 浜日出夫「記憶と場所―近代的時間・空間の変容―」『社会学評論』第60巻第4号, 2010
- リンチ, 東京大学大谷幸夫研究室訳『時間の中の都市―内部の時間と外部の時間―』鹿島出版会, 2010
- 森下徹「近世の地域社会における時間」橋本毅彦・栗山茂久編『遅刻の誕生―近代日本における時間意識の形成―』三元社, 2001
- 中村尚史「近代日本における鉄道と時間意識」橋本毅彦・栗山茂久編『遅刻の

誕生』三元社，2001
- 野家啓一『物語の哲学』岩波現代文庫，2005
- ジンメル，居安正訳「大都市と精神生活」『新編改訳 社会分化論・宗教社会学』青木書店，1998
- アーリ，吉原直樹監訳『社会を越える社会学——移動・環境・シチズンシップ——』法政大学出版局，2006

【ブックガイド】
①真木悠介『時間の比較社会学』岩波現代文庫，2003
　原著は1981年。ギデンズの『近代とはいかなる時代か？』に先駆けること9年前に、時間と空間の分離、それにともなう相互行為の脱埋め込み化を論じた名著。
②橋本毅彦・栗山茂久編『遅刻の誕生——近代日本における時間意識の形成——』三元社，2001
　気の利いたタイトルの本。定時法の導入にともなって学校・工場・鉄道などにおいてどのように近代的な時間意識が形成されていったのかを具体的に描いている。
③リンチ，東京大学大谷幸夫研究室訳『時間の中の都市——内部の時間と外部の時間——』鹿島出版会，2010
　原題はWHAT TIME IS THIS PLACE？（「ここは何時ですか」）。このタイトルも気が利いている。クロックタイムによって「いつ」が「どこ」から分離した近代社会においても、「いつ」と「どこ」が結びついているありさまを都市空間のさまざまな事例を挙げて説明している。

エピローグ

ゴーギャン：我々は何者か／人間と世界

山岸　健

1．我々は何者か／自然と文明

　どのような領域や分野の芸術作品の制作にあたっても先人の、その時代、時代の諸作品が前例、参考、文化遺産となっており、そうした諸作品や自分自身の作品歴と制作の方法が前提となって、そのつどの絵画作品が生み出されてきたのである。諸作品のつながりと環の外に姿を見せているような絵画はないといってもよいだろう。一人の画家の道は一筋の道だが、こうした道や大地にはさまざまな流れや道が合流するように姿を見せている。

　ゴーギャン（Paul Gauguin, 1848〜1903）は自分の絵画作品の作例をふま

1889年のパリ万国博覧会の文献：L'EXPOSITION DE PARIS (1889), 2巻本のうち①　No.11, トロカデロ公園の万国博覧会の光景

えて、また、広い広がりのなかに見出される諸作品を参照しながら、著名な大作、代表作に取り組んだのである。

　ゴーギャンは早くから画家となることを決意した人物ではない。1868年-71年、（20歳～23歳）、ゴーギャンはフランスの海軍に入り、三級船員としてジェローム・ナポレオン号に乗船、その後、1872年（24歳）、株式仲買人、ポール・ベルタンの店に勤め、パリ株式取引所で仕事をする。同僚のエミール・シュフネッケル（1851-1934年）と出会い、絵画への関心が深まる。1873年（25歳）、夏、休暇中に絵を描く。この年、11月、デンマーク生まれのメット・ソフィー・ガッド（1850～1924年）と結婚、翌年8月31日、長男、エミールが誕生。1877年12月24日、長女、アリーヌが生まれる。1879年5月10日、次男、クロヴィス・アンリ誕生、さらに1881年4月12日、三男、ジャン＝ルネ誕生、1882年1月（ゴーギャン、35歳）株式取引所をやめて、ゴーギャンは画家の道を歩み始める。一家団欒の家庭生活がつづくものと思われたが、1884年10月、妻、メットが子どもたちを連れて祖国、デンマークのコペンハーゲンに帰る。翌年、1月-5月、ゴーギャンはコペンハーゲンに住む。翌6月にはゴーギャンは息子、クロヴィスを連れてパリにもどる。つぎの年の11月にはゴーギャンは画商、テオ・ファン・ゴッホ（1857年-91年）、その兄、フィセント・ファン・ゴッホ（1853年-1890年）と知り合う。

　ゴーギャンの誕生――1848年6月7日、パリのノートル＝ダム・ド・ロレット街でユジェーヌ・アンリ・ポール・ゴーギャンが生まれる。父はジャーナリストで共和主義者のクロヴィス・ゴーギャン、母、アリーヌ＝マリー・シャンザルは、ペルー生まれの女性解放運動家、フローラ・トリスタンの娘だった。

　1874年、ゴーギャン、26歳、この年にはパリのナダールゆかりの場

所で第1回印象派展が開かれている。1876年、5月–6月、ゴーギャンの風景画がサロンに初入選する。つぎの年、1877年、春、家主の彫刻家、ブイヨに彫刻を習い始める。1879年、4月–5月、第4回印象派展に彫刻作品を出品する。つぎの年、1880年4月1日–30日、第5回印象派展に作品8点（絵画7点、大理石彫刻1点）を出品、つぎの年、1881年4月2日–5月1日、第6回印象派展、出品作品10点（絵画8点、木彫1点、円形浮彫1点）。1882年（ゴーギャン、34歳）3月、第7回印象派展に作品13点、出品（絵画とパステル画、12点、息子、クロヴィスの胸像彫刻）——パリの株式取引所に勤めながらの出品がつづいていたが、1883年、ゴーギャンは35歳にして画家となったのである。

　ゴーギャンが生まれたのはパリ、ノートル＝ダムという名がついているくらいだから、パリの中心市街地の片隅でゴーギャンは、うぶ声を発したのである。文明の巷に姿を現したゴーギャンが、ある時にはブルターニュ地方を旅して、ついにはタヒチ島などに向かう。南太平洋の島々は、ゴーギャンにとってまったくの異国、異世界であり、思いもおよばないような生活、かぐわしい生活が、南太平洋の島々でくりひろげられたのである。ゴーギャンとタヒチ島を切り離すことはできないが、パリのゴーギャンやコペンハーゲンの彼の姿を忘れることはできない。南フランス、アルルでのゴッホとゴーギャンの日々も注目されるが、ゴーギャンにとってフランスの大西洋に臨むブルターニュ地方は、その生活史においてタヒチ島に劣らず重要だ。

　古代ギリシア、ホメロスの『オデュッセイア』マックス・ウェーバーが、オデュッセウスの行為と作品の物語性に注目したこの作品は、ゲーテにとってはイタリアのシチリア島のまるで注釈かと思われるような作品であり、ゲーテは自分が女王と呼んだシチリア島のパレルモで『オデュッセイア』を求めて、シチリア島の旅の日々において、この書物の

ページを開いている。

　オデュッセウスは、危険に満ちた苦難の船旅を終えて、故郷、イタケ島にようやく帰り着く。オデュッセウスは中庭に生えていたオリーヴをそのまま残しておいて、そこに部屋が完成した時に、そのオリーヴをベッドの支え柱として用いたことを皆に話して自分の身分を証明することができたのである。

　なつかしい故郷へ、家族のもとに、大切な家庭に向かって、オデュッセウスの船旅だ。ゴーギャンは祖国フランスから出発して、南太平洋のタヒチ島をめざす。

　ゴーギャンは結婚して子どもを何人ももうけたが、平和な心あたたまる安定した家族との家庭生活のなかで順調に絵画の制作活動がくり広げられたようには思われない。決して楽な生活ではなかった。それでもゴッホの弟、テオの経済的援助（画商、テオがゴーギャンの作品を購入して画廊でそうした作品を展示）や信頼できるやさしい友人たちの支えが得られて、画家、ゴーギャンのキャリアと画業がかたちづくられていった。ゴーギャンにはやさしい家庭人の姿は見られない。

　1888年（ゴーギャン、40歳）、この年、アルルの黄色い家でフィンセント・ファン・ゴッホと短期間の共同生活を始めたゴーギャンは、同年、12月、フィンセントの耳切り事件後、かけつけたテオとともにパリへ戻る。その後、1890年7月、フィンセント・ファン・ゴッホの死にいたるまでゴーギャンは、フィンセントと書簡を交す。1891年（ゴーギャン、43歳）、1月25日、ゴッホの弟、テオが他界する。3月7日、コペンハーゲンの家族を訪れて、最後の再会を果たす。3月23日、パリのカフェ・ヴォルテールでマラルメの主宰でゴーギャンのための歓送会が開かれている。タヒチに向かって出発する直前におこなわれた『エコー・ド・パリ』紙のインタヴューでのゴーギャンの言葉がある（カタログ〈ゴーギャン展〉：144）。──「私はひとりになるため、そして文明の影響か

ら逃れるために出発するのです。私が創造したいのはシンプルな芸術です。とてもシンプルな芸術……そのために私は無垢の自然のなかで自分を鍛え直さなければならない」。未開人たちとだけ交わり、未開人と同じように生活する。こうした所信の表明が、ゴーギャンによっておこなわれたのである。

　1891年4月1日、フランス国家の公共教育、美術の特使としてゴーギャンがタヒチ島に向かって出発する。

　ここで数年前にもどるが、ブルターニュ半島を訪れたゴーギャンの姿を見ておきたいと思う。1888年（ゴーギャン、40歳）1月-2月、ブルターニュ半島のポン＝タヴェンを訪れて、グロアネク夫人の宿に滞在したゴーギャンは、3月末、友人、シュフネッケル（パリの株式取引所の同僚、ゴーギャンの絵画への関心が深まる契機となった友人）にあてて、つぎのような手紙をしたためている（カタログ〈ゴーギャン展〉：142）。

　　私はブルターニュが好きだ。ここには、荒々しいもの、原始的なものがある。私の木靴が花崗岩の大地に音をたてるとき、私は、絵画の中に探し求めている鈍い、こもった、力強いひびきをきく。

　ゴーギャンが履いていた木靴が花崗岩の大地に触れて音がする。大地に当たってという感じだろう。音の大地であり、音風景だ。環境の音を音風景と呼ぶ。

　場面が変わるが、ブルターニュ地方を旅していた時にロマン・ロランは、風景が自分自身からスタートしているような気持ちにおそわれたことを書き記している。

　ここに一点の作品がある。
　ゴーギャンの代表的な絵画、緊張感に富んだ構成的な大画面だ。──

「我々はどこから来たのか　我々は何者か　我々はどこへ行くのか」1897年—98年、油彩・カンヴァス、139.1×374.6cm　ボストン美術館——右上に署名と年記　P Gauguin 1897 そして左上に書きこみ　D'ou venons-nous ? Que sommes-nous ? Ou allons-nous ?

　この絵は一切モデルなしで、それまでのゴーギャンの作品や画業、体験をふまえて、結び目だらけのざらざらした小麦袋のカンヴァス、シュポールに一気に描かれた作品だ。小麦袋を広げて張りつめてカンヴァスに、というシュポールづくりにダイナミックな制作態度が見られる。

　絵画のタイトルも、書物のタイトルもまことにさまざまだが、一見して誰もがゴーギャンのこの絵画作品のタイトルに哲学的なアプローチとタイトルを感じ取るだろう。この絵のタイトルは、明らかに哲学的であり、福音書のイメージが漂っているが、人間において根源的な取り組みがイメージされるタイトルだ。

　地球の各地、各地方、国々、島々、大陸、海洋、いずれも光と大気や風において、風土や風景、音風景、人びとの日常生活と人生、風俗、民俗、文化、文明、歴史、自然などにおいてまことに多様だ。文明の画一

ゴーギャン「我々はどこから来たのか　我々は何者か　我々はどこへ行くのか」
1897年-98年，油彩，ボストン美術館

性が指摘されることもあるが、文明の差異性や多様性に注目しなければならない。文化は人びとの生活と生存、日常生活と人生において、人間や社会、文明、自然、歴史と一体となった状態で特に人間と社会の根本的な支え、大地となっている。生活の諸様式、シンボル×道具、知識のシステム、解釈図式、ものの見方、感じ方、考え方……文化をこのようにイメージしたり、理解したりする方法＝道がある。文化の概念がある。

19世紀においては心を耕すこと、それが教養 culture ——文化をこのように理解する見方が見られたが、1870年代にいたってタイラーの文化概念が姿を現す。それは人びとの日常生活に根ざした文化へのアプローチであり、生活の方法、ものの見方、道具的なもの、人間によってかたちづくられたものなどを全体的に意味する文化概念であり、その後の社会学や民族学、社会人類学、文化人類学などの諸領域における文化へのアプローチや文化の概念において道しるべと道＝方法となった立場である。

ジュネーヴで開催されたジャン＝ジャック・ルソーの生誕250年を記念する催しに招待されて、「人類学の創始者、ジャン＝ジャック・ルソー」というタイトルのもとで講演したクロード・レヴィ＝ストロースは、席上、モンテーニュ、デカルト、ルソー、こうした三人の名をあげて、それぞれの言葉を紹介している。——モンテーニュ——「私は何を知っているのか」／デカルト——「われ思う、ゆえにわれあり」／ルソー「私は誰なのか」

いずれの言葉も広く知られている言葉であり、それぞれの言葉の含みやそれぞれの言葉が示唆しているものについて深く考えなければならないが、人生を旅している人びとにとってもっとも切実で重い言葉は、ルソーの言葉だろう。ルソー——「私は誰なのか」、「私は何者なのか」

古代ギリシアのデルポイの神殿の銘——〈汝自身を知れ〉広く知られているこの銘文は、どこから、どこへ——私はいったい誰なのか、私は

何者なのか、という問いかけと深く結びついている言葉だ。〈生〉、それは〈生・死〉だ。自分自身を知るためには、周囲、身辺、環境、大地、宇宙空間、他なるもの、風景、音風景、景観、他者、人びと、作品、記念碑などに注目しなければならない。

　人間の社会が歴史的であるその理由についてジャン＝ポール・サルトルの見方がある。人間の社会には過去があるからという理由によってではなく人間の社会がそうした過去を記念碑として取りもどすことによって人間の社会は、歴史的なのだ。オーギュスト・コントの名高い言葉、「見ている目はその目を見ることはできない」という言葉を『存在と無』のとあるページで紹介しながら考察を進めていったサルトル、カフェのボーイは、いったいどこまでボーイなのか。ボーイの身ぶりや行動を注視しながらサルトルは、自己欺瞞的行為という言葉を用いている。サルトルがいう人間的空間は、クルト・レヴィンがいうホドロジー空間であり、そこで人と人との触れ合いや交わりが体験される行動空間を意味する。人間の不在はカフェの椅子やそのトポス、場所とのかかわりにおいてではなく、人と人とのつながりと関係において特定の人物の不在が確認されるのである。サルトルは人間を存在の無、存在欲求と呼んでいる。

　スペインのアルタミラやフランスのラスコーの洞窟壁画、野生の動物が描かれた画面は、人類の文明史を如実に物語っている画期的な絵画だが、こうした洞窟壁画は、文化史としての絵画史や美術の歴史を飾っている歴史的な絵画作品だ。こうした絵画においては人類の文明と人間の文化が、緊密に結ばれている。

　文明の歴史や絵画史を飾っている洞窟の壁画は、人類の生活と歴史、人間の活動と行為が、みごとにそこに集約されて、凝縮されて表現されている作品であり、人類と人間の貴重な歴史的で社会的な文化遺産だ。洞窟には太陽の光がとどいていないが、大地、地底の洞窟の壁がみごとなシュポールとなった光彩と形の、コンポジションの画面だ。

2．絵画作品／旅びと、ゴーギャンの方法と画風

　ゴーギャンの代表作、遺書と呼ぶこともできる大画面、「我々はどこから来たのか　我々は何者か　我々はどこへ行くのか」――ゴーギャンは人類と人間にアプローチしているだけではない。彼は時間と空間に、宇宙的空間と大地にアプローチしている。人間

プナアウイアのアトリエで撮影された《我々はどこから来たのか》1898年6月2日

と時間と空間へのアプローチだが、こうしたアプローチにおいて〈生〉が、〈生・死〉が、人生と生涯がみごとな状態で浮かび上がってくる。壮大なプログラムが、この絵において表現されている。

　「我々は何者か」――人生の旅びと、誰もが向き合わないわけにはいかない問いかけだ。私は、ではなく、我々は、というところにも注目したい。人は人と人であり、人間は人びとなのだ。人と人とのつながりと縁、絆、人間関係、共同生活、さまざまな年齢段階の人びと、エージングの諸様相、幼児、高齢者などさまざまな人間の姿と人間模様、〈生・死〉などが、大地とともに、風景や風物、自然とともに描かれている。この画面には偶像が姿を見せている。ゴーギャンはこの画面に川や水辺、大地、樹木、緑、泉、海、島、空などを描いている。果実が描かれている。さまざまな動物によっても画面が飾られている。

　彫刻的で構成的なゴーギャンの画風、色彩的な色面の構成、ゴーギャンの光と大気と風、土と土着性が体験される画面だ。大きな画面の右半分には人物、10人、そのうち1人は幼児であり、犬も描かれている。この絵の画面、左半分には人物5人、動物や鳥、偶像などが描かれている

が、偶像の向こうの方、左方向には水浴している人物が小さく描かれており、不思議さが漂っている。画面全体、明らかに群像画だが、たっぷりと風景、音風景が描かれており、人間と大地と風景の絵画だ。描かれた空と雲、遠景の島と海、海原、描かれた川、水の流れ、光と大気と風、ほぼ中央の人物、手をのばして果実をもぎ取ろうとしている女性などによって空間や地面の広がり、ここからそこへ、かなたへという方向と方向性が表現されている。

　人間を世界─内─存在、共同相互存在、死への存在として理解したハイデッガーは、生と死のあいだ、言葉と行為のあいだ、苦と楽のあいだ、大空（天）と地のあいだとして世界をとらえており、ハイデッガーが見るところでは世界とは死すべき人間が住む家なのだ。彼は人間を命に限りがある状態で大地に住まう者と呼び、人生に意味を un sens à la vie という言葉を残したサン＝テグジュペリは、人間を住まう者としてとらえている。

　ゴーギャンのこの絵の右半分の画面を見ると人と人とのつながりと触れ合い、人間関係、人間の生命と生命力、生命活動、〈生〉、集うこと、触れ合うこと、交わること、語らうこと、共同生活などが、イメージされる。人間の声がイメージされるような画面もある。この絵の画面、左半分にあたるところだが、遠景、海辺に姿を見せている家がある。小さく描かれている。描かれた各人物のポーズ、身体の向き、顔の向きと角度、描かれた手の姿、表情、着衣の状態、裸体、まなざしなどに注目したいが、特に気になるのは、左端の人物、高齢の女性の姿と表情、描かれた手、脚部、身体の色彩感、雰囲気、体験される気分だ。〈生〉というよりはまるで〈死〉そのもの、ゴーギャンは人生と人間の深いところを表現している。死にゆく老婆だ。

　表現された偶像は月の女神、ヒナであり、このヒナは生命の誕生と再

生を司る神だ。生命の循環運動がイメージされる偶像である。偶像の向き、正面性と両手のポーズにもゴーギャンの思いがにじみ出ている。描かれた樹木や小川、水の流れ、水辺、海や島などに寄せるゴーギャンの深い思いとヴィジョンが体験される画面だ。

　画面、左右、全体の各人物の身体と顔の向き、方向性、角度、表情、手の姿、形、まなざしとその方向性、身体のポーズと動きなどに注目したい。顔と目とまなざし、手、身体……描かれた人物が歩みゆく方向、描かれた動物や鳥の向き――ゴーギャンは視点とパースペクティヴ（遠近・眺望・視野）、向きと方向性、人と人とのつながりと人物のポーズと動き、大地と小川と樹木、空と島と海、果実に並々ならぬ関心を示している。この絵は、明らかにサンスsens感覚・意味／方向が充満している絵だ。人びとの営み、人生のはかなさが表現されているゴーギャンのこの作品を人間と日常生活、人生、〈生・死〉、自然と大地、風景、音風景などにかかわる百科全書と呼ぶこともできるだろう。

　画面の右半分、右端の犬の向こうの方に泉がイメージされる画面があるが、泉だということは、はっきりとイメージされない。

　水。海水、そして陸水、川や泉は陸水だ。湧き出る水、泉においては生命がイメージされる。

　ゴーギャンはモリスに宛ててこの大きな作品についての自分の思いを書き綴っているが、その時、「我々はどこから来たのか、我々は何者か　我々はどこへ行くのか」というタイトルを書き改めて「我々はどこへ行くのか　我々は何者か　我々はどこから来たのか」というタイトルを呈示している。誕生、〈生〉から死へと向かう方向、人生の流れはこうした方向においてイメージされるが、逆方向で幼児と生命の誕生に向かう方向には人びとの共同生活や泉につうじる場面が浮かび上がってくる。終末や死、日々の実生活、共同生活、生命力や生命とどのように向き合うかということは、人生の旅びとにとって切実な課題なのである。〈生〉

には初めから〈死〉が内在しており、〈生〉は〈生・死〉なのだ。人生を旅する人びとが何に、どんなことに希望を見出すのか、何によって、どこから人生を生きるにあたっての力が人間にもたらされるのか。

「我々はどこから来たのか」この作品と九点の作品がフランスへ送り出されたのは、1898年7月（ゴーギャン、50歳）のことであり、こうした作品がパリに到着したのは、同年11月のことだ。この作品にほかの九点の作品を加えてゴーギャンの個展がパリのヴォラール画廊で開催されたのは、同年11月17日-12月10日にかけてのことである。

1901年、ゴーギャン、53歳、この年9月10日、マルキーズ諸島のラ・ドミニック島（現在、ヒヴァ＝オア島）へ出発、16日到着。土地を手に入れ、島民の助力を得て「愉しみの家」を建て始める。11月、この家が完成、料理人、二人の召使い、犬と猫とともにゴーギャンの新たな生活が始まる。14歳の少女、マリー＝ローズ・ヴァエオホを迎える。1903年、54歳　5月8日、大量のモルヒネ服用と心臓発作によってゴーギャン、死去。翌日、午後2時にアトゥオナのカトリック墓地に埋葬される。同年11月4日-28日、ヴォラール画廊でゴーギャンの回顧展が開催される。

——時は過ぎゆく。2009年7月3日-9月23日まで東京国立近代美術館において〈ゴーギャン展　Paul Gauguin〉が開催される。この展覧会場に姿を現した「我々はどこから来たのか　我々は何者か　我々はどこへ行くのか」このゴーギャンの代表作、珠玉の絵画作品を体験した人びとは、フランスの画家、文明と未開に身心を委ねたゴーギャンをおそらくまったく新たな驚きとまなざしをもって理解したのではないかと思う。

「我々はどこから来たのか」——この大きな絵画作品にはさまざまな主題領域と方向に向かう視点と立場、トポスとホドス、道、旅、方法、生き方、行為が見出される。

世界地図にゴーギャンの足跡（1848-1903年）が記された地図がある。フランス、ペルーのリマ、タヒチ島、マルキーズ諸島（ヒヴァ＝オア島）が拠点として浮かび上がっている足跡の地図だ。年代と年齢が明記されている（カタログ〈ゴーギャン展〉：138）。

　　フランス――1848年-49年　0～1歳／1855-91年　7～43歳／1893年-95年　45～47歳

　　リマ――1849年-54年　1～6歳

　　タヒチ島――1891年-93年　43～45歳　／1895-1901年　47～53歳

　　マルキーズ諸島（ヒヴァ＝オア島）――1901年-03年　53～54歳

　ゴーギャンの足跡と生活史をたどると海のゴーギャン、異国に向かうゴーギャンの姿が浮かんでくる。タヒチ島 Tahiti Island をめざした船旅は、大航海と呼びたくなるような船旅だった。フランスのマルセーユから船出して地中海を旅して紅海に入り、インド洋へ、そしてマレー半島に近づき、オーストラリアの南側を航海しながらゴーギャンが乗船した船は、タヒチ島に近づいていった。

　「我々はどこから来たのか」――このゴーギャンの絵画作品には明らかに画面の右側から左へと向かう方向性が見られるが、この画面を左側から右側へとたどることも必要だろう。そうすると幼児や人びと、背景の泉に行き着く。小川と水辺にはゴーギャンの深い思いがにじみ出ている。

　フランスのプロヴァンス地方、エクス＝アン＝プロヴァンスに生まれ育ったポール・セザンヌ、ゾラと友人関係にあったが、セザンヌの生活史を見るとエクスとパリ、このふたつの都市をゆききするセザンヌの姿が浮かび上がってくる。だがセザンヌとともにエクスやサント＝ヴィクトワール山などが姿を見せる。目の論理、光学としての絵画、われわれ（絵と私）は発芽する、感性のある木々？　風景の実証主義――こうし

た言葉を残しているセザンヌは、ある時、友人ガスケの家でシャルル・モーラスの小冊子の巻頭に引用されていた「服従はあらゆる進歩の基本である」というオーギュスト・コントの文章を目にした時、しばらく考えこんでから、「それは本当だ……なんて本当なのだろう」と言ったのである。セザンヌは地球の肖像画を描くことを決意する。対象に服従するセザンヌの態度と方法が生まれる。

セザンヌは太陽が沈むところまで太陽を追跡するモネのまなざしをたたえている。モネの絵画作品「印象、日の出」が、フランスのル＝アーヴルで制作されたのは、1872年のことだ。その二年後、1874年、パリのナダールゆかりの場所で印象派の第1回の展覧会が開催されたが、この展覧会には銅版画、エッチングの作品、オーギュスト・コントの肖像画が出品されている。――やがてゴーギャンが、印象派展に出品する。

絵画においては、目であり、手である。精神・身体、全体的人間の光彩ゆたかな営み、それが絵画だ。トマス・アクィナスは、『神学大全』のなかで「人間は本性的に理性を有しており、さらにまた手という『道具の道具』organum organorumを有している」と書いている（アクィナス、1962: 69）。シンボル×道具、文化をこのように理解する方法がある。絵筆やパレットなどさまざまな画材、絵画制作にかかわる道具がある。こうした道具や楽器に注目したい。

3．未開と文明、文化／歴史の舞台と光景

文明を人間の約束、一大劇場のようなもの、海のようなものとしてイメージした福沢諭吉は、こうした文明を人間交際の次第に改りて良き方に赴く有様を形容したる語として理解している。福沢がいう文明の精神とは人民の気風をさす。福沢が見るところでは文明は動て進むものであり、原初の状態は半開に進み、半開は文明に進み、そうした文明はいま

まさに進歩の時なのだ。つぎのような彼の言葉がある（福沢諭吉、2009年: 57-58）。

　　元来人類は相交(まじわ)るを以てその性とす。独歩孤立するときはその才智発生するに由(よし)なし。家族相集(あつ)るも未(いま)だ人間の交際を尽すに足らず。世間相交り人民相触れ、その交際愈(いよいよ)広くその法愈整うに従て、人情愈和し智識愈開くべし。文明とは英語にて「シウキリゼイション」と云う。即(すなわ)ち羅甸(ラテン)語の「シウキタス」より来(きた)りしものにて、国と云う義なり。

　福沢諭吉のまなざしは、人類へ、人間へ、集団へ、世間へと注がれている。社会へのアプローチが見られるといえるだろう。人と人びと、集団とともに人間社会が浮かび上がってくる。福沢が見るところでは文明はまるで海のようなものであり、制度文学以下のものは河のようなものであって、福沢がいう文明は、文化・文明という様相を見せている。彼は人の安楽と品位との進歩を文明として理解している。人と人とのつながり、人びとの生活、人心に福沢が注目しているところは、社会学の視点とアプローチとなるところだ。

　文明と未開の二極が注目されるが、福沢が用いた半開という表現を含めて、文明と未開のさまざまな様相をイメージすることができる。フランスやパリにおいて文明や文化を体験していたポール・ゴーギャンは、ほんとうの自然の状態を求めて南太平洋のタヒチ島に渡り、この島で新天地を体験しながら独自の画境を開拓することができたが、ゴーギャンの絵画作品が野生や未開や自然へのアプローチになっていること、人類と人間、人びとの共同生活や人生、生と死、生命がそこに映し出されている鏡になっていること、こうしたことに注目するならば、ゴーギャ

ゴーギャン「NOA NOA/PGO」木版　ポーラ版、35.5×20.5cm、1921年、岐阜県美術館

ンの制作活動とその作品にいかに大きな広がりが見られるかということが明らかになるだろう。ゴーギャンの画面は人類と人間、人と人びと、男性と女性、人びとの営み、生まれて生きること、生／死、人生の舞台なのである。

　ゴーギャンに木版画、「ノア　ノア（かぐわしい）」という作品がある。NOA NOAという題字とPGOというゴーギャンのモノグラムが中央の樹木、生命の樹のなかに装飾的に姿を見せている。樹木を境として二人のタヒチ女性が出会う場面だ。この二人の出会いからいったいどんなことが始まるのか。社会学の出発点となる場面だ。

　タヒチ島を訪れたことがある画家、マティスのつぎのような言葉がある（マティス、1978: 283—幸福は／喜びを／『ジャズ』／371—近代芸術の、レオン・ドゥガンとの対談）。

　　幸福は自分自身から引き出すこと、たっぷり働いたその一日のなかから、また私たちを包む霧のなかにそれが作ってくれる晴れ間から幸福を引き出すこと。

　　喜びを空のなかに、樹々のなかに、花々のなかに見出すこと。見ようとする気を起こしさえすれば花はいたるところにある。

　　近代芸術の特徴はわれわれの生活に参加することです。（中略）

　　　　壁にかかった絵は室内の花束のようなものでなければならない。

　アンリ・マティスのやさしい語り口の言葉に共感を覚える人びとがいることだろう。マティスがタヒチ島を訪れたのは1930年のことだ。マティスは、この島で純粋な物質のような光と珊瑚の大地を楽しむ。マティスは、タヒチ島の大地を太陽の輝きのなかで眠っている美しい土地、荘厳であると同時に倦怠に満ちた土地、苦労を知らない土地と呼んでいる。タヒチ島では日の出から上天気で、そうした天気が夕暮まで変わらない。こうした不変の幸福にマティスは退屈という言葉を用いている。マティスとテリヤードとの対話の一場面だ。マティスにとってタヒチ島は特別な大地だったのである（マティス、1978: 138―テリヤードとの対話の抄録）。

　社会学の曙光が世のなかに、アカデミズムの舞台と世界に射し始めたのは、19世紀になってからのことだが、社会学がイメージされるような大地と土壌は、18世紀において、また、それ以前においても姿を現し始めている。古代ギリシアにまでさかのぼるならば、プラトンにコントへとつづく道の始まりを見出すことができる。
　オルテガ・イ・ガセーが特に注目した人物がいる。善良な人間、善意の人、愛の人と呼ばれることを願っていたペトラルカ（Francesco Petrarca, 1304-1374）である。時代の潮流の分岐点に姿を見せたペトラルカのみずみずしい感性としなやかな人間性は、詩集『カンツォニエーレ』などに生き生きとした状態で見られるが、ペトラルカの『無知について』（1371年）のなかにつぎのような言葉が見出される（ペトラルカ、2010年: 34）。

　　　人間の本性はいかなるものか、なんのためにわれわれは生まれたのか、どこから来て、どこへいくのか、ということを知らずなおざ

りにしておいて、野獣や鳥や蛇の性質を知ったとしても、それがいったいなんの役にたつでしょうか。

ペトラルカと直接、向かい合っているような気持ちになるトポスだ。イタリアのアレッツォに生まれ育ったペトラルカは、運命のいたずらとしかいいようがないのだが、イタリアからフランスへ、南フランスのアヴィニヨンの郊外で日夜、ヴァントゥウ山を眺めながら暮らしていた。この山の頂きからどのような風景が体験されるのか、日頃、気になっていたペトラルカは、思いがつのって弟をともなって登山を決意する。

このヴァントゥウ山登山は、アルピニズムの始まりを告げる出来事だが、人間の風景体験という点において世界史的な登山である。海抜2000メートルに近い風の山と呼ばれているヴァントゥウ山にペトラルカ兄弟が登山したのは、1336年4月26日のことだった。聖アウグスティノ会士、神学教授、ディオニジ・ダ・ボルゴ=サン=セポルクロに宛てたペトラルカの手紙を見るとペトラルカのヴァントゥウ山登山の様子が分かる。まことに雄大な風景が体験されたのだが、ペトラルカの心眼にははるかかなたのイタリアが姿を見せたのであり、望郷の念に駆り立てられたのである。眼下にはローヌ川の流れが見られたのであり、遠く離れた地中海沿岸、エーグ・モルトの岸辺に打ちよせる白波などが視界に浮かんでいたのである。ペトラルカは風景の発見者となったのだ。この登山はこれだけでは終わらなかった。たまたま手もとにあったアウグスティヌスの小型版『告白』のページを開くと第10巻第8章の言葉がペトラルカの目に触れたのである（ペトラルカ、1989年: 62 ,70-71, 73-75）。——「人びとは外に出て、山の高い頂、海の巨大な波浪、河川の広大な流れ、広漠たる海原、星辰の運行などに讃嘆し、自己自身のことはなおざりにしている」。こうしたアウグスティヌスの言葉に触れたペトラルカは深い思いを抱きながら下山の道をたどったのである。

古代ギリシア、デルポイの神殿の銘〈汝自身を知れ〉という銘文が姿を現すような場面だ。

ペトラルカのヴァントゥウ山登山から一世紀以上たってからレオナルド・ダ・ヴィンチ（Leonardo da Vinci, 1452-1519）の絵画作品が姿を現す。ルネサンスである。レオナルドの最初の絵、デッサン「風景、雪のサンタ・マリア」日附は1473年8月5日、フィレンツェのウフィツィ美術館に所蔵されている。ほぼ同時代のレオナルドの絵画、板に描かれた油彩「受胎告知」（98×217cm）はこの美術館に展示されている。1472年-75年頃の作品だ。宗教画だが、自然と風景、建築的造型が姿を見せており、レオナルドの観察眼と知性、感性、想像力が緊密に結ばれた画面、舞台、大地となっている作品だ。レオナルドのノートにつぎのような言葉が見られる（『レオナルド・ダ・ヴィンチの手記』下、1958年：237）。

レオナルド・ダ・ヴィンチ「風景、雪のサンタ・マリア」1473年、フィレンツェ：ウフィツィ美術館

> 経験はわれわれにかたる、眼は対象の相異る十種の性質を把握する。すなわち光と闇、前者は他の九の性質（把握）の原因であり、後者はその喪失である。——色彩、実体、形態、位置、遠、近、運動および静止。

ニーチェの古代ギリシアへのまなざしとアプローチがある。造形家の芸術であるアポロ的芸術と音楽という非造形的芸術、ディオニュソスの芸術をめぐってニーチェの考察がおこなわれている。『悲劇の誕生』の舞台とトポスだ（ニーチェ、1966：101, 177-178）。——「われわれはギ

ギリシア、デルポイの遺跡：アポロンの神殿と円形劇場
撮影者：山岸　健　1997年3月20日

リシア悲劇を、たえず新たにアポロ的形象世界において爆発するディオニュソス的合唱として理解しなければならない。（中略）合唱部こそ、舞台の世界全体の母胎であり、本来の劇の母胎なのだ」。ニーチェが見るところでは音楽は形而上的なものを、すべての現象に対して物それ自体を表現するという点ですべての芸術とは違っているのであり、世界は具象化された音楽、具象化された意志なのだ。概念と音楽との対比の場面だが、概念はいわば事物のはぎとられた外側の殻をふくんでいるにすぎず、まったく文字どおりの抽象物なのだが、これに対して音楽は、あらゆる形式に先立つもっとも内面の核心、いいかえれば事物の心臓を与えるものなのだ。

　アテネのアクロポリスのふもとに円形劇場があるが、デルポイの遺跡にもアポロンの神殿のすぐ近くに円形劇場が姿を見せている。このアポロンの神殿の柱に〈汝自身を知れ〉という銘文が見られたのである。

　ジャン＝ジャック・ルソーは、デルポイのアポロンの神殿の銘〈汝自身を知れ〉という言葉にはモラリストの言葉よりも深いものがあるといったが、〈汝自身を知れ〉という銘文もモラリスト（モンテーニュやデカルト、パスカルなど）の言葉も社会学の土壌と大地となっているのである。

　多様な経験と体験、記憶や回想、思い出、希望と願い、祈り、期待によって、さまざまな人びととの触れ合いと交わり、会話や共同生活、社会的現実によって、さらに旅体験、作品体験、風景体験などをふまえて

人びとそれぞれの世界や共同の世界、社会的世界、多元的現実がたえまなしにかたちづくられている。

　ゴーギャンの絵画作品は唯一の世界だが、こうした作品とともにかたちづくられる人間的世界や意味世界がある。

　宇宙空間や大地、環境、多様な体験をふまえて意味づけられた世界を構築したり、形成したりすることが、人生の旅びとにとって日々、必要とされているのである。ショーペンハウアーには意志と表象としての世界という言葉があり、ユクスキュル（生物学）は環境世界、フッサール（現象学）は生活世界という言葉を用いている。

　人間はさまざまな世界において、世界とともに、世界の構築と形成という持続的な営みと試みにおいて人間である。

【文献】
- 展覧会カタログ〈ゴーギャン展　Paul Gauguin〉2009年7月3日-9月23日，東京国立近代美術館
    ※本文中のゴーギャンの年譜、記録、生活史などは、このカタログ所収の年譜やデータによるものである。
- トマス・アクィナス，大鹿一正訳『神学大全』第6冊，創文社，1962
- 福沢諭吉『文明論之概略』慶應義塾大学出版会，2009
- マティス，二見史郎訳『画家のノート』みすず書房，1978
- ペトラルカ，近藤恒一訳『無知について』岩波文庫，2010
- ペトラルカ，近藤恒一編訳『ルネサンス書簡集』岩波文庫，1989
- 『レオナルド・ダ・ヴィンチの手記』下，杉浦明平訳，岩波文庫，1958

【ブックガイド】
① カッシーラー，宮城音弥訳『人間　シンボルを操るもの』岩波文庫，1997
② ポール・ゴーギャン，岩切正一郎訳『ノア　ノア』ちくま学芸文庫，1999
③ クリフォード・ギアーツ，森泉弘次訳『文化の読み方／書き方』岩波書店，1996
④ クロード・レヴィ＝ストロース，大橋保夫訳『野生の思考』みすず書房，1976
⑤ クロード・レヴィ＝ストロース，ディディエ・エリボン，竹内信夫訳『遠近の回想　増補新版』みすず書房，2008
⑥ ルソー，本田喜代治・平岡昇訳『人間不平等起原論』岩波文庫，1933（2012年第89刷）

⑦山岸　健・山岸美穂『日常的世界の探究　風景／音風景／音楽／絵画／旅／人間／社会学』慶應義塾大学出版会, 1998
⑧山岸　健『レオナルド・ダ・ヴィンチへの誘い──美と美徳・感性・絵画科学・想像力──』三和書籍, 2007

　人間と社会、自然と文明、歴史を理解するためには文化は、有力な視点となる。ルソーによって展望される社会学の大地と領野、地平がある。

あ と が き

　このたび『希望の社会学——我々は何者か、我々はどこへ行くのか——』の構想と編集、出版にあたっては三和書籍、社長、髙橋　考氏と編集長、下村幸一氏、そのほかの方々のご尽力を仰ぎ、刊行の日を迎えることができた。心から感謝の意を表するとともに厚くお礼を申し上げたいと思う。
　この作品が一筋の希望の光となるならば、まことに幸いである。

　　　　　　　　　　　　　　　　　　　　　　　　　山岸　健
　　　　　　　　　　　　　　　　　　　　　　　　　浜　日出夫
　　　　　　　　　　　　　　　　　　　　　　　　　草柳　千早

　　　　　　　　　　　　　　　　　　　　　　　　　執筆者一同

[執筆者略歴]

山岸　健（やまぎし　たけし）＊編者　プロローグ、1章、エピローグ
1934年11月7日、新潟県長岡市生まれ。慶應義塾大学名誉教授、大妻女子大学名誉教授。社会学博士。慶應義塾大学大学院社会学研究科社会学専攻博士課程修了。
『社会的世界の探究　社会学の視野』慶應義塾大学出版会、1977年。『日常生活の社会学』NHKブックス309、1978年。『人間的世界の探究　トポス／道／旅／風景／絵画／自己／生活／社会学／人間学』慶應義塾大学出版会、2001年。『日常生活と人間の風景　社会学的人間学的アプローチ』三和書籍、2002年、そのほか。
山岸美穂とともに――『音の風景とは何か　サウンドスケープの社会誌』NHKブックス853、1999年（共著）。『感性と人間　感覚／意味／方向／生活／行動／行為』三和書籍、2006年（共著）。

草柳　千早（くさやなぎ　ちはや）＊編者　2章
1959年、愛知県生まれ。早稲田大学文学学術院教授。文学博士。慶應義塾大学大学院社会学研究科修士課程修了。
『「曖昧な生きづらさ」と社会　クレイム申し立ての社会学』世界思想社、2004年。『〈脱・恋愛〉論』平凡社、2011年。『若者の現在　政治』日本図書センター、2011年（共著）。『相互作用と身体の現前　ゴフマン共在分析の視点から』『社会学年誌』51号、早稲田社会学会、2010年。

岡原　正幸（おかはら　まさゆき）　3章
東京都生まれ。慶應義塾大学文学部教授。慶應義塾大学経済学部卒業、同社会学研究科博士課程修了。
『生の技法　文庫第3版』生活書院、2012年（共著）。『感情の社会学』世界思想社、1997年（共著）。『ホモ・アフェクトス――感情社会学的に自己表現する』世界思想社、1998年。『感情資本主義に生まれて』慶應義塾大学出版会、2013年。『地位と羞恥』S・ネッケル著、法政大学出版局、1999年（訳書）。

櫻井　龍彦（さくらい　たつひこ）　4章
1971年、長野県佐久市生まれ。浜松学院大学現代コミュニケーション学部准教授。慶應義塾大学大学院社会学研究科後期博士課程単位取得退学。
『社会学の饗宴Ⅰ　風景の意味――理性と感性――』三和書籍、2007年（共著、山岸健責任編集、草柳千早・澤井敦・鄭暎惠編）。「社会不安障害をめぐる新たな社会学的課題――性格と病理の間で――」『三田社会学』第16号、2011年。「社交不安障害の臨床社会学に向けて」『浜松学院大学研究論集』第9号、2013年。

渡辺　秀樹（わたなべ　ひでき）　5章
1948年12月26日、新潟県糸魚川市生まれ。慶應義塾大学文学部教授。東京大学教養学部理科2類入学。東京大学大学院教育学研究科博士課程単位取得退学。
『いま、この日本の家族』弘文堂、2010年（共著）。『現代日本の社会意識：家族・子ども・ジェンダー』慶應義塾大学出版会、2005年（編著）。『現代家族の構造と変容』東京大学出版会、2004年（共編著）。

近森　高明（ちかもり　たかあき）　6章
1974年生まれ。慶應義塾大学文学部准教授。京都大学博士（文学）。京都大学大学院文学研究科博士後期課程研究指導認定退学。
『ベンヤミンの迷宮都市――都市のモダニティと陶酔経験』世界思想社、2007年。『無印都市の社会学――どこにでもある日常空間をフィールドワークする』法律文化社、2013年（共編、刊行予定）。『都市のリアル』有斐閣、2013年（共編、刊行予定）。

鈴木　秀一（すずき　しゅういち）　7章
1955年、千葉県生まれ。立教大学経営学部教授。経営学博士。慶應義塾大学大学院社会学研究科博士課程単位取得退学。
『企業組織とグローバル化』世界思想社、2006年（編著）。『情報社会の秩序と信頼』税務経理協会、2006年（共編著）。『入門経営学』第3版、新世社、2011年（共著）。『入門経営組織』新世社、2002年（単著）。『経営文明と組織理論』増訂版、学文社、1997年（単著）。

田中　大介（たなか　だいすけ）　8章
1978年、大阪府生まれ。日本女子大学専任講師。博士（社会学）。筑波大学大学院人文社会科学研究科博士課程修了。
『フラット・カルチャー』せりか書房、2010年（共著）。『無印都市の社会学』法律文化社、2013年（共著、刊行予定）。「車内空間の身体技法」『社会学評論』第229号、日本社会学会、2007年。

干川　剛史（ほしかわ　つよし）　9章
1961年4月2日、群馬県生まれ。大妻女子大学教授。早稲田大学大学院文学研究科社会学専攻博士後期課程単位取得満期退学。
『公共圏の社会学』法律文化社、2001年。『公共圏とデジタル・ネットワーキング』法律文化社、2003年。『デジタル・ネットワーキングの社会学』晃洋書房、2006年。『現代社会と社会学』同友館、2008年。『情報化とデジタル・ネットワーキングの展開』晃洋書房、2009年。

鈴木　智之（すずき　ともゆき）　10章
1962年、東京都生まれ。法政大学社会学部教授。慶應義塾大学社会学研究科博士課程単位取得退学。
『傷ついた物語の語り手　身体・病い・倫理』ゆみる出版、2002年（翻訳）。『ケアとサポートの社会学』法政大学出版局、2007年（共著）。『村上春樹と物語の条件』青弓社、2009年。『ケアのリアリティ』法政大学出版局、2012年（共著）。『眼の奥に突き立てられた言葉の銛』晶文社、2013年。

大出　春江（おおで　はるえ）　11章
山梨県笛吹市生まれ。大妻女子大学人間関係学部教授。上智大学大学院文学研究科社会学専攻博士後期課程単位取得退学。
『看取りの文化とケアの社会学』梓出版社、2012年（編著）。『データ対話型理論の発見』新曜社、1996年（共訳）。「出産の戦後史」『都市の暮らしの民俗学3　都市の生活リズム』吉川弘文館、2006年。「出産の正常と異常をめぐるポリティックスと胎児の生命観」『年報社会科学基礎論研究』第4号、ハーベスト社、2005年。

澤井　敦（さわい　あつし）　12章
1962年2月28日、愛知県名古屋市生まれ。慶應義塾大学法学部教授。博士（社会学）。慶應義塾大学大学院社会学研究科博士課程修了。
『カール・マンハイム—時代を診断する亡命者』東信堂、2004年。『死と死別の社会学—社会理論からの接近』青弓社、2005年。*Routledge Companion to Contemporary Japanese Social Theory*, Routledge, 2013（共編著）。

浜　日出夫（はま　ひでお）　＊編者　13章
1954年、福島県生まれ。慶應義塾大学文学部教授。文学修士。大阪大学大学院人間科学研究科博士課程中退。
『社会学』有斐閣、2007年（共著）。『被爆者調査を読む—ヒロシマ・ナガサキの継承』慶應義塾大学出版会、2013年（共編著）。

希望の社会学
―― 我々は何者か、我々はどこへ行くのか ――

2013年4月20日　第1版第1刷発行

編　者　　山　岸　　　健
　　　　　©2013 Takeshi Yamagishi
　　　　　浜　日　出　夫
　　　　　©2013 Hideo Hama
　　　　　草　柳　千　早
　　　　　©2013 Chihaya Kusayanagi
発行者　　高　橋　　　考
発　行　　三　和　書　籍

〒112-0013　東京都文京区音羽2-2-2
電話 03-5395-4630　FAX 03-5395-4632
info@sanwa-co.jp
http://www.sanwa-co.com/
印刷／製本　日本ハイコム株式会社

乱丁、落丁本はお取替えいたします。定価はカバーに表示しています。　　ISBN978-4-86251-150-8 C3030
本書の一部または全部を無断で複写、複製転載することを禁じます。

三和書籍の好評図書
Sanwa co.,Ltd.

レオナルド・ダ・ヴィンチへの誘い
——美と美徳・感性・絵画科学・想像力——
山岸健 著 四六判 上製 318頁 本体2,800円+税

繊細にして優美。レオナルドの絵は、ただひたすらに美しい——
史上最も偉大な創作者の「人間」に迫る！

【目次】
第1部 人間、レオナルド・ダ・ヴィンチ
第2部 レオナルド・ダ・ヴィンチ考

感性と人間
感覚／意味／方向　生活／行動／行為
山岸美穂・山岸健 著 A5判 上製 617頁 定価:4,800円+税

●人生の旅人である私たち、一人、一人は、いま、どのような状態で人生行路、人生の一日、一日を生きているのだろうか。
サン=デグジュペリの言葉、＜人生に意味を＞、この言葉は、私たちにとって、ますます重要な意味を帯びているのではないかと思われる。人間があくまでも唯一のかけがえがないこの私自身であること、いわば人間のアイデンティティは、現代の時代状況と日常的現実、社会的現実において、私たちにとって日毎に重要な課題になっているといえるだろう。
（本書「言葉の花束」より抜粋）

〈社会学の饗宴Ⅰ〉
風景の意味　——理性と感性——
[責任編集] 山岸健　[編集] 草柳千早　澤井敦　鄭暎惠
A5判／上製／480頁／定価4,800円+税

●あなたを魅惑したあの風景にはどんな意味が？　親密な経験、疲労した身体、他者の視線、生きる技法……　多彩な知性と感性がくりひろげる百花繚乱の宴！

〈社会学の饗宴Ⅱ〉
逍遙する記憶　——旅と里程標——
[責任編集] 山岸健　[編集] 草柳千早　澤井敦　鄭暎惠
A5判／上製／472頁／定価4,800円+税

●共同体の記憶は世界理解のてがかりとなるのか？　グローバル化、都市、庭園、ヒロシマ、漂流する家族……　多彩な知性と感性がくりひろげる百花繚乱の宴！